FEDERICO GROM
GUIDO MARTINETTI

GROM
Storia di un'amicizia, qualche gelato e molti fiori

W0214019

BOMPIANI
OVERLOOK

Le illustrazioni sono di Gabriella Bianco.

ISBN 978-88-452-6996-7

© 2012 Bompiani / RCS Libri S.p.A.
Via Angelo Rizzoli, 8 – 20132 Milano

Prima edizione Bompiani maggio 2012

Al lettore

Questa è una bella storia, da mandare a memoria.

La storia dell'avventura imprenditoriale di due giovani che, scommettendo sulla fantasia e sulla determinazione, hanno sfidato molte difficoltà per realizzare un sogno, che si traduce in una cosa molto concreta: fare il gelato come non se ne faceva quasi più, il più buono possibile.

Sono partiti da zero.

Ne sapevano poco o nulla, ma avevano voglia di imparare. Si sono messi in gioco. Potevano contare su un bagaglio culturale fatto di lezioni scolastiche, di letture, musica e film, analogo a quello di molti ragazzi della loro generazione, e su un'educazione che aveva insegnato loro il rispetto per le persone e per il lavoro.

Guido e Federico si sono buttati.

In pochi anni hanno rivoluzionato il modo di fare il gelato, imponendo una filosofia e un marchio a livello internazionale. Gli ostacoli, anziché abbatterli, sono stati uno stimolo. Creatività e immaginazione si sono confrontate con leggi di mercato ed esigenze di bilancio, carichi fiscali assurdi, imprenditori disonesti, difficoltà che però non hanno scalfito l'idea di fondo dei due giovani imprenditori: è possibile fare impresa rimanendo se stessi, senza tradire la fiducia di chi compra il gelato da noi?

Le pagine che seguono sono il racconto della loro avventura.

Le intuizioni nate una decina di anni fa – e un po' è anche "colpa" mia, di un mio articolo – hanno cambiato la loro vita e hanno dato origine a un'impresa che oggi ha più di 400 dipendenti e che si è consolidata nonostante la difficile congiuntura internazionale, arrivando fin negli Stati Uniti, in Francia, in Giappone.

Guido e Federico hanno scritto questo libro per lanciare un messaggio di fiducia e ottimismo ai giovani e io lo sottoscrivo. La passione per l'agricoltura e per il cibo oggi possono essere una grande finestra aperta sul futuro per molti ragazzi, in questi tempi difficili.

Bisogna avere fantasia e determinazione: saper sognare. Perché non abbiamo la sfera di cristallo, e non possiamo sapere dove ci condurranno i nostri sogni, ma possiamo immaginare abbastanza chiaramente dove saremo senza di essi.

Carlo Petrini

Sono Guido: sognatore, visionario, riflessivo, mi appassiona l'agricoltura e tutto ciò che ha a che fare con la sensibilità e con la capacità di indagare nel cuore delle persone. Per Grom studio le ricette e scelgo i fornitori delle materie prime, seguo l'azienda agricola Mura Mura e il marketing.

Affronterò i temi che mi hanno appassionato di più: l'agricoltura, le ricette per fare il gelato e i sorbetti, la comunicazione.

Il colore del mio carattere è il verde e, quando sono insieme a Fede, il blu.

Sono Federico: estroverso, razionale, pragmatico, mi interesso di economia e di tutto ciò che riguarda la gestione d'impresa. Per Grom seguo l'amministrazione e la finanza aziendale, e mi occupo soprattutto dei luoghi in cui entrate per gustare il nostro gelato: i negozi.

Spiegherò i progetti che abbiamo realizzato durante il nostro percorso imprenditoriale: il piano di nascita e di sviluppo dell'impresa, la negoziazione, il benessere dei dipendenti, l'organizzazione aziendale e i contratti di lavoro.

Il colore del mio carattere è il bordeaux e, quando sono insieme a Guido, il blu.

La finestra sul mondo è una piccola riflessione sui temi che abbiamo affrontato durante la nostra avventura. Si trova al termine di ogni capitolo. Non l'abbiamo scritta noi, ma grandi artisti, geni e protagonisti della storia dell'umanità.

È un modo per ringraziarli e offrire il loro talento anche a voi.

INTRODUZIONE

Siamo due amici e siamo fortunati. Molto fortunati.

Ma non è un caso.

Abbiamo rincorso questa fortuna ogni giorno con le maniche rimboccate, con la straordinaria possibilità, grazie a un prodotto semplice come il gelato, di immergerci sempre più nell'essere dell'uomo.

È lo stesso essere, per ognuno di noi: è alimentato dai sogni, costruito sulla volontà, sostenuto dall'amicizia.

Si dondola tra l'amore e, qualche volta, il dolore.

Proprio come la vita, come le storie dei romanzi più importanti, quelle in cui i protagonisti hanno il coraggio di fare le cose che noi riusciamo solo a sognare.

Allora buttate questo libro in un angolo e correte a prendere una penna e un foglio. Aprite cuore e cervello e scrivete i vostri sogni, i più profondi.

Poi tornate al libro, e scoprite come due ragazzi hanno realizzato i propri sogni: credendo l'uno nell'altro.

Se vorrete, potrete trovare spunti interessanti per raggiungere l'obiettivo più nobile: abitare una casa felice.

Guido e Federico

DEDICATO A TUTTI COLORO

CHE STANNO PARTENDO PER UN VIAGGIO

AMICIZIA

Un'idea da impazzire • Quattro chiacchiere
Le gambe per decollare

Non esiste paura di volare, se hai le gambe solide.

A me le gambe solide mancavano, così non vedevo l'ora di parlare del mio sogno a Federico: non puoi tenerti dentro un'idea del genere troppo a lungo. Impazzisci.

Non pensavo ad altro e sembrava non esistesse nient'altro.

L'idea mi affascinava e c'era qualcosa nella sua disarmante semplicità che la rendeva sublime e inarrivabile: il carisma della verità. Una verità così elementare e ovvia che sembrava impossibile che nessun altro ci avesse pensato prima.

È incredibile: sono sempre le cose che abbiamo davanti agli occhi che ci sfuggono.

Ho sempre apprezzato la puntualità di Guido. Conosce il valore del tempo e lo rispetta; non lo perde e non lo fa perdere. Il tempo è la ricchezza più grande a disposizione di ognuno di noi: io lo chiamo semplicemente "vita".

Non dovremmo gettarne via neppure un istante.

Guido e la sua Fiat Punto scassata si presentarono sotto le finestre del mio ufficio nello stesso istante in cui l'orologio segnava mezzogiorno. La circolarità di quella coincidenza sembrava la rappresentazione perfetta del mio stato d'animo: nonostante una mattina difficile, non avevo perso l'ottimismo che mi accompagna da sempre.

Agosto 2002.
Parcheggio dell'azienda Tesco, corso Tassoni, Torino.

"Ciao, Fede! Come va?"

"Benissimo, non fosse che ho avuto una mattinata di merda..."

"Schiacciala, magari porta fortuna!"

"Scemo..." (*Guido è incredibile: scende da un rottame di automobile come se scendesse da una Bentley, e anche con maglietta slabbrata e scarpe da ginnastica precolombiane è sempre impeccabile: sembra Jude Law pronto a una passerella sul tappeto rosso! Come farà?*)

"Coraggio, dai, questo non è un sogno: è la realtà. Guardati intorno: fosse un sogno saremmo a Parigi o a New York a divertirci, no?"

"Cos'ha che non va, Torino? A me piace!"

"Anche a me piace, moltissimo! Ma Parigi..." (*Fede è straordinario: sembra un personaggio dei fumetti. Si muove con la grazia di un elefante, e il suo vestito farebbe apparire il "tragico spigato siberiano" di Fantozzi degno di Bond Street! Ma ha un cuore d'oro, e quando sono giù mi basta sentirlo per telefono: riesce sempre a strapparmi un sorriso! Come farà?*)

"Sarà che Torino mi somiglia. È ordinata, geometrica. Le strade si muovono per linee rette, un po' come i miei pensieri. La capisco e ci vivo bene. Hai portato il vino?"

"Certo che l'ho portato!"

"È buono?"

"Come, scusa?"

"Domanda stupida. Dai, ti aiuto a scaricare."

"Non serve, ce la faccio. Prima però volevo dirti una cosa importante..."

"Non adesso: ho una riunione con degli svedesi, poi devo scappare a pranzo con Chiara."

"Una cosa veloce, ti rubo un minuto, promesso!"

"Non è il momento, Guido... Davvero."

"Ma è importante, credimi!"

"Ti credo, ma non posso proprio ascoltar..."

"Una parola. Una sola."

"Ok, ok. Dimmi al volo."

"GE-LA-TO."

"Gelato?"

"Gelato: hai presente?"

"Certo che ho presente, allora?"

"Sono stato a Barbaresco, nella vigna più bella di Angelo Gaja: Sorì San Lorenzo. Volevo vedere come lavora la sua vigna migliore il produttore di vino che ammiro di più..."

"Be'...?"

"Nella pausa pranzo stavo mangiando un panino. Leggevo il giornale e mi è caduto l'occhio su un articolo di Carlin Petrini."

"E chi sarebbe questo Carlin Petrini?"

"È il presidente di Slow Food,[1] una persona straordinaria."

"E diceva?"

"Diceva che in Italia nessuno fa più il gelato 'come una volta'."

"Proprio un bel problema..."

"Non hai capito! Parlava di un gelato di alta qualità, con frutta di stagione, senza aromi, senza emulsionanti, senza coloranti!"

[1] *Slow Food*: associazione no profit fondata in Piemonte da Carlo Petrini nel 1986. Le iniziative di Slow Food sono orientate alla difesa della biodiversità alimentare e allo sviluppo di tecniche agricole ecocompatibili; componente fondamentale della filosofia di Slow Food è la concezione del cibo come espressione di cultura, tradizione e identità.

"Bello. E quale sarebbe l'idea?"

"Farlo noi, comperando le materie prime migliori in tutto il mondo."

"Fare cosa?"

"Il gelato come una volta!"

"Non scherzare, Guido, non è proprio il momento."

"Mai stato così serio."

"Mi sembra una stupidaggine... E poi lo sai: non sono un grande appassionato di gelato. Il gelato non mi fa impazzire... L'unico gusto che mi piace è il sorbetto al limone, servito al ristorante. Ma solo se è un ristorante molto buono."

"Possiamo fare il più buon gelato che ci sia!"

"Noi? Un enologo e un manager?"

"Be', qual è il problema? Pensaci: potremmo portare i sapori di un grande ristorante in gelateria. Una gelateria dove si può gustare un gelato vero! Nel quale il cioccolato sa di cioccolato, ma non di un cioccolato qualsiasi: del migliore cioccolato del mondo! E dove il pistacchio sa di pistacchio, ma non di un pistacchio qualsiasi..."

"... del migliore pistacchio del mondo."

"Esattamente! E la nocciola..."

"Ho capito Guido, ho capito, il concetto mi è chiaro. Solo che non so... davvero: ci devo pensare. Non puoi piombare qui così e uscirtene fuori con l'idea del gelato più buono del mondo come se bastasse dirlo. Scusa, ma adesso devo davvero scappare."

"Certo che sei incredibile: ogni volta che mi lascio prendere da un sogno tu mi riporti di nuovo con i piedi per terra."

"Scusa, Guido, ma tu..."

"... io?"

"Tu... quanto ne sai di gelato?"

"Nulla, Fede... Non ne so praticamente nulla."

"Appunto. E io meno di te. Dunque direi che la tua brillante idea..."

"È un'idea fantastica, invece. Fantastica!"

"Fantastica? A me sembra folle!"

"È geniale invece. Siamo nella situazione ideale, pensaci: partiamo da zero. Senza pregiudizi, senza condizionamenti, senza percorsi obbligati. Senza i soliti 'così non si fa', 'si deve fare così', 'si è sempre fatto così'. Niente limiti. Mare aperto. Neve fresca. Liberi di fare, sperimentare, creare."

"E tu pensi che davvero ci sia bisogno di gelatai in Italia?"

"Gelatai? Ma no: ci sono un sacco di gelatai in Italia!"

"Guarda caso avevo la stessa impressione..."

"È pieno di gelatai, ma raramente trovi un gelato veramente buono. Di questo c'è bisogno: praticamente più nessuno fa il gelato di qualità."

"E questo non ti dice nulla?"

"Certo che mi dice: mi dice che dobbiamo darci una mossa, prima che a qualcun altro venga in mente la stessa idea!"

"Bravo, ma intanto sono io che devo darmi una mossa: la riunione comincia tra due minuti. Aiutami a portare su le bottiglie e speriamo che vada bene..."

"Il gelato?"

"Ma quale gelato, Guido: il vino! Del gelato parliamo un'altra volta, ok?"

"Bene, allora ti chiamo tra un paio di giorni..."

"Tranquillo, Guido. Tranquillo. Ti chiamo io appena posso."

Risalii in macchina deciso a non mollare.

Avevo due certezze: il mio sogno e le gambe di Federico. Le uniche sulle quali volevo che quel sogno camminasse, perché sapevo che solo loro lo avrebbero fatto decollare.

La Punto si avviò, il cancello si aprì e la città mi venne incontro con un sorriso. Accanto al semaforo notai un fiordaliso macchiare di blu un'aiuola. Amavo quel fiore.

È confortante, pensai, che la bellezza riesca a crescere ovunque.

Itaca

Quel giorno, senza saperlo, iniziammo la nostra avventura.

Il nostro viaggio di gelatai, in fondo, non ha una meta precisa, come la vita.

Non immaginavamo ancora, mentre parlavamo in quel parcheggio, che negli anni successivi avremmo affrontato momenti esaltanti, altri difficili e faticosi. Due amici che viaggiano insieme, e che insieme capiscono quanto le difficoltà più ostiche non siano quelle che si incontrano lungo il cammino, ma quelle che si trovano dentro di noi: i nostri limiti.

Non sapevamo ancora che avremmo vissuto un'avventura incredibile, proprio come un bambino non immagina dove la vita lo porterà: un viaggio che si alimenta dell'energia di un sogno, dell'emozione per le piccole cose, che cerca di soddisfare un'ostinata curiosità che non ti lascia mai. Porta con sé la gioia offerta dal profumo di un fiore, o il diventare grandi grazie all'insegnamento di un vecchio. Chissà se arriveremo alla fine della nostra avventura più importante finalmente consapevoli che non c'è alcun traguardo. C'è solo il viaggio.

Il poeta greco Konstantinos Kavafis ha saputo trasmettere tutto il valore del viaggio e della vita in questa poesia, scritta all'inizio del Novecento: *Itaca*.

La proponiamo nella traduzione più bella, quella di Filippo Maria Pontani.

Itaca

Se per Itaca volgi il tuo viaggio,
fa' voti che ti sia lunga la via,
e colma di vicende e conoscenze.
Non temere i Lestrìgoni e i Ciclopi
o Posidone incollerito: mai
troverai tali mostri sulla via,
se resta il tuo pensiero alto, e squisita
è l'emozione che ti tocca il cuore
e il corpo. Né Lestrìgoni o Ciclopi
né Posidone asprigno incontrerai,
se non li rechi dentro, nel tuo cuore,
se non li drizza il cuore innanzi a te.

Fa' voti che ti sia lunga la via.
E siano tanti i mattini d'estate
che ti vedano entrare (e con che gioia
allegra!) in porti sconosciuti prima.
Fa' scalo negli empori dei Fenici
per acquistare bella mercanzia,
madrepore e coralli, ebani e ambre,
voluttuosi aromi d'ogni sorta,
quanti più puoi voluttuosi aromi.
Rècati in molte città dell'Egitto,
a imparare e imparare dai sapienti.

Itaca tieni sempre nella mente.
La tua sorte ti segna quell'approdo.
Ma non precipitare il tuo viaggio.
Meglio che duri molti anni, che vecchio

tu finalmente attracchi all'isoletta,
ricco di quanto guadagnasti in via,
senza aspettare che ti dia ricchezze.

Itaca t'ha donato il bel viaggio.
Senza di lei non ti mettevi in via.
Nulla ha da darti più.

E se la trovi povera, Itaca non t'ha illuso.
Reduce così saggio, così esperto,
avrai capito che vuol dire un'Itaca.

KONSTANTINOS KAVAFIS

DEDICATO A MIGUEL DE CERVANTES
SCRITTORE DI SOGNI E D'AMICIZIA

E A TUTTI COLORO CHE SANNO SOGNARE

SOGNO

Château Margaux • Tutto è relativo •
La vigna dei sogni • L'articolo di Carlin Petrini
Il gelato come una volta
Le grandi idee sono semplici • I sogni alimentano
Se desideri qualcosa vai e inseguila. Punto

Un giorno ho imparato che è la natura, non l'uomo, a decidere i giochi.

Me lo ha spiegato un uomo.

Paul Pontallier è l'enologo di fama mondiale che dirige le operazioni di vinificazione a Château Margaux, uno tra i più grandi vini del mondo; la cantina si trova nella minuscola cittadina di Margaux, nel Sud-Ovest della Francia, a metà strada tra l'oceano Atlantico e la città di Bordeaux. Grazie al prestigio guadagnato nei secoli recenti, suggellato dalla famosa classificazione di "Premier Cru de Bordeaux" avvenuta nel 1855, una bottiglia di Château Margaux raggiunge facilmente valutazioni superiori ai cinquecento euro.

Nell'agosto del 1999, grazie a un conoscente di mio padre, ho l'opportunità eccezionale di fare uno stage di due mesi a Margaux durante il periodo della vendemmia.

All'epoca avevo un'unica, grande passione: il vino.

Non ho mai capito se questa passione così travolgente fosse frutto di una sorta di inclinazione naturale alle cose buone o più semplicemente il desiderio di mostrare a mio padre quanto fossi in gamba e quanto rispondessi alle sue aspettative: era un grande esperto di gastronomia, e aveva messo in piedi una piccola azienda che produceva vini di eccellente qualità. Avrei voluto un giorno lavorare con lui.

Proprio per onorare questa passione mi ero iscritto alla facoltà di Agraria, laurea in Viticoltura ed enologia. Mi colpiva tutto di quel mondo: l'affascinante dinamica di coltivazione della vite, con tutte le implicazioni che questa ha avuto nella storia dell'umanità e dell'alimentazione, il mistero della microbiologia – dove lieviti e batteri giocano un ruolo fondamentale nello sviluppo degli aromi –, l'arte dell'invecchiamento, la tecnica di vinificazione.

Era proprio quest'ultima che seguivo a Margaux, eseguendo i lavori più umili come i travasi, le pulizie, qualche piccola analisi di laboratorio. Il premio era enorme: degustare con Pontallier, ogni sera, il vino che ribolliva nelle vasche di fermentazione.

La capacità di degustare è fondamentale nell'industria alimentare, e l'attenzione che dedicavo in quei giorni a tutte le sfumature del vino come tannicità, acidità, persistenza mi sarebbero state – allora ne ero ignaro – preziose in futuro.

Pontallier mi aveva preso in simpatia: vedeva un ragazzo educato, volenteroso ed entusiasta. Grazie alle esperienze vissute con mio padre, già all'epoca avevo una discreta capacità di degustazione, ma erano certamente motivazione e passione i fattori decisivi. Il grande enologo francese l'aveva intuito bene e, in un certo senso, non perdeva occasione per mettermi alla prova chiedendomi cosa pensassi di quella o quell'altra vasca.

Ne ero molto gratificato.

Un giorno, quando ormai tra noi si era stabilito un certo grado di confidenza, vidi Pontallier assorto, in solitudine, immerso in una degustazione che sembrava particolarmente complicata. L'opportunità di parlare qualche secondo con lui, da soli, era troppo golosa per potermi sfuggire; lo raggiunsi e con tono amichevole sospirai: "Deve essere proprio una bella responsabilità fare Château Margaux... Tutto il mondo giudica ogni anno la bontà del suo lavoro!" Lo pensavo veramente.

Pontallier era un uomo lucido e sicuro di sé. Mi fissò con lo sguardo sereno di chi sa che il successo non è frutto del caso, ma della fatica. Non aveva mai l'atteggiamento di *grandeur* tipico di molti francesi, specialmente quando il loro interlocutore è italiano.

Dopo pochi secondi infatti, con fare bonario, mi rispose.

"Non sono io, Guido, che faccio Château Margaux. È Château Margaux che fa Château Margaux."

Fulminante.

Paul era stato così incisivo nella sua affermazione da lasciarmi sbalordito. Mi aveva rivelato molto più delle ragioni che spiegavano perché Château Margaux fosse tra i più grandi vini del mondo. Mi aveva introdotto al concetto di *terroir*,[2] un'insostituibile parola francese che spiega con grande efficacia quanto l'uva sia il risultato di un'interazione magica tra l'ambiente che circonda ogni singola pianta di vite e il lavoro dell'uomo.

Ogni aspetto è importante, ogni metro quadrato di vigna è impercettibilmente diverso da quelli circostanti. Le caratteristiche del terreno, la sua umidità, la ventosità, l'esposizione dei grappoli alla

[2] *Terroir*: luogo geograficamente circoscritto dove l'azione di precisi fenomeni climatici e particolari caratteristiche fisiche e chimiche, quali la struttura geologica e la topografia del terreno, concorrono alla caratterizzazione del prodotto che vi viene coltivato. Nel caso del vino, con il termine *terroir* si intende l'insieme dei fattori che ne determinano la specificità: clima, composizione e struttura del terreno, tipo di concimazione, caratteristiche del vitigno, esposizione alla luce.

luce, la dotazione di sali minerali e di sostanza organica: la qualità dell'uva – e del vino che ne deriverà – è la somma di questi fattori.

Pontallier aveva avuto con me l'atteggiamento ben raccontato dalla storiella che narra del pescatore e del povero affamato: il povero chiede al pescatore qualche pesce per sé e la famiglia, ma quest'ultimo non gli regala quanto richiesto, fa molto di più: gli insegna a pescare. Così non gli risolve il problema della fame per una giornata, ma per tutta la vita. Le parole di Pontallier erano gli strumenti per pescare: toccava a me utilizzarli al meglio.

Quel giorno ho capito come sia la natura a decidere. L'uomo osserva o poco più.

Non l'ho dimenticato.

Da un agosto all'altro.

Sono passati rapidamente tre anni, ma non si sono dipanati i dubbi di un ragazzo che sta facendo i primi passi nel mondo del lavoro con un padre tanto brillante quanto egocentrico.

Gli interrogativi che affollavano la mia testa erano ingarbugliati come una nuvola di zucchero filato, ma molto meno dolci. Diventerò in gamba? Riuscirò a dimostrare quanto valgo? Sarò soddisfatto di me stesso? Sarò, io, un padre all'altezza? E quanto sarò in grado di guadagnare...?

Oggi, a pochi anni di distanza, mi sembrano dubbi ridicoli (a parte quello di diventare un bravo papà) eppure all'epoca erano macigni difficili da smuovere. La vita è così: tutto è relativo, anche i dubbi, e un esame di terza media genera in quel momento la stessa tensione che avrebbe comportato, molti anni dopo, vinificare Château Margaux.

Tutto è relativo, mi suggeriva Pontallier durante le degustazioni.

Mi spiegava quanto sia importante come hai mangiato, quanto sei riposato, quanto contino il profumo e la temperatura dell'ambiente. Mi raccontava come fosse diverso l'assaggio del vino quando avveniva per motivi tecnici, come accadeva a noi in quei giorni, e quando invece costituiva un'occasione conviviale di gioia e serenità.

In fondo, diceva, la vita dipende da ciò che sei in quel momento.

"Tutto è relativo Guido. Tutto è relativo." Pontallier era un maestro di poche, sagge parole.

Già all'epoca avevo capito bene – l'intuito, a differenza della solidità, non mi è mai mancato – che, osservando ciò che le persone più capaci erano in grado di realizzare nei rispettivi ambiti professionali, potevo trarre ottimi spunti per migliorare. Nello sport, l'altra mia grande passione, sin da bambino cercavo di emulare l'asciutta eleganza del portiere della nazionale Dino Zoff o le movenze regali di un tennista come Edberg.

Nel mondo del vino mi ero messo in testa di imitare Angelo Gaja, il famoso produttore di barbaresco. Durante l'università avevo letto un libro scritto dal giornalista americano Edward Steinberg dal titolo *Sorì San Lorenzo*: lo stile semplice e dettagliato, ricco di metafore facilmente comprensibili, mi aveva entusiasmato.

Così, un sabato di metà agosto parto per Barbaresco. Destinazione: Sorì San Lorenzo. Proprietario: Angelo Gaja.

Sorì San Lorenzo era la mia vigna preferita, ma non potevo permettermi di acquistare una bottiglia del vino prodotto con le uve coltivate in quel luogo: costava troppo, alcune centinaia di euro. Quella vigna era però il luogo che più mi affascinava al mondo.

Qualcuno diceva che la pioggia, quando aumenta di intensità, è come un pianto che cresce. Fossi stato una lacrima, pensavo, avrei voluto cadere a Sorì San Lorenzo: avrei potuto infilarmi in un acino e diventare un giorno un grande barbaresco.

Sto per spendere il migliore euro della mia vita.

Ne sono totalmente ignaro.

È sabato, e come ogni mattina compero il quotidiano di Torino, *La Stampa*, salgo sulla mia Punto malandata e lo butto sul sedile a fianco. Parto per le Langhe quasi alle undici: come spesso accadeva all'epoca, la mia sveglia non era suonata all'alba, e non sarei arrivato a Barbaresco prima di mezzogiorno. L'ora peggiore: la canicola di agosto era impietosa.

Un immaturo ventisettenne, ancora troppo pigro per dare alla vita il valore che merita, aveva pensato bene di passare un paio d'ore a spiare gli operai di Gaja mentre erano al lavoro, nelle vigne, tra mezzogiorno e le due. Complimenti.

Il lavoro che intendevo osservare era il diradamento dei grappoli, detto anche "vendemmia verde": poco prima della metà di agosto, nei pressi della notte di San Lorenzo, l'uva cambia colore passando dal verde al viola, o al giallo, nel caso delle uve bianche.

Quello è il momento migliore per selezionare i frutti degni di arrivare fino al giorno della vendemmia: i grappoli che virano il proprio colore per primi sono quelli che matureranno meglio perché la pianta dedicherà loro più risorse; gli altri vengono tagliati e gettati a terra, in modo da consentire alla vite di distribuire la sua energia – generata dalla fotosintesi – su un minor numero di acini, che diventeranno più sani, dolci e colorati: nell'arco di pochi anni, un grande vino. Gli altri saranno concime per le vigne.

Gaja faceva un diradamento molto severo già a partire dai primi anni ottanta. All'epoca era persino deriso dai vicini, meno ambiziosi, che consideravano quegli scarti una follia.

Ma Gaja aveva ragione. La sua severa intransigenza viticola

dava origine a vini pieni, possenti, e diventò presto uno dei più famosi produttori di vino d'Italia.

Arrivo a Sorì San Lorenzo proprio nel momento in cui gli operai, la fronte imperlata di sudore, hanno deciso di andare a mangiare e poi a riposare per qualche ora; sarebbero tornati più tardi per continuare il lavoro fino al tramonto. Il breve sguardo che mi dedicano allontanandosi è impietoso: come la differenza tra le loro mani e le mie, del resto. Loro, mani da contadini. Io, mani da bamboccio. Mi sento totalmente fuori luogo.

Abbasso gli occhi come per sfuggire il loro sguardo e noto ai miei piedi due fiordalisi. Quello era un buon segno, sia per me – il ricordo di un'esperienza indimenticabile – che per Gaja: il fiordaliso nasce solo su suoli particolarmente puri. Lo avevo imparato a Château Margaux, dove le chiazze blu ai bordi delle vigne avevano accolto il mio arrivo a metà agosto per poi sparire rapidamente.

Dopo aver gironzolato qualche ora per la vigna decido di comperare un panino al bar del paese. Recupero dal sedile *La Stampa*: non sono mai riuscito a mangiare da solo, se non facendomi compagnia con qualche buona lettura.

All'epoca Carlin Petrini, il lungimirante fondatore di Slow Food, teneva una rubrica dal nome molto attraente: "Gusto". Gli articoli occupavano un migliaio di battute e la pagina centrale dell'inserto del sabato, *TuttoLibri*. Le parole di Carlin erano sempre semplici, e quel giorno particolarmente preziose.

Nascondevano un'idea geniale.

Il titolo dell'articolo aveva richiamato la mia attenzione.

Petrini avvertiva quanto fosse comune l'alterazione del sapore

Il gelato è un alimento, ma attenti ai falsi gusti

C'è un exploit di presunti «artigiani» che in realtà lavorano su base industriale, aggiungendo aromi artificiali: la chimica soppianta la frutta

Carlo Petrini

C'è un exploit di presunti «artigiani» che in realtà lavorano su base industriale, aggiungendo aromi artificiali: la chimica soppianta la frutta.
Anche se stiamo vivendo un'estate che al caldo quasi tropicale degli ultimi anni sta sostituendo bizzarrie meteorologiche d'ogni sorta, c'è un alimento tipico di questa stagione che continuerà sempre a essere consumato in grandi quantità: il gelato. Ho parlato di alimento, perché il gelato sta assumendo sempre più questo ruolo man mano che il suo successo aumenta e non viene più considerato come un semplice dessert o una pausa rinfrescante: i dietologi lo consigliano in sostituzione dei pasti per ritrovare la linea e ne esaltano i valori nutrizionali.

Sull'onda di questo exploit, negli ultimi anni, tanto nelle località di villeggiatura come in città, sono stati aperti tantissimi piccoli esercizi che si fanno pubblicità conclamando il fatto che vendono gelato "artigianale". Un banco frigo espositore, due macchinari e il gioco è fatto. Ma sapete cosa vuol dire "artigianale" nella stragrande maggioranza di questi casi? Che "l'artigiano" è stato istruito da un "maestro" (così li chiamano, davvero) mandato da un'industria che produce semilavorati, il quale gli ha spiegato come aggiungere a una base già pronta i vari gusti (sciroppi, essenze estratte con solventi e i mitici aromi artificiali e naturali), metterli nella macchina mantecatrice e tirare fuori il suo gelato. Ci sono basi più buone e meno buone, più naturali o zeppe di additivi, gusti davvero naturali o, come insegnano anche su Internet, aromi: acetato di eptile, acetato di santalile, alcol fenilpropilico, fenilacetato di amile, feniletildimetilcarbinolo, formiato di benzile, isobutirrato di geranile, isobutirrato di metile, propinato di butile, propinato di eptile, possono servire per fare il solo gusto di albicocca, tanto per citarne alcuni.

Come per tutti i prodotti industriali c'è quello migliore e quello peggiore (non mi sto scagliando pregiudizialmente contro i gelati incartati industriali o contro chi ha fatto sacrifici per aprire la sua gelateria "artigianale"), ma io in queste produzioni di "artigianale" ci vedo ben poco. Penso a chi invece lo fa davvero: ho avuto il piacere di conoscere i gelati profumatissimi – cosa sempre più rara, provate ad annusare un gelato – della gelateria Pasqualetti di Orvieto, dove si segue la stagionalità (come è possibile che alcuni vendano il gelato alla pesca 365 giorni l'anno? Avete mai visto dei frutti entrare nel loro laboratorio?), dove si ricercano con cura le materie prime, fresche e di qualità assoluta, dove in laboratorio Patrizia studia quotidianamente come ottenere il massimo risultato da quello che offre la frutta.

Il suo gelato alla frutta è fatto con frutta (non è più così scontato) acqua e zucchero o, per le creme, con due parti uguali d'acqua e di latte. La varietà c'è senza ricorrere a gusti inventati e plastici come i "puffi", perché in ogni stagione c'è qualcosa di buono con cui realizzare il gelato. Chi mangia i suoi gelati (o quelli di quei pochissimi che in Italia lo fanno come lei) perché sono un "alimento" sa che sono utili alla sua dieta perché possiedono le qualità della materia prima utilizzata, chi mangia gli altri purtroppo non sa esattamente cosa sta mangiando.

dei gelati, dovuta all'utilizzo di semilavorati industriali di vario genere.

"Attenti ai falsi gusti" ammoniva il presidente di Slow Food.

La disamina era chiara: il mondo del gelato artigianale di qualità era, a suo avviso, in via di estinzione.

Rimasi sbalordito.

Sono sempre stato golosissimo, di dolci in particolare, e il gelato è sempre stato tra i miei dessert preferiti; il regalo della mamma per la licenza media fu la Gelatiera Simac: di pasticci con quel marchingegno (di macchine, utensili ed elettronica non ho mai capito un tubo) ne avevo già combinati un bel po'. La stracciatella con la granella di cioccolato Lindt al liceo mi aveva aiutato in modo determinante a conquistare un paio di ragazze che avevano saputo apprezzare, diciamo così, la mia golosa intraprendenza, e non era raro che facessi il giro della città per comperare il gusto al torroncino in un bar o il gianduja in un altro.

Torino aveva tre o quattro gelaterie di buon livello, e mai avrei pensato che i bravi gelatai, in Italia, fossero un'esigua minoranza.

Partii per Orvieto con Giorgia, la mia santa fidanzata dell'epoca, e andai immediatamente nella gelateria citata nell'articolo di Carlin per assaggiare, uno dopo l'altro, pistacchio, marron glacé e melone.

Superbi.

Gusti precisi, puliti, persistenti. Persino il sorbetto al melone preso da Giorgia, un gusto che non avrei mai scelto, era buonissimo. Sembrava davvero il gelato "come una volta".

Dopo un paio di coni Petrini non mi sembrava più un saggio visionario. Era diventato un vate.

Devi pattinare dove andrà il disco,
non dove si trovava.

WAYNE GRETSKY

Il giorno seguente durante il viaggio di ritorno guidavo come un povero ebete: sguardo fisso, puntato sulla strada. Per puro miracolo Giorgia e io non abbiamo avuto incidenti. Non dicevo una parola. La mia paziente compagna di viaggio sopportava con delicatezza il silenzio del suo ragazzo con la testa nel pallone.

Pensavo a Orvieto, al melone e agli altri gusti di gelato, riflettevo sulla filosofia di Slow Food e sulla tesi, promossa e sostenuta dal suo vate, di assaporare con attenzione il cibo, assegnando al gusto il valore, il significato e l'estetica che la nostra cultura occidentale ha ormai dimenticato.

Pensavo quanto fosse importante saper fare bene la spesa, comperare il meglio per cucinare, distinguere un branzino pescato da uno allevato, una varietà di pera dall'altra. Pensavo a che cosa sarebbe successo alla mia stracciatella se, al posto del cioccolato che comperavo abitualmente, avessi usato quello di Domori, l'azienda che produceva il famoso cacao Criollo – originario del Venezuela – creata da Gianluca Franzoni.

Mi soffermavo sulla semplice evidenza che un grande cuoco – dotato di tecnica e talento, ma senza disponibilità di materie prime eccellenti – fosse come uno straordinario pianista con una pianola da oratorio tra le mani: impossibile suonare. Talento sprecato.

Scorrevo con la mente le scene della mia infanzia, protagonista mia nonna, che mangiava la polenta solo quando era preparata con il mais della varietà "Pignoletto", altrimenti la ignorava: "Gli altri mais non sono degni di sfamare un cristiano," diceva.

Avevo intuito che nel mondo del gelato, alle soglie del 2003, era ancora possibile innovare.

Per farlo dovevo guardare indietro, ai miei nonni, alle cose semplici e curate. Alla nobiltà di un'agricoltura di qualità e non di quantità, al diradamento dei grappoli.

All'eccellenza.

Dentro di me stava nascendo un'idea semplice, realizzabile, che univa la passione per la terra a quella per il gusto e per la ricerca della qualità. Un'idea che stava prendendo corpo poco alla volta.

Ma mancava qualcosa. Anzi, qualcuno.

Qualcuno capace di concretizzare le mie idee, di organizzarle. Qualcuno che avesse competenze di finanza, di amministrazione, di gestione del personale.

Con quel qualcuno, pensai, avevo fatto belle chiacchierate pochi anni prima durante un capodanno vissuto in Langa, e altre ancora più intense durante il periodo del servizio militare.

Federico.

Lui non se ne era reso conto, ma la sua proposta mi aveva affascinato.

Ormai anch'io non pensavo che a quell'idea dalla semplicità disarmante. Guido ha talento: sa emozionare. Pochi sanno usare le parole come lui. Sarà l'enfasi con cui mi ha travolto, sarà quella faccia da bambino con gli occhi luminosi e sorridenti, o forse il modo in cui gesticola.

Difficile dimenticare una chiacchierata così: quella riflessione sul gelato, apparentemente banale, aveva scatenato mille pensieri. L'idea di tornare a fare il gelato come si faceva una volta non solo sembrava davvero realizzabile; immaginavo infatti che l'apertura di una piccola gelateria potesse costare poche migliaia di euro, e che quindi fosse possibile anche per due ragazzi non ancora trentenni – e senza una famiglia alle spalle che li finanziasse – avviare un'attività ricorrendo al solo prestito bancario. Poche migliaia di euro: la quota di capitale di una società neocostituita.

Dall'incontro avvenuto al parcheggio della Tesco non riuscivo a togliermi dalla testa la parola che Guido aveva pronunciato con tanto entusiasmo: GE-LA-TO.

Raramente una parola mi aveva tanto incuriosito.

Era un mondo che non conoscevo: volevo analizzarlo, studiarlo, indagarne tutti gli aspetti. Più le ore passavano, più mi rendevo conto che sarebbe stato un grave errore non esaminare con attenzione quella realtà per me del tutto nuova: sentivo che se non lo avessi fatto avrei potuto pentirmene per il resto della vita. In fondo, avrei sempre potuto abbandonare il progetto in un secondo momento.

Ma solo dopo averlo letteralmente sezionato.

Quella del gelato non era la prima né la più strana delle idee che avevo studiato nel desiderio di diventare imprenditore. Ne avevo montate, smontate e rimontate decine, ma nessuna era andata oltre un primo abbozzo di business plan; la maggior parte non mi convinceva e sembrava non funzionare, ma non avevo mai abbandonato il sogno di avviare una mia attività. Al contrario: sentivo di dover insistere.

Prima o poi l'idea giusta avrebbe bussato alla mia porta: dovevo solo farmi trovare in casa. Mi sono sempre ripromesso di avere le orecchie e gli occhi attenti a tutto ciò che mi circonda, perché "saper osservare regala le idee". Parole di mio nonno, Riccardo.

Quel giorno era stata la capacità di osservazione di Guido a bussare dalle mie parti.

Le idee che hanno enormi conseguenze
sono idee semplici.

LEV TOLSTOJ,
Guerra e pace

Riguardando adesso i tanti business plan che avevo preparato, mi accorgo che avevano un difetto fondamentale: si concentravano troppo sui numeri e sulla redditività, poco sui sogni e sulle emozioni. Raramente partivano da idee davvero originali. Erano una sorta di trattati di economia applicata: volenterosi ma labili, perché le emozioni delle persone non erano al centro della mia attenzione. Errore grave, imparai in seguito.

L'idea di lavorare ogni giorno per fare un prodotto sano e di alta qualità era invece un'idea coinvolgente.

Vendere un buon gelato mi dava la sensazione di poter offrire un piccolo momento di felicità. Più passa il tempo, più mi rendo conto di come la felicità sia fatta di piccole cose: un sorriso, una carezza, un brindisi con gli amici.

Dopo le prime riflessioni a caldo, subentrò la parte razionale del mio carattere e l'istinto fu quello di rispondere alle domande basilari che portano alla creazione prima, e alla gestione poi, di un'impresa che possa essere apprezzata dal mercato.

Quanti soldi avremmo dovuto investire? Quanti dipendenti avremmo dovuto assumere per avviare un piccolo negozietto? E la strategia di marketing, e l'amministrazione? E il nome?

Mi resi immediatamente conto che stavo mettendo il carro davanti ai buoi: così non sarei andato da nessuna parte. Come in passato. Dovevo assolutamente rimanere con i piedi per terra e liberare i pensieri giorno per giorno, lasciandoli maturare lentamente. Immaginavo anche che, se avessimo avviato un'attività tutta nostra, avremmo dovuto affrontare un durissimo periodo di lavoro.

Pensare alla fatica che ci attendeva mi procurava un sottile senso di angoscia e di nervosismo.

Mi chiedevo se sarei stato all'altezza dell'idea di Guido.

In quei giorni mi estraniavo dai soliti pensieri pragmatici e lasciavo che volasse l'immaginazione.

Aprire un negozio, girare l'Italia per assaggiare le migliori materie prime e conoscere artigiani dediti con passione al proprio mestiere mi avrebbe fatto entrare in un mondo sconosciuto.

Fare i colloqui di lavoro, parlare con le banche, trovare gli spazi commerciali più adatti per offrire il nostro prodotto: lo trovavo elettrizzante. C'era davvero molto da imparare, ma avrei anche potuto mettere in pratica le tante nozioni apprese durante gli studi di Economia e commercio, condividendo per giunta questa avventura con un amico.

Poi, naturalmente, sognavo il successo. Come tutti, come ogni ragazzo di ventotto anni che, della vita, ha ancora una percezione sfumata. Sognavo una casa più accogliente e un'auto più rombante, ma anche di provare l'orgoglio di avere dei dipendenti. Di "dare lavoro" e di far star bene le persone.

Guido mi aveva prestato le vesti del sognatore. Del resto cosa sarebbe del mondo se l'uomo si fermasse sempre alle cose così come sono, a ciò che vede, a ciò che c'è già? Le pagine dei libri sarebbero bianche, le cornici dei quadri vuote.

Dovremmo smettere di inseguire soltanto le certezze: in fondo quante idee che oggi ci sembrano follie domani si riveleranno brillanti intuizioni? Troppo spesso ci lasciamo condizionare da un ritornello che ci perseguita fin da piccoli: "Non metterti strane idee in testa." Siamo sopraffatti da luoghi comuni vecchi, retorici, polverosi: l'avvocato è professione più nobile del macellaio, l'architetto mestiere più degno del panettiere. Stupidaggini. Al diavolo.

"L'illusione non si mangia,"
disse la donna.
"Non si mangia ma alimenta,"
replicò il colonnello.

GABRIEL GARCÍA MÁRQUEZ,
Nessuno scrive al colonnello

Non dovremmo mai abbandonare i nostri sogni: è volgare, perché così non rispettiamo noi stessi.

Il mondo è cambiato, ma ancora la società porta con sé le fisime di un paio di generazioni fa. Porta con sé una rabbiosa fame contadina: fame di grano e di cultura, di elettrodomestici e stufe calde. Sono le nostre radici, guai a perderle. Ma non è più così: un gelataio vale come un designer. Conta quanto è felice del suo lavoro: un uomo vive meglio quando il suo mestiere è alimentato dalla passione e dall'orgoglio.

La passione di pochi individui ha consentito ai sogni di diventare realtà: i giornali, gli antibiotici, la televisione, Internet: erano sogni per l'umanità. Idee strane che oggi sono realtà indispensabili.

Provare a fare il gelato più buono del mondo era un'idea che portava con sé il gusto di rompere gli schemi, di fregarsene, di tornare indietro. La storia di Grom, in fondo, è solo la storia di due amici che lasciano la strada nuova per la vecchia. L'agricoltura della chimica per quella del letame.

A quel punto, toccava a me tracciare il cammino che avremmo percorso in futuro.

Buffo: per andare avanti Guido e io dovevamo tornare indietro.

Emotivamente non è stato semplice.

Molti ci prendevano in giro.

"Ah volete fare i gelatai... complimenti, mestiere nobile." Una sottile derisione era all'ordine del giorno, specialmente in una città come Torino dove le persone hanno tanti pregi ma non certo l'attitudine a rompere gli schemi. A volte avevamo la sensazione di essere immersi fino al collo nella palude del "non si può fare". Avevamo pochi soldi e nessuna cultura specifica, ma gli amici che ci sostenevano erano energia preziosa per il nostro progetto.

La negatività porta ad avvertire un senso di impotenza, tanto da spingere i più influenzabili a rinunciare al viaggio ancora prima di partire. "Ma chi me lo fa fare? Dove andrò a finire?"

Opinioni pessimiste si affastellano minacciose e l'idea si trasforma subito in qualcosa di lontano, fumoso. Una chimera irraggiungibile. "Pensa se...", "Quanto sarebbe bello se..." diciamo lanciando lo sguardo lontano, quasi volessimo saltare di netto il presente.

La verità è che spesso siamo noi i primi a tirare il freno a mano ai sogni e, anche se fatichiamo ad ammetterlo, in fondo non ci fidiamo di noi stessi: temiamo di fallire e abbiamo paura del cambiamento e della sconfitta.

Meglio la strada vecchia della nuova. Stupidaggini. Vite buttate.

I talenti nel nostro paese non vengono valorizzati quando entrano nel mondo del lavoro, e sono presi a pesci in faccia da individui vinti dalla vita, stanchi e preoccupati di mantenere lo status quo. È una trasandatezza morale che toglie energie. Ci fa perdere tempo rispetto agli obiettivi, quelli veri, ai quali dovremmo dedicare tutte le nostre forze.

A furia di sentirci ripetere che non dobbiamo metterci strane idee in testa, finiamo col considerare le idee delle stranezze e smettiamo di coltivarle.

Abbiate il coraggio di seguire il vostro cuore
e la vostra intuizione, in qualche modo
loro sanno cosa volete veramente diventare.
Tutto il resto è secondario.

STEVE JOBS

Il sogno di un imprenditore non è evasione: è progetto. È per lui il fondamento della realtà futura.

A casa e a scuola dovrebbero insegnarci a sognare, perché sognare significa progettare. Nulla nasce senza un progetto. Il modo migliore per non vedere realizzati i propri sogni è quello di lasciarli andare.

Dovremmo fidarci di più di noi stessi e delle nostre speranze. Oggi il successo di un'idea dipende dalla capacità di realizzare il sogno dei consumatori, più che di soddisfarne i bisogni reali. Eppure i condizionamenti della realtà sono talmente forti che spesso ne rimaniamo schiacciati.

Se hai un sogno, tu lo devi proteggere.
Se vuoi qualcosa, vai e inseguila. Punto.

CHRIS GARDNER,
dal film *La ricerca della felicità*

Fare il gelato più buono del mondo era certamente un sogno grande e semplice al tempo stesso, ma un grande sogno ha bisogno di un grande motore. Toccava a me progettare quel motore e fare in modo che il sogno diventasse realtà.

La nostra vita: era giunto il momento di progettarla e inseguirla. Punto.

Don Chisciotte

Il primo romanzo moderno che ha saputo parlare di sogni e d'amicizia è *Don Chisciotte*. Molti pensano che sia la storia di un nobile signorotto che, in preda alla follia, insegue mostri e nemici immaginari.

Per alcuni non è così.

È la fantastica avventura di due uomini che, fianco a fianco, inseguono i propri sogni, l'uno quelli della gloria, l'altro quelli più concreti del potere e del governo.

Durante le incredibili avventure che vivranno insieme Don Chisciotte e Sancio Panza matureranno e diventeranno persone migliori, e il loro rapporto di amicizia si cementerà ancor di più: impareranno a crescere ascoltandosi l'un l'altro.

Crescere grazie al dialogo con un amico ci sembra un pensiero bellissimo, ed è per questo che proponiamo un breve estratto del *Canone occidentale* di Harold Bloom, il saggio dove il critico letterario statunitense, professore a Yale, raccoglie il meglio della narrativa prodotta dal mondo occidentale.

Sono riflessioni preziose, e chissà che il *Don Chisciotte* – e le analisi di Bloom – non ci aiutino a dare ai sogni un valore ancora più grande.

> I romantici (me compreso) vedono Don Chisciotte quale un eroe, non un pazzo; si rifiutano di leggere il libro innanzitutto come satira; e nell'opera scoprono un atteggiamento metafisico o visionario, per quanto attiene alla cerca del Cava-

liere dalla triste figura. [...] per me il cuore del libro è la rivelazione e celebrazione dell'individualità eroica, sia nel Cavaliere che nel suo scudiero. [...]

L'affettuoso, spesso irascibile rapporto tra Don Chisciotte e Sancio costituisce la grandezza del libro, più ancora del piacere con cui vengono rappresentate realtà naturali e sociali. A unire il Cavaliere al suo scudiero è sia la loro reciproca partecipazione a quella che è stata definita “la regola del gioco”, sia il loro altrettanto reciproco, ancorché scontroso, affetto. Non mi viene in mente nessun'altra amicizia paragonabile a questa in tutta la letteratura occidentale, e certamente nessuna che riposi in maniera così mirabile su divertenti scambi verbali. Angus Fletcher, nel suo *Colors of the Mind*, ne coglie molto bene l'atmosfera:

> Dove Don Chisciotte e Sancio si incontrano è in una certa sorta di animazione, nella vivacità delle loro conversazioni. Parlando, e spesso discutendo con calore, ampliano la sfera dei pensieri l'uno dell'altro. Nessun pensiero di questi o quegli passa senza esami o critiche. Ma con un disaccordo per lo più cortese, tale soprattutto quando sono più aspramente in conflitto, un po' alla volta essi istituiscono una zona di libero gioco, dove i pensieri vengono proposti liberamente alla nostra riflessione di lettori.

[...] Sia Don Chisciotte che Sancio sono l'un per l'altro conversatori ideali: mutano prestandosi vicendevolmente orecchio.

OMAGGIO A MINA,
ALLA SUA VOCE

E A TUTTI COLORO CHE FANNO LE COSE CON CURA

PASSIONE

Il business plan • 32.500 euro
Avevamo deciso di cambiare vita
Quattro lettere, inizia con la G • Viaggio al mercato
Grom! Lo chiameremo Grom!

La sera non vedevo l'ora di arrivare a casa.

In quei giorni di fine agosto quello era il momento più bello: non aspettavo altro che la conclusione della giornata di lavoro in azienda per mangiare velocemente un petto di pollo e trasferirmi in salotto a studiare il nostro progetto.

Vivevo solo, alle Vallette, un quartiere popolare della periferia nord-ovest di Torino; mio padre era stato tassativo, un paio d'anni prima, poco dopo la pensione: "La mamma e io andiamo a vivere in campagna. Se vuoi c'è la casa alle Vallette disponibile, se no arrangiati." Non ho mai compreso fino in fondo la sua severità, ma mi ha certamente fatto bene; la casa alle Vallette era decisamente modesta, ma potevo lavorare con la massima tranquillità.

Preparare un buon piano strategico e finanziario, il cosiddetto "business plan", è fondamentale: serve a schiarire le idee, ed è il preciso momento in cui i sogni prendono consistenza. È buffo: il business plan risponde esattamente agli interrogativi che ogni persona pone alla propria esistenza, in un curioso parallelo tra essere e impresa: dove sono? Dove vorrei andare? Come arrivo fin lì?

Alla facoltà di Economia avevo imparato che la redazione del business plan doveva essere assolutamente professionale, e che era uno strumento fondamentale per capire se il progetto sarebbe stato realizzabile e se il mercato lo avrebbe premiato. Mi appassionava molto studiare il mondo del gelato, analizzare costi e ricavi, immaginare la strategia di crescita; in quei giorni dedicavo al business plan ogni minuto libero.

L'avrei poi presentato alle banche. Ma le banche, in realtà, sono fatte di persone che devono prendere decisioni nell'interesse della loro azienda. Volevo essere preciso e professionale per convincere chi avrebbe analizzato il dossier che Guido e io meritavamo di ottenere le risorse finanziarie necessarie ad avviare la nostra impresa.

Avevo idea di mettere una discreta quota di capitale per poi ottenere finanziamenti per una cifra analoga.

> Se avete costruito castelli in aria,
> il vostro lavoro non deve andare perduto;
> è quello il luogo dove devono essere.
> Ora il vostro compito è di costruire
> a quei castelli le fondamenta.
>
> H. D. THOREAU,
> *Walden, ovvero la vita nei boschi*

Business plan

Queste sono le linee guida che avevo seguito per preparare il business plan di Grom.

La descrizione del business. Il primo elemento che avevo affrontato era stato la descrizione del business e del suo contesto di mercato; il nostro era il settore delle gelaterie artigianali, anche se la qualità delle materie prime che desideravamo acquistare e il fatto che avessimo escluso l'utilizzo dei semilavorati – tipicamente impiegati dagli altri operatori del settore – rendeva la nostra attività piuttosto singolare.

La strategia aziendale e il posizionamento. Il secondo elemento che intendevo illustrare era la strategia aziendale e il posizionamento dell'impresa: il nostro modello prevedeva la ricerca e l'offerta della qualità ai massimi livelli, e l'acquisto di materie prime di eccellenza ci portava a posizionare il prezzo del gelato nella fascia alta del mercato.
Avrei poi imparato che fare agricoltura di qualità costa molto di più – almeno il doppio – che acquistare i prodotti della cosiddetta "agricoltura convenzionale".

Il piano operativo. Il passo successivo sarebbe stato la stesura del piano operativo; era la parte più semplice, trattandosi di un piccolo negozio, perché la produzione e la vendita si sarebbero concentrati in quel luogo. Reinvestendo tutti gli utili realizzati dalla prima gelateria immaginavo che, nell'arco di qualche anno, avremmo potuto gestire circa sei negozi, ognuno con il proprio piccolo laboratorio di produzione. Su questo punto, avrei scoperto in futuro, mi stavo sbagliando del tutto.
C'era poi una difficoltà inattesa: in Italia la raccolta di dati economici è viziata da un aspetto da non sottovalutare: l'evasione fiscale. Ciò significava che i numeri forniti dalle associazioni di categoria non erano del tutto attendibili e, a prima vista, sembravano troppo modesti per essere veri.

Struttura e management. Seguiva una prima analisi di quello che – lo avrei capito meglio pochi mesi dopo – era l'aspetto più importante in assoluto: struttura e management. È semplicemente

la gestione e l'organizzazione delle persone (definite "risorse umane" da una terminologia infelice); uno sguardo più profondo rivela che fare impresa è condividere emozioni, fatiche e soddisfazioni con i propri collaboratori. Ne parleremo ancora.
Anche in questo caso, la nostra attività era molto piccola: in un primo momento avremmo avuto bisogno di un gelataio e due conisti. Così sembrava, ma anche qui mi sbagliavo.
L'avrei scoperto a luglio, sudato come uno scaricatore di porto, spaccando uova, di notte, con Guido.

Economia e finanza. Eccoci ai numeri: è necessario stimare le risorse di finanziamento per creare l'impresa, e poi i successivi schemi economico-finanziari, cioè le proiezioni di spese e incassi. I cosiddetti "flussi di cassa".
Contavo di finanziare Grom per metà con mezzi propri (i soldi messi da me e da Guido) e per metà con i soldi ottenuti dalle banche. Dai miei studi la cifra necessaria per acquistare il pastorizzatore[3] e il mantecatore[4] (le due macchine indispensabili per produrre il gelato), un bancone a pozzetti con le carapine[5] (in linea con l'ambizione di servire il gelato "come una volta"), rinnovare i

[3] *Pastorizzatore*: È il macchinario utilizzato in gelateria per compiere il procedimento di pastorizzazione, mediante il quale la miscela liquida viene prima portata a una temperatura di 75 °C per alcuni secondi, e in seguito raffreddata velocemente a temperature inferiori ai 5 °C. Il trattamento termico consente di ridurre notevolmente la flora microbica senza compromettere le caratteristiche organolettiche delle materie prime.

[4] *Mantecatore*: macchina utilizzata in gelateria per gelare la miscela liquida e farla diventare gelato. Durante il processo di mantecazione la miscela viene agitata e contemporaneamente ghiacciata nella sua frazione acquosa, in modo da ottenere la sua trasformazione in gelato grazie all'incorporamento di piccoli globuli d'aria.

[5] *Carapine e pozzetti*: la "carapina" è il contenitore cilindrico in acciaio nel quale viene conservato il gelato in un banco "a pozzetti" dotati di coperchio. Questo tipo di banco consente di conservare il prodotto a temperatura costante e in ottimali condizioni igieniche.

vari impianti (elettrico e idraulico) e dare la tinta ai muri sarebbe ammontata a circa ottantamila euro.
Il pagamento della buona uscita[6] era necessario per posizionare il negozio in una zona centrale, adatta alla natura del prodotto che intendevamo offrire. Calcolavo che quell'importo sarebbe stato sui quarantamila euro.

I casi di studio. Infine l'ultima parte: l'analisi dei "casi di successo", cioè le imprese che erano riuscite a eccellere nel nostro settore. È una pura e semplice esposizione di casi di studio: Guido e io ci saremmo divertiti a infilare le scarpe da ginnastica, mettere un taccuino in tasca e, come giornalisti meticolosi, girare l'Italia per visitare le gelaterie che si erano imposte all'attenzione di stampa e consumatori.
Sembrava che le più prestigiose si trovassero a Torino, Bologna, Roma e in un paio di centri più piccoli, Udine e San Gimignano. Guido era già stato a Orvieto e perdermi l'occasione di godere la bellezza della cittadina umbra un po' mi dispiaceva.
Taglia di qua, aggiungi di là, cerca di calcolare ogni imprevisto, i numeri parlavano chiaro: servivano centoventimila euro. Mi tremavano le gambe solo all'idea di correre un rischio così grosso. I dati di vendita delle altre gelaterie ci mostravano incassi che, secondo i miei calcoli, sarebbero stati sufficienti per sostenere l'investimento, ma questo non mi consolava: sono cifre che a ventotto anni non ti fanno dormire la notte. Pensavo però che le stesse cifre non mi avrebbero fatto dormire neanche più avanti con l'età, ma che non avrei corso gli stessi rischi se avessi avuto una famiglia. Il coraggio mi sarebbe mancato e, ne ero certo, avrei rinunciato.
Non volevo rimandare l'appuntamento con il futuro. Servivano trentamila euro a testa, per un totale di sessantamila euro di capitale sociale, poi altrettanti dalle banche; il buon senso mi portava

[6] Somma da corrispondere al precedente locatore per subentrare in un contratto d'affitto.

però a pensare che non calcolare un minimo di spese impreviste sarebbe stato da illusi. Anzi: da stupidi.
I miei risparmi, sudati fin dai primi anni di università, e la mia parsimonia mi avevano fatto accumulare 32.800 euro, in attesa che arrivasse la grande occasione.
La grande occasione era arrivata.

Due settimane dopo ho chiamato Guido.

"Ti devo parlare." Cercavo di evitare che le parole tradissero le mie emozioni. Volevo che pensasse a un normale appuntamento, un panino e una coca. Ci saremmo visti a pranzo in un bar di corso Sebastopoli, a metà strada tra casa sua e il mio ufficio. Il locale non era il massimo: era grande, ma trascurato. Aveva un'aria leggermente consunta; il padrone, capelli unti e girovita trasandato quanto la sua attività, se ne stava molle alla cassa a conteggiare l'incasso.

Non era certo lui il punto di forza del locale: erano le cameriere. Da sole riuscivano quasi a riportare l'atmosfera su toni gradevoli. L'occhio – che reclama sempre la sua parte, soprattutto a ventotto anni – con loro aveva l'opportunità di rifarsi, abbondantemente.

Non era per questo, però, che avevo scelto quel bar, ma perché non era mai affollato: avrei potuto presentare a Guido tutti i miei studi sul gelato con la massima tranquillità. E, poi, costava poco e non si mangiava male. Insomma: sembrava perfetto per noi.

La giornata era bella. La luce e la temperatura erano quelle di settembre e la città stava tornando alla normalità dopo le vacanze estive. Un panino e una coca seduti a un tavolino in un bar erano la situazione ideale per far incontrare la mia determinazione con la fantasia di Guido.

Il nervosismo, a dire il vero, non mi mancava. Desideravo presentargli il mio studio con la massima precisione e trovavo divertente che le carte in tavola fossero cambiate in pochi giorni: adesso ero io a dover convincere lui. Non mi sfuggiva che l'investimento, già impegnativo per me, sarebbe stato per lui un ostacolo notevole.

Volevo anche stupirlo: gli avrei mostrato le *slide* di PowerPoint con tutti i dettagli del business plan solo all'ultimo minuto.

Un piccolo colpo di teatro.

Il tono di voce mi era sembrato quello del solito Fede.

Forse lievemente più stanco. La telefonata era arrivata quando ormai non l'aspettavo più. Pensavo volesse parlarmi del vino: dalla mattina della degustazione con gli svedesi non ci eravamo più sentiti, e in genere mi dava sempre riscontro di com'erano andate le cose, specialmente quando i miei vini finivano tra i regali destinati ai suoi clienti.

Mi chiedevo se le bottiglie avessero fatto il loro dovere, e avevo faticato a trattenermi dal domandargli se avesse preso in considerazione la mia idea. Pensavo ancora al fiume di parole che gli avevo riversato nelle orecchie, ed ero divorato dalla curiosità di sapere se ci avesse riflettuto sopra.

Un panino e una coca al bar sarebbero stati perfetti. Più in là, del resto, non sarei potuto andare, non me lo potevo permettere. Non avevo un soldo e all'epoca contavo anche i centesimi. La situazione in casa era tutt'altro che rosea.

I miei erano separati e il modo in cui venivano gestite le risorse finanziarie era a dir poco discutibile: in seguito alla mia nascita la mamma aveva deciso di smettere di lavorare e la sua vita, la mia e quella di mio fratello dipendevano dal denaro che, una volta alla settimana, mio padre lasciava sul mobile in cucina. Il senso di dipendenza dai suoi umori era lampante. Sin da bambino mi ripromisi di non dipendere, mai, da nessuno.

Quel giorno al bar di corso Sebastopoli, per fortuna Fede e io abbiamo fatto "alla romana", e ognuno ha pagato per sé, consegnando nelle mani del cassiere dagli occhi acquosi – chissà se per tristezza o per noia – quel poco che avevamo speso.

Fede arrivò puntuale.

Era in perfetto stile Grom: spigato siberiano, sorriso più largo delle spalle, l'aria allegra dell'amico che trovi lì, al tuo fianco, proprio quando hai bisogno di lui. Mi aveva raggiunto al tavolino con passo deciso, lo sguardo fisso su di me sin dall'ingresso nel locale. Si avvicinò, si sedette, e si guardò intorno, come se volesse controllare di non essere seguito.

Sorrise, mise i palmi delle mani sul tavolo ed esclamò: "SI PUÒ FARE!"

Sembrava la caricatura di un tedesco, con tanto di esse che sconfinava nella zeta e di erre moscia: Gene Wilder in *Frankenstein Junior*.

Trattenni l'entusiasmo perché non ero certo che mi parlasse del gelato. E se si fosse riferito a un nuovo ordine di vino? Sarei caduto dalla sedia come un salame. Dentro di me non riuscivo a contenere l'entusiasmo e l'adrenalina. Il mio cuore accelerò in attesa di capire meglio a cosa si riferisse: in ballo c'era il mio sogno e avrei fatto qualunque cosa per inseguirlo. Qualunque cosa, a parte chiedere aiuto a mio padre.

In quel momento l'unica distrazione era la femminilità della cameriera, giunta al tavolo con una polo molto aderente che aveva contribuito alla botta di adrenalina. Ci guardammo e le sorridemmo. Lei ricambiò, appoggiò le coche e i panini e si allontanò col passo di chi è consapevole di essere osservata anche durante il tragitto di ritorno.

Fede aveva calcolato tutto: "Ci vogliono 32.500 euro," disse. "A testa," aggiunse.

"Fantastico!" dissi immediatamente senza neppure soppesare le parole, sorpreso dalla mia stessa reazione; era un periodo in cui non avevo un centesimo, eppure il pensiero di trovare quella somma non mi spaventava affatto. Un incosciente. Non so perché, ma non lo consideravo un problema: in un modo o nell'altro ce l'avrei fatta.

Me lo sentivo, l'idea che avremmo fatto un gelato come non lo faceva nessuno – il gelato più buono del mondo – era un sogno troppo bello per finire davanti a una questione di denaro.

I muri non servono per fermare chi desidera davvero qualcosa. Servono per fermare quelli che non ci credono abbastanza.

"Che precisione," pensavo a proposito della questione dei 32.500 euro. Uno che dà una cifra così precisa non può sbagliare.

Fede nel frattempo aveva tirato fuori la sua opera d'arte.

Stampa a colori, copertina rigida; era una presentazione di PowerPoint curata come un libro illustrato: immagini, grafici, istogrammi. Bellissimo, colorato, allegro come lui e ricco di dettagli. Sembrava infallibile. Mi dava un gran senso di sicurezza, addirittura non riuscivo a percepire la dose di rischio che caratterizza ogni attività imprenditoriale.

"Cavoli!" ho pensato. "Allora il mio sogno ha un fondamento economico!" Aveva fatto i conti, e li aveva fatti bene. Mi illustrava il progetto: la concretezza, il rigore dello studio e la profondità dell'analisi mi esaltavano. Era orgoglioso del suo business plan e del tempo che gli aveva dedicato, quanto io ero orgoglioso di lui e del tempo che aveva speso per verificare che la mia idea fosse realizzabile. Con le mie idee e la sua capacità organizzativa saremmo andati lontano.

Mentre lui parlava, io pensavo alle percentuali della società: avevo la sensazione che, dato che l'idea era stata mia, avesse pudore a discuterne. Non sapevo quasi nulla di impresa, né delle regole che la governano, ma questi aspetti non mi interessavano. Per me la società era cinquanta per cento fantasia e cinquanta per cento concretezza, ed era assolutamente ovvio che anche le quote sarebbero state suddivise allo stesso modo: cinquanta lui, cinquanta io.

Il problema non si poneva.

"Facciamo cinquanta-cinquanta?" chiese, titubante.

"Ovvio!" risposi, mettendo anche la sua quota di convinzione.

La cameriera riapparve e con lei la sua polo aderente.

"Tutto bene?" chiese. "Benissimo," rispose Federico.

"Serve altro?" "No," sorrisi, "è perfetto così."

Anche la scollatura ci sorrise quando lei si piegò sul tavolino a raccogliere piatti e tovagliolini prima di allontanarsi, sicura di essere ancora osservata. Federico mi strizzò l'occhio.

Era davvero perfetto così.

Nel tempo di due panini e due coche avevamo deciso di cambiare vita.

Avremmo lasciato quella che avevamo e, finalmente, preso in mano la nostra. Non ci avrebbe deluso.

A noi, in cambio, chiedeva solo di non deludere lei.

Guido era già lì, puntuale.

In perfetto stile Martinetti: polo slabbrata, jeans, scarpe da ginnastica. Aveva l'aria entusiasta dell'amico che trovi lì, al tuo fianco, proprio quando hai bisogno di lui. Si guardava intorno, come se volesse controllare di non essere spiato. Cercai di non mostrare il lieve nervosismo che provavo, e lo raggiunsi con passo deciso al tavolino.

Sorrisi, misi le mani sul tavolo, ed esclamai: "SI PUÒ FARE!"

Sorrise di rimando, scuotendo la testa come se davanti a lui si fosse materializzato il Gene Wilder di *Frankenstein Junior*.

"Va' avanti," disse. Mi fissava, apprensivo. A parte la cameriera, piuttosto procace, nulla turbava la nostra conversazione.

"Ho calcolato tutto, ci vogliono 32.500 euro." Dissi. "A testa."

Guido annuì immediatamente, senza battere ciglio. Rimasi sorpreso, era un periodo in cui stava attento anche al centesimo, eppure l'idea di trovare 32.500 euro per fare il gelato non lo spaventava. Non ho mai capito cosa gli desse la certezza che, in un modo o nell'altro, ce l'avrebbe fatta.

A quel punto avevo tirato fuori l'asso dalla manica. Avevo spiattellato sul tavolo la mia presentazione di PowerPoint. Un plico rilegato, a colori, con tanto di copertina rigida. Immagini, torte, istogrammi, numeri. Un business plan in piena regola. Mi guardava, emozionato. Un bambino davanti a un pallone. Sembrava orgoglioso delle mie analisi e del fatto che avessi dedicato tanto tempo alla sua idea.

Forse immaginava che quella cifra fosse il frutto di chissà quali calcoli astrusi. Era invece un ottimo compromesso tra i miei conti e la somma di cui disponevo in banca. In realtà in quel momento avevo in tutto 32.800 euro, ma volevo tenere una piccola cifra da parte per un week-end con Chiara, la mia fidanzata.

Così, ne rimanevano 32.500.

L'idea mi aveva ormai travolto e avevo deciso di puntare tutto.

Quasi tutto.

Il mio ottimismo e le analisi che avevo svolto studiando il progetto mi confortavano; Guido avrebbe imparato a fare un grande gelato come aveva imparato a fare un grande vino, e io avrei organizzato la gelateria con la stessa cura con cui avevo gestito strutture ben più complesse. Potevamo davvero partire.

Mentre continuavo a raccontare a Guido dettagli su dettagli di banconi, mantecatori e ammennicoli vari, stavo pensando alle quote della società. All'università mi avevano spiegato chiaramente che la scelta migliore è che qualcuno abbia la maggioranza, pena il possibile stallo sulle decisioni strategiche più importanti, in caso di disaccordo tra i soci.

"Numero dispari, meglio se inferiore a tre," diceva sempre il mio professore.

Nel nostro caso, però, mi rendevo conto di non poter avere io la maggioranza: l'idea era sua. Restava un'unica soluzione, quella bandita da tutti i testi: il cinquanta-cinquanta, la scelta più rischiosa.

Scelsi quella. Eravamo perfettamente compatibili e avremmo beneficiato l'uno delle competenze dell'altro.

"Facciamo cinquanta-cinquanta?" chiesi. "Ovvio!" rispose deciso.

La cameriera riapparve. Il tessuto teso della sua polo era un invito alla distrazione.

"Tutto bene?" chiese. "Benissimo," dissi. "Serve altro?" "No: è perfetto così," sorrise Guido. La polo si tese ancor di più quando la ragazza si piegò sul tavolino a raccogliere piatti e tovagliolini, prima di allontanarsi, sicura di essere osservata. Feci l'occhiolino a Guido.

Aveva ragione: era davvero perfetto così.

Nel tempo di due panini e due coche avevamo deciso di cambiare vita.

Avremmo lasciato quella che avevamo e, finalmente, preso in mano la nostra. Non ci avrebbe deluso.

A noi, in cambio, chiedeva solo di non deludere lei.

Mancava una cosa fondamentale: il nome.

Io, in realtà, lo avevo già deciso.

Breve, di quattro lettere. Doveva iniziare con la G, come Gaja.

Mentre Federico mi mostrava le sue *slide*, sentivo che quello era il nome giusto: semplice, facile da ricordare, simpatico e capace di incuriosire. Qualcosa che uno non smette mai di chiedersi cosa significa. Fede mi conosceva e aveva intuito che un'idea mi frullava per la testa, lo capivo da come mi guardava. Ogni tanto provava ad affrontare l'argomento, ero io il creativo dei due e quella scelta toccava a me.

"Lascia stare, non sei ancora pronto..." rispondevo alle sue domande; allora sorrideva e scrollava la testa. "Ah... dici?" Stava allo scherzo, ma la curiosità lo divorava.

L'ho tirata avanti per giorni. Prendevo tempo. Rimandavo. Ogni volta, inventavo una scusa diversa. Un appuntamento, una degustazione, un problema a casa. Volevo stuzzicare la sua curiosità e tenere alta la tensione.

Quella settimana, in realtà, non facevo altro che passeggiare nervosamente.

Avevo bisogno di riflettere e di capire come convincere Federico a chiamare con il suo nome la nostra gelateria. Cercavo un palcoscenico per stordirlo con il mio entusiasmo. Federico infatti faceva il manager, e non gli avrebbe fatto piacere vedere il suo cognome impresso sull'insegna di una piccola gelateria il cui successo era tutto da verificare.

Sapevo di non potermi permettere alcun errore nella scelta del nome: avevo verificato che tante aziende brillanti del settore *food* portavano il nome dei fondatori, e mi ero convinto che "Grom" sarebbe stata la scelta giusta. Non ambivo certo agli straordinari risultati che colossi come Barilla, Illy, Ferrero o Rana avevano riscosso in tutto il mondo, ma ero convinto che quella fosse la strategia vincente. E poi c'era Gaja, il mio mito.

Quattro lettere.

Per convincere Fede stavo cercando qualcosa all'altezza dell'emozione che avevo provato il giorno decisivo, il sabato della visita a Sorì San Lorenzo. Avrei potuto portarlo lì, a toccare con mano la nobiltà dei grappoli di nebbiolo, ma non mi sembrava quello il posto giusto: ci voleva qualcosa di più elettrizzante, più coinvolgente.

Volevo fargli intuire ciò che avremmo potuto realizzare insieme. Se avessimo dedicato anima e corpo al nostro progetto sarebbe stato un successo, e lui per primo sarebbe stato fiero di sé davanti ai più bravi artigiani d'Italia e del mondo, riconosciuto a sua volta come produttore di gelato d'eccellenza.

Lo immaginavo gongolare soddisfatto davanti ai migliori interpreti della ristorazione italiana, che si sarebbero rivolti a lui con tono ossequioso: "Buongiorno, signor Grom!", "Benvenuto, signor Grom!", "Ma quanto sono buoni i suoi gelati, signor Grom!"

A me bastava essere il regista.

Quello che, da dietro le quinte, osserva le scene che ha contribuito a realizzare.

Ci voleva un luogo speciale per convincerlo. Ci pensavo ogni istante.

Finalmente mi venne in mente.

C'è un posto, a Torino, ricco di voci, odori, umanità, dove si possono toccare con mano materie prime che, provenienti da tutto il mondo, renderebbero felice qualunque appassionato di gastronomia. Un posto dall'atmosfera magica.

Il più grande mercato d'Europa. Porta Palazzo, la mia passione.

Ho sempre adorato quel mercato. Dare appuntamento a Federico proprio lì mi sembrava un'ottima idea: avrebbe capito – lui, che va forte con i business plan ma mangia quasi solo pollo alla griglia – che la cultura alimentare dell'uomo si nasconde in ogni angolo del pianeta. Avrebbe scoperto che in una città multietnica come Torino l'agricoltura ha il naso sensibile del venditore di spezie, il fascino mediorientale del siriano esperto di frutta secca, i colori e l'allegria dell'emigrante siciliana orgogliosa di vendere gli agrumi della sua terra.

Porta Palazzo era il posto giusto per farlo entrare nel mio mondo. Non vedevo l'ora di portarlo fin lì e, con l'indice puntato, mirare come un cecchino agli ingredienti migliori.

Federico arrivò parlando al cellulare.

Aveva l'espressione sospesa di quando qualcosa lo disturba, ma è ancora indeciso se dar fondo alle sue arti diplomatiche o discutere animatamente. Con mani e sopracciglia fece un gesto che significava: "Abbi pazienza: è una grana. Risolvo e attacco."

"Fai con calma," replicai, concentrato: quel giorno non potevo permettermi di sbagliare un colpo.

"Scusa il ritardo," disse poco dopo, chiudendo la telefonata stizzito.

"Figurati."

"Non è facile parcheggiare qui in giro, non sarebbe stato meglio se ci fossimo visti al bar?"

"Volevo che vedessi il più bel mercato che conos..."

"Guarda che non è la prima volta che vengo a Porta Palazzo!"

"Calmati, non essere nervoso. Vedrai: ne vale la pena." Non eravamo partiti con il piede giusto. "Sapevi che è il mercato più grande d'Europa?"

"Veramente no, ma..."

"Il fatto è..." dissi, cercando di farmi largo in un suk di voci, odori e stadere, "... che un grande gelato comincia da un grande mercato!"

"'Un grande gelato comincia da un grande mercato': complimenti! A volte mi chiedo come te le inventi... Secondo me, dovresti fare il pubblicitario. Dunque è qui che verresti a scegliere le materie prime per il tuo famoso gelato?"

"Più o meno."

"In che senso?"

"Nel senso che in realtà pensavo a qualcosa di ben più grande..."

"Ma non hai appena detto che questo è il più grande d'Europa?"

"Appunto."

"Perdonami, ma non ti seguo..."

"Be': se l'idea è quella di fare il gelato più buono del mondo... Il posto dove cercare le materie prime non può che essere..."

"Sentiamo..."

"Il mondo! È lì che faremo la spesa!"

"Sei impazzito?"

"No. Seguimi."

C'eravamo quasi. Stavo per stupirlo.

Gli appoggio una mano sulla spalla e come un papà che, passeggiando, insegna al figlio importanti misteri sull'uomo e sulla vita, lo porto in giro tra i banchi.

"Ciao Gino, mi fai un favore...?" mi rivolgo a uno dei nasi più fini che conosca: "Mi passi quella bacca di vaniglia, quella da 24 centimetri?[7] È bella morbida? Vorrei la migliore, devo farla annusare a un amico che ancora non conosce l'orchidea più profumata del mondo..."

"La smetti di frequentare ignoranti?" Gino mi strizza l'occhio. "Questa ti va bene?" "Perfetta," rispondo, e con l'aiuto del mio Opinel, manico in rovere e lama che non perdona, appoggio sul

[7] La lunghezza della bacca di vaniglia varia da 12 a 22 centimetri; nelle stagioni favorevoli può arrivare a 24.

palmo il morbido bastoncino di vaniglia e lo incido in due parti, perfettamente simmetriche, con la perizia di un chirurgo cardiovascolare. Gratto con la punta del coltellino pochi, infallibili semini, li spargo al centro dell'altra mano e sferro il colpo decisivo: attacco il palmo al naso di Federico, come fa un rapitore con il cloroformio quando vuole stordire la propria vittima.

Il colpo non fallisce. Lui inizia a diventare la mia vittima.

"Ciao Gino, grazie: sei un amico!" ricambio l'occhiolino e, dopo avergli lasciato i soldi per un paio di caffè, mi dirigo verso il banco di Haziz.

Carta di identità: Haziz Khattab, siriano, classe 1947, si è fatto la guerra dei Sei giorni a vent'anni. È un uomo che riconosce al primo sguardo tutte, e dico tutte, le varietà regionali di pistacchio siriane. Parole come Mawardi, Red Yellowish o Perfect Green hanno per lui il dolce suono del liuto.

"Ehi, Haziz," la confidenza non mi manca, "mi dai una manciata del migliore pistacchio che hai? Non mi tradire Haziz... ho bisogno di te!" Fare una richiesta del genere a un ex caporale dell'esercito siriano è forse un errore madornale, ma Haziz mi perdona e tuffa la mano destra in un sacco colmo di frutti verdi come smeraldi: "Assaggia un po', bel biondino," dice deridendomi e vendicandosi per la mia raccomandazione di pochi istanti prima. Porgo l'assaggio al mio compagno di avventura. Fede esagera con il quantitativo e, con la nota delicatezza, si riempie la bocca. Lo guardo masticare: o ha un orgasmo o ci è molto vicino.

"Grazie Haziz! Grazie!"

Pago anche a lui il caffè e, strattonando il mio futuro socio, mi dirigo verso Antonietta. Non voglio rallentare l'esperienza. Destro, sinistro, è il momento del gancio e del successivo, inevitabile KO per atterramento. Sono a cinque metri dal banco più pittoresco dell'intero mercato, adornato di pupi siciliani con corazza e tutto il resto, ed esclamo con il massimo entusiasmo di cui dispongo:

"Antonie' (faccio il siciliano, accento compreso, ma mi viene malissimo), che fai...? Me lo tiri un limone? Se li hai già, un Bianchetto, mi raccomando!" Lei si impettisce (un giovanotto che conosce le tipologie di limoni, in Sicilia, è degno del rispetto che, nell'isola, si concede solo a politici e marescialli) e mi lancia un'opera d'arte leggermente ovale, gialla e soda. La agguanto e con le unghie ne gratto la superficie ricca di oli essenziali, attento a non intaccare la parte bianca, amara, collocata pochi millimetri più sotto. Passo quei pochi grammi di morbida scorza dalle mie unghie al palmo della mano di Fede.

"Prova ad annusare..." Lui avvicina con troppa veemenza la mano al naso e, inconsapevole, il KO quasi se lo tira da solo. Allontana il naso per l'intensità dei profumi, come stordito.

È il mio momento.

Sto per sferrare il colpo decisivo.

Avevo capito che c'era sotto qualcosa.

Erano giorni che Guido me la menava con quei "È troppo presto", "Non sei ancora pronto", "Sei troppo giovane..." Solo che non immaginavo che avrebbe scelto un mercato per parlarmi del gelato. Soprattutto, non immaginavo che lo avrebbe fatto tra i banchi di Porta Palazzo. All'improvviso, mentre mi strattona tutto eccitato tra bancarelle e carretti e mi riempie le narici di odori che non pensavo neppure esistessero, mi fa assaggiare degli strani puntini neri che, dice, sono semi di un'orchidea chiamata "vaniglia del Madagascar" (cosa fosse la vaniglia lo sapevo, ma la storia dell'orchidea...). Divini. Passo poi a pistacchi che sembrano gioielli. Mi ingozzo estasiato dal loro sapore. Il colpo finale è quello di un limone, Bianchino o qualcosa del genere: mi inebria e per poco non svengo.

Poi mi guarda negli occhi, sicuro.

Sembra quasi mi voglia tirare un pugno sul naso.

“GROM!” dissi. “Lo chiameremo GROM!”

Le parole gli attraversarono lo sguardo come un bengala, l’odore di limone fece il resto. Rimase di stucco. La mandibola toccava l’asfalto. Ancora un po’ cadeva a terra per davvero.

Restò in silenzio. Bocca aperta, occhi spalancati, pupille leggermente oltre le loro sedi abituali.

“Co-cosa?” balbettò.

Sarebbe scappato volentieri dall’agguato, ma si capiva che non sapeva da che parte andare.

“Il gelato,” risposi, “cosa, se no?”

“È presto,” osservò, come chi cerca tempo perché ne ha un disperato bisogno. “Non lo dobbiamo decidere subito...”

“È la parola giusta,” spiegai. Non capiva. Allora raccontai ciò che la settimana prima, al parcheggio, non ero riuscito a raccontare di quel sabato mattina, della magia di Sorì San Lorenzo, della perfezione alla quale la natura e il duro lavoro degli uomini di Gaja l’avevano portata. Raccontai del panino sbocconcellato al bar e dell’articolo di Petrini, di come quelle parole fossero entrate nella testa per non andarsene più.

“Dietro un prodotto *food* di qualità ci deve essere un nome breve,” arringai. “Meglio se di quattro lettere. Meglio ancora se comincia per G, come Gaja.” Feci una breve pausa. Il tempo di fissare la porta, caricare la gamba e tirare.

“Grom è perfetto!” esultai, mentre il pallone si insaccava nell’angolo sotto il sette alla sua sinistra. Non lo vide nemmeno.

Non era riuscito neppure a sentire il sibilo dello spostamento d’aria.

“GROM! Lo chiameremo GROM!” esclamò.

Restai di stucco. Un portiere freddato da un tiro fulminante:

non vidi neppure il pallone, né avevo sentito il sibilo dello spostamento d'aria. L'esultanza dei tifosi avversari e le imprecazioni dei compagni, invece, erano arrivate forti e chiare. Non mi restava che voltarmi, chinarmi, raccogliere il pallone dal fondo della rete e calciarlo verso il centro del campo, nella speranza che ci fosse il tempo per recuperare lo svantaggio.

"Co-cosa?" balbettai.

"Il gelato, cosa se no?" rispose. Era un gol in trasferta: valeva doppio.

Pochi secondi dopo, quando riacquistai l'uso della parola, pensai a qualche obiezione che avesse un senso. Ero stordito e non mi veniva in mente nulla.

"Non lo dobbiamo decidere subito," dissi, mentre prendevo tempo per riflettere.

L'idea che volesse chiamare con il mio nome il suo gelato, mi sbalordiva. Ero colpito. Emozionato. La sua idea dimostrava lucidità, umiltà, generosità. Non avevamo ancora realizzato nulla, di fatto, che Guido mi aveva mostrato cosa significa saper lavorare in team: pensare al bene di entrambi. Per lui era chiaro: condividere una società è come ballare insieme. Saper fare un passo avanti quando è il momento, ma anche uno indietro, se necessario.

> L'amicizia, come l'amore,
> richiede quasi altrettanta arte
> di una figura di danza ben riuscita.
>
> RUDOLF NUREYEV

Dovevo ammettere che era una bella idea.

Mi rendevo conto che suonava bene, ma non mi sembrava giusto, e poi... e poi avevo un po' di timore: sognavo una carriera da manager, più che da gelataio.

Mi sbagliavo? Forse sì.

Allora Guido raccontò ciò che, nel parcheggio, non aveva potuto raccontare: di quel sabato mattina, della sua Sorì San Lorenzo – magica, la definì –, della perfezione alla quale la natura l'aveva portata. E ancora del giornale, dell'articolo di Carlin Petrini e di come l'idea del gelato gli si fosse fissata nella testa per non andarsene più.

"Dietro un prodotto *food* di qualità ci deve essere un nome breve," sentenziò. "Meglio se di quattro lettere. Meglio ancora se comincia per G, proprio come Gaja." Sorrise.

"GROM è perfetto!" disse.

Uno a zero.

Palla al centro.

Can't take my eyes off of you

Una grande passione, proprio come l'amore, ti travolge.

In quei giorni una grande passione stava nascendo in noi, ed entrambi potevamo dedicarci a ciò che amavamo di più: l'uno felice di cercare le materie prime migliori, l'altro di analizzare gli aspetti finanziari dell'azienda che stava per nascere.

Essere animati dall'amore per ciò che si fa è fondamentale, sempre, ed è stato decisivo per noi: ci siamo sempre divisi i rispettivi compiti, seguendo le nostre attitudini, mossi da ciò che più ci interessava. Erano piccole, dolci ossessioni. Da curare con attenzione, come tutto ciò che è importante. Da innaffiare ogni giorno.

Una grande passione. Non pensavamo ad altro, non riuscivamo a toglierle gli occhi di dosso. Proprio come accade in una delle canzoni più belle di sempre, *Can't take my eyes off of you*.

Scritta nel 1967 da Bob Crewe e Bob Gaudio, è stata interpretata da grandissime voci come quella di Gloria Gaynor.

La nostra versione preferita, però, è cantata da Mina. Celestiale.

Can't take my eyes off of you

You're just too good to be true
Can't take my eyes off of you
You'd be like heaven to touch
I wanna hold you so much
At long last love has arrived
And I thank God I'm alive

You're just too good to be true
Can't take my eyes off of you

Pardon the way that I stare
There's nothing else to compare
The sight of you leaves me weak
There are no words left to speak
But if you feel like I feel
Please let me know that it's real
You're just too good to be true
Can't take my eyes off of you

I love you baby, and if it's quite alright
I need you baby to warm my lonely night
I love you baby, trust in me when I say:
Oh pretty baby, don't bring me down I pray
You pretty baby, now that I've found you, stay
And let me love you baby, let me love you

You're just too good to be true
Can't take my eyes off of you

You'd be like heaven to touch
I wanna hold you so much
At long last love has arrived
And I thank God I'm alive

You're just too good to be true
Can't take my eyes off of you

I love you baby, and if it's quite alright
I need you baby to warm my lonely night
I love you baby, trust in me when I say:
Oh pretty baby, don't bring me down I pray
You pretty baby, now that I've found you, stay
And let me love you baby, let me love you

Non posso toglierti gli occhi di dosso
(versione letterale in lingua italiana)

Sei troppo bella per essere vera / Non posso toglierti gli occhi di dosso / Sembri un paradiso da toccare / Voglio stringerti così tanto / Finalmente l'amore è arrivato / E ringrazio Dio di essere vivo // Sei troppo bella per essere vera / Non posso toglierti gli occhi di dosso // Perdonami per il modo in cui ti fisso / Non c'è nessuno come te / La tua vista mi rende fragile / Non c'è altro da dire / Perciò se ti senti come me / Per favore fammi sapere che è vero / Sei troppo bella per essere vera / Non posso toglierti gli occhi di dosso // Ti amo piccola, e se ti va / ho bisogno di te piccola per scaldare la mia notte solitaria / Ti amo piccola, credimi quando lo dico / Oh bella ragazza, non umiliarmi ti prego / Oh bella ragazza, ora che ti ho trovata / Lascia che ti ami piccola, lascia che ti ami // Sei troppo bella per essere vera / Non posso toglierti gli occhi di dosso / Sembri un paradiso da toccare / Voglio stringerti così tanto / Finalmente l'amore è arrivato / E ringrazio Dio di essere vivo // Sei troppo bella per essere vera / Non posso toglierti gli occhi di dosso // Ti amo piccola, e se ti va / ho bisogno di te piccola per scaldare la mia notte solitaria / Ti amo piccola, credimi quando lo dico / Oh bella ragazza, non umiliarmi ti prego / Oh bella ragazza, ora che ti ho trovata / Lascia che ti ami piccola, lascia che ti ami

DEDICATO A CHI REMA

E NON MOLLA MAI

DETERMINAZIONE

Il predicatore dallo sguardo di faina
Un cavallo più veloce • Un galantuomo
La negoziazione • Luce degli occhi • James Bond
Un'amante troppo costosa • Negozio n. 1

Non vedevamo l'ora di entrare.

Volevamo scoprire tutti i segreti di quel mondo ancora misterioso. Siamo a Longarone, in provincia di Belluno, le Dolomiti alle nostre spalle.

Fede e io eravamo come quei teen-ager fanatici di musica che si presentano ai cancelli dello stadio molte ore prima che inizi il concerto: gli stessi occhi fiammeggianti di passione, la stessa inesauribile energia che non ti fa sentire la stanchezza e che rende l'attesa parte essenziale dell'esperienza: emozioni alle quali nessun vero fan rinuncerebbe mai.

I cancelli, però, non erano quelli di uno stadio, ma quelli più dimessi di una fiera. Una fiera dedicata al mondo del gelato: non ne sapevamo nulla, quindi volevamo imparare. Quale migliore occasione per capire i primi rudimenti del mestiere, se non visitare la "Mostra internazionale del gelato artigianale" di Longarone, la manifestazione più antica del settore?

Gli organizzatori avrebbero aperto gli ingressi alle nove, ma noi eravamo fuori dai cancelli ben prima delle otto e mezzo. Insieme a noi un vigilante con gli occhi ancora stropicciati dal sonno e un gruppo di trafelati espositori intenti a scaricare il materiale necessario per la manifestazione. L'aria di novembre era pungente e, se mai fosse stato necessario, ci dava un'ulteriore scossa di euforia. Quando i cancelli finalmente si aprirono ci catapultammo all'interno con la gioia di due bambini che entrano in un luna park.

La gioia in pochi minuti lasciò posto all'amarezza.

La delusione fu così cocente da far vacillare le nostre idee: quasi ci ritrovammo sul punto di mollare tutto e tornare al bar di corso Sebastopoli.

Gli incontri, nella vita, fanno la differenza. A scuola accade con i professori: c'è quello che ti fa amare le discipline più ostiche e quello che riesce a farti odiare le materie più affascinanti.

Il primo impatto con la scuola del gelato fu traumatico.

Occhi di faina, sorriso da dobermann, lingua di vipera, gessato blu modello Sopranos,[8] abbronzatura caraibica, colletto bianco alto una spanna e cravatta arancione con un nodo così grosso che per scioglierlo avrebbe dovuto prendersi le ferie. Era il titolare di un'azienda specializzata in banconi per gelateria, e a giudicare dalle dimensioni e dalle finiture dello stand sembrava uno dei massimi esperti: sul biglietto da visita mancavano soltanto il gruppo sanguigno e la foto della prima comunione.

Ci presentammo, intimiditi e timorosi.

Cominciai subito a parlargli dell'idea di fare un gelato buono e genuino, degli ingredienti di alta qualità, dei banconi con i pozzet...

Non avevo ancora finito la frase che mi mise una mano sul braccio e mi interruppe.

Poi ci fissò con la melliflua amabilità di un alto prelato che si

[8] *Sopranos*: serie televisiva statunitense di produzione dell'HBO, andata in onda negli USA dal 1999 al 2007. La serie ruota intorno alle vicende che coinvolgono Tony Soprano, boss della mafia italoamericana, e la sua famiglia.

rivolge a due ingenui seminaristi e iniziò una lunga predica: "Posso essere franco, ragazzi?" disse, allargando le mani come per impartire una benedizione. Fede e io ci guardammo e annuimmo. Il nostro silenzio significava: "Siamo qui per questo."

"Bene! Mi spiace dirlo, ma..." fece una breve pausa e congiunse le mani a sottolineare la gravità della rivelazione, "siete completamente fuori strada."

"Veramente," provò a replicare Fede, "noi immaginavamo che..."

"Chi non mostra, non vende! È questa la prima regola del commercio," disse, trangugiando una manciata di noccioline. "Il gelato deve essere messo in bella mostra, nelle vaschette. E deve essere voluminoso, colorato, guarnito!" aggiunse, arrossendo sotto il crescendo della passione. "Deve essere più invitante della mela di Adamo ed Eva, deve attirarti come una Playmate!"

"Sinceramente..." cercai di spiegare che, quando mi riferivo al gelato *come una volta*, intendevo tutt'altro genere di scelte; raccontai che l'assenza di additivi avrebbe comportato la sostituzione delle vaschette a vista, di moda all'epoca, con le carapine.

Solo a sentir nominare la parola "carapine" l'uomo con il colletto smisurato alzò lo sguardo al cielo: peccato mortale!

"Ragazzi...! Ragazzi!" ci interruppe ancora, l'aria di superiorità come se avesse davanti due bambini inconsapevoli. "Queste cose funzionavano cent'anni fa!" disse, allargando le braccia da inquisitore e stringendo gli occhi da faina.

"Siamo nel Duemila, ve ne siete accorti? I consumatori si sono evoluti, sono smaliziati, non perdonano! Non penserete mica di attirarli con le vecchie tradizioni, buone solo per qualche nostalgico vecchietto? Andiamo, su!"

"Guardi che noi vogliamo solo fare un prodotto semplice, dal gusto naturale, che si digerisca facilmente!" replicai infastidito da colui che ormai non consideravo più un predicatore, ma un pagliaccio.

"Lo volete vendere il vostro gelato o no?"

"Certo che vogliamo venderlo..." provò a intervenire Fede.

"E, allora! Date retta a uno che..." prosciugò una flûte di prosecco e fece schioccare la lingua come una frusta "un po' di strada l'ha fatta. O pensate che si possa diventare leader in un settore come questo," disse roteando l'indice al cielo, "per caso?"

"Carapine!" scosse il capo, soffiando aria dal naso. "È una follia: fallirete in sei mesi, nove al massimo. Se siete fortunati." Punto.

"Ci faccia almeno una proposta..." provò a insistere Fede, che aveva trovato, non so dove, le energie per quest'ultima domanda.

"Sentite: sembrate brave persone. Non perdiamo tempo. Vedete: se sono arrivato dove sono arrivato è perché mi sono dato una regola che ho sempre rispettato: lavorare con clienti che mi diano la certezza di pagare puntualmente, e voi ragazzi..."

"Ma se non ci conosciamo nemmeno!" protestò Fede.

"Appunto! Non vi farò una proposta, sarebbe inutile: fallirete così in fretta che non fareste nemmeno in tempo a pagarmi la fattura!" Deglutimmo per lo scenario apocalittico e feci un classico gesto scaramantico, tipicamente maschile.

"Tamara!" disse con il tono squillante e inappellabile della campanella. "Offri un bicchiere di prosecco a questi due ragazzi prima che ci lascino." Al nefasto augurio ripetei lo stesso gesto scaramantico di poco prima. Non vedevo l'ora di andarmene via.

"È stato un piacere," disse, distratto da qualcosa che aveva attirato la sua attenzione. "Ora, però... Vi prego di scusarmi: ho molto da fare."

Scosse la testa, come chi cerca di scacciare una mosca fastidiosa, si alzò e si allontanò. Il suo gessato modello Sopranos scomparve inghiottito da uno stand che mostrava hostess da urlo. Rimanemmo seduti per qualche minuto, mentre la fiera cominciava ad animarsi: osservavamo senza parlare le due flûte di prosecco planate silenziosamente sul tavolo.

Non fu necessario scambiare alcun commento.

La cosa che faceva più male non era la superbia o il peso di tutta quella arroganza, ma il fatto che in mezz'ora eravamo riusciti a dire sì e no venti parole, e che il padrino dei banconi ci avesse trattato con modi saccenti e presuntuosi, come fossimo dei bambini.

Se il buongiorno si vedeva dal mattino, era evidente che non ci aspettava una gran giornata.

Nella vita, a volte, succede.

Per fare un passo avanti, devi farne qualcuno indietro. E devi avere il coraggio di pensare con la tua testa.

Ne eravamo convinti, e non sarebbe bastata la predica di un ometto borioso a farci desistere; era questa l'idea che ci aveva portato a Longarone: tornare all'agricoltura e ai sapori di una volta. Tornare indietro per noi non significava peggiorare, ma migliorare. Dovevamo però prendere un'altra strada: la nostra. Diversa da quella che stava percorrendo il mercato del gelato "artigianale".

Non ci saremmo certo lasciati intimidire da una faina in gessato blu e cravatta arancione e dalle sue vetuste teorie di marketing.

> Se avessi chiesto ai miei attuali clienti
> di cosa avevano bisogno,
> mi avrebbero risposto:
> un cavallo più veloce.
>
> HENRY FORD

Ci voleva ben altro per convincermi a mollare l'idea di Guido.

Era vero: non sapevamo nulla del gelato.

Del resto non eravamo venuti a Longarone proprio per imparare? Il primo contatto si era rivelato una delusione e ci aveva pronosticato un fallimento immediato. E allora? Era il primo e certo non sarebbe stato l'ultimo: dovevamo insistere.

Avevamo tre giorni per conoscere il mondo del gelato, per noi ancora ignoto: non c'era un minuto da perdere. Sicuramente tra quegli stand c'erano mille informazioni che ci sarebbero servite, aziende serie e persone capaci: si trattava solo di andarle a cercare.

"Mettiamola così," dissi a Guido, "se fosse una cosa semplice, che senso avrebbe chiamarla impresa?" Vedevo Guido un po' abbattuto e volevo tirarlo su di morale.

Lui sorrise. Scosse la testa, si scrollò di dosso le parole della faina e sollevò la flûte col prosecco. "Al sogno!" disse.

"Al sogno!" risposi, brindando.

Pensavo che, tutto sommato, avevamo un vantaggio sulla maggior parte delle persone che si aggiravano tra quei padiglioni: occhi nuovi. "Think different!" mi ripetevo il pensiero di Steve Jobs, il mitico fondatore di Apple Computers.

La strategia d'impresa è fondamentale, e noi credevamo nella nostra. La *vision* era semplice: fare il gelato con le migliori materie prime, senza additivi. Forse avrebbe significato rinunciare a gelati gonfi e variopinti, alle vaschette e a un negozio illuminato da tante luci colorate, ma non ci importava. Volevamo rispettare i clienti, ed emozionare le loro papille gustative, non i loro occhi.

Avremmo proseguito, testardi e innamorati della nostra idea: gira e rigira per gli stand della fiera, avremmo trovato le informazioni che ci servivano.

Ne eravamo certi.

Gli innocenti non sapevano
che l'impresa fosse impossibile.
È per questo che la fecero.

BERTRAND RUSSELL

CARPIGIANI. Sulla parete di uno stand dai colori bianchi e blu si leggeva, a grandi lettere, questa scritta.

Ci guardammo. Carpigiani era tra le più famose aziende del settore, vi lavoravano certamente persone che conoscevano i processi di produzione del gelato meglio di chiunque altro. Avevamo paura di incappare di nuovo in uno sguardo di sufficienza, ma ormai avevamo fatto trenta e potevamo fare trentuno: una delusione in più non avrebbe cambiato nulla. Se non altro avremmo avuto la coscienza tranquilla e nulla da rimproverarci.

Bussammo.

Ci aprì un uomo dallo sguardo professionale.

"Buongiorno!" disse Guido a quel signore, elegante come Lord Brummel. "Noi vorremmo aprire una gelateria, ma non ne sappiamo molto di gelato. Anzi, onestamente..." aggiunse, un pochino imbarazzato "... non ne sappiamo nulla. Non è che lei ha qualche minuto da dedicarci?"

L'uomo guardò Guido, poi me, come dire: "Davvero non sapete niente?" Sorrise. Ci diede la sensazione di non essere poi così dispiaciuto della nostra ignoranza.

"Be', ragazzi... quanto tempo avete?"

"Tutto quello che serve!" replicai.

"In questo caso," disse indicando un divanetto in un angolo dello stand, "mettetevi comodi." Prese una sedia e si posizionò davanti a noi. "Mi chiamo Diego Gardin, molto piacere," disse, stringendoci con forza la mano.

“Non sarà una passeggiata, vi avverto, ma qualcosa mi dice che vale la pena tentare.”

Bingo! Con un sorriso e una stretta di mano, Gardin ci aveva conquistati: le ginocchia non sentivano più la fatica e le idee avevano ripreso a circolare.

In poco più di due ore – tanto dedicò a due perfetti sconosciuti – ci fece un vero e proprio corso monografico accelerato sul gelato. Disponibile, pacato, chiaro, non era per nulla infastidito dalla grandine di domande che gli scaricavamo addosso. Più lo osservavamo e più sembrava un lord inglese che aveva approfittato di un pomeriggio nella sua tenuta di campagna per offrire una tazza di tè a due giovani di belle speranze.

Eravamo incantati.

Nulla di quello che diceva andava perso: non un gesto, non una parola. Nemmeno un silenzio. Finalmente avevamo incontrato il professore dei nostri sogni: quello per il quale ci saremmo alzati in piedi sui banchi per esclamare: “O capitano, mio capitano!”

Gardin ci spiegò tutto del gelato artigianale; quello che, con un dosaggio perfetto di esperienza, passione e orgoglio, definì “gelato all'italiana”. Partì dalla miscelazione degli ingredienti per arrivare alla pastorizzazione, “bassa, media o alta”, e continuò sottolineando l'importanza della scelta delle materie prime e il ruolo dei vari macchinari: pastorizzatori, compressori, mantecatori.

Sembrava un film: *Tutto quello che avreste voluto sapere sul gelato e non avete mai osato chiedere.* Centoventi minuti di sublime full immersion.

Poi scoprimmo che Lord Gardin era il responsabile commerciale per il Nord-Ovest della Carpigiani. Eravamo molto gratificati: una persona che ricopriva un ruolo così importante aveva dedicato tempo e attenzione a due ragazzi sprovveduti; era un atteggiamento che faceva onore alla sua persona e al marchio che rappresentava.

La full immersion finì e cominciammo a parlare d'affari.

Fu allora che Fede si trasformò: il coniglietto divenne un puma.

Non l'avevo mai visto così. Non sembrava nemmeno lui: era entrato nello stand come un povero orfanello e ora trattava alla pari con un dirigente di quel livello. Sicuro di sé, concentrato su ogni parola. La sua determinazione e la sua autorevolezza mi sorpresero.

Federico parlava e si muoveva come il protagonista di uno di quei film nei quali solo l'intervento del Negoziatore risolve la situazione, ottenendo la libertà per gli ostaggi e la resa incondizionata dei terroristi. Incredibile.

Non solo riuscì a strappare condizioni eccezionali per acquistare un pacchetto completo (pastorizzatore, mantecatore e bancone a pozzetti), ma prospettò pure, con assoluta nonchalance, tre giorni di consulenza gratuita di un "maestro" che, a Torino, sarebbe venuto a spiegarci come fare il gelato. Su quest'ultimo tema Gardin non sembrava per nulla convinto, ma promise che ci avrebbe pensato. Lo salutammo soddisfatti con l'ordine dei macchinari tra le mani.

Se il presidente americano Kennedy avesse avuto Fede a disposizione, il disastro diplomatico della Baia dei Porci si sarebbe risolto in una passeggiata di salute.

Guido esagera sempre.

I sognatori sono così: si esaltano per un nonnulla, poi sta ai negoziatori togliere le castagne dal fuoco. La negoziazione è un'arte che mi appassiona molto: temo, però, che di castagne dal fuoco, a Kennedy, ne avrei tolte ben poche.

Sono convinto che il successo di molti imprenditori, ma anche di professionisti e, talvolta, degli innamorati, risieda nella capacità di affrontare le controversie con spirito costruttivo, cercando di risolverle per ottenere quanto desiderano. Mi ha sempre affascinato la trattativa, forse grazie a mio padre che mi ha abituato, sin da piccolo, a raggiungere gli obiettivi contando sulle mie capacità.

Noi tutti negoziamo, molte volte ogni giorno, da quando siamo bambini. Che sia la richiesta di un giocattolo o, in età adulta, lo sconto su un prodotto che desideriamo acquistare, affrontiamo con persone più o meno conosciute un dialogo che porta, normalmente, a stabilire un accordo. Persino un ballo è una piccola negoziazione: il *voleo*,[9] il famoso passo del tango argentino, è la negoziazione più romantica che conosca.

Compromesso, incontro, accordo: sono tutti termini che definiscono il risultato di una negoziazione, ma non sempre si arriva all'accordo e talvolta una parte soccombe ai desideri o al potere dell'altra. Meglio non soccombere. Vediamo in che modo.

Negoziazione

Le caratteristiche fondamentali alla base di una negoziazione efficace sono molteplici, ma le più importanti, a mio avviso, sono: l'onestà, la capacità di ascoltare, la visione dei propri obiettivi, la cura nella preparazione del negoziato, la calma.

Lo stile negoziale. La prima analisi da fare per affrontare un processo di negoziazione riguarda il proprio stile negoziale: i manuali insegnano che, a seconda del proprio carattere, vi sono più atteggiamenti.

[9] *Voleo*: è il movimento in cui la donna, dopo un repentino cambio di posizione, solleva il tallone all'indietro facendolo volteggiare.

Ogni individuo ha la sua personalità: l'accomodante cerca di smussare gli angoli, il competitivo corre il rischio di irritare l'interlocutore, a differenza dell'arrendevole; i manuali segnalano ancora il salomonico e il cooperativo. Personalmente mi riconosco nell'ultima definizione: cerco di far risaltare sempre i benefici della trattativa utili a entrambe le parti.

La definizione degli obiettivi. Un secondo aspetto è la capacità di definire gli obiettivi in modo preciso e sincero; dobbiamo capire dove desideriamo andare e perché. Il traguardo che vogliamo raggiungere può essere molteplice, può riguardare solo noi stessi (la perdita di peso o un esame all'università sono negoziazioni) o coinvolgere terzi. È importante raccogliere più informazioni possibili per essere preparati nel momento della discussione con la controparte. Il mio traguardo era semplice: ottenere il miglior prezzo per i macchinari che Guido e io desideravamo per la nostra gelateria. Conoscevo i prezzi di tutti i concorrenti di Carpigiani, la determinazione era altissima e l'obiettivo chiaro.

Coerenza e rigore. È necessario, poi, mantenere coerenza e rigore nella trattativa, sulla base di dati credibili. Cosa avrebbe pensato Gardin se gli avessimo chiesto di venderci il bancone per un centinaio di euro, quando ne vale migliaia? Non ci avrebbe preso sul serio, tanto da abbandonare la trattativa e condurci gentilmente alla porta.

La cura dei rapporti interpersonali. È il quarto punto di una negoziazione ben condotta; se possibile, si deve creare un clima di fiducia reciproca (nel nostro caso: il bancone è ben fatto e durerà a lungo, io ti pagherò puntualmente) per sciogliere le tensioni. Bisogna essere leali e onesti: quando non ricevete un trattamento di reciprocità su questi valori, non vergognatevi a farlo presente. Talvolta anche la cura dei piccoli dettagli di natura emotiva, come chiedere informazioni sul figlio dell'interlocutore citandone il nome, ad esempio, può essere utile al dialogo stabilendo una buona empatia tra le parti.

Gli interessi della controparte. Bisogna aver chiaro quali siano gli interessi di chi abbiamo di fronte. Chiedetevi se ci sono elementi che possano nuocere alla trattativa. La domanda è semplice: la controparte potrebbe rifiutare l'accordo? Se così fosse, quali sono i motivi? Trovare la risposta a tali domande prima di iniziare una negoziazione è molto utile, e talvolta vi eviterà di perdere tempo prezioso.
Non dimentico mai di considerare questi aspetti. Inoltre ricordavo spesso al signor Gardin quanto sarebbe stato "prestigioso" per la Carpigiani avere i propri macchinari all'interno di una gelateria arredata con cura, che avrebbe suscitato l'interesse dei clienti e degli altri gelatai e li avrebbe spinti a comperare modelli simili.
La negoziazione: onestà, ascolto, obiettivi, preparazione, calma.

A questo punto mancava il negozio.

Dopo l'incontro con Gardin ci eravamo convinti ancora di più di poter dire la nostra in un mondo dove sembrava che tante pecorelle corressero una dietro l'altra, senza chiedersi dove stessero andando. Tantomeno il perché.

Erano i giorni dei sogni. Guido e io immaginavamo il nostro negozio, lo facevamo e lo disfacevamo nella nostra testa e nelle lunghe chiacchierate al telefono: sarebbe stata la nostra casa.

È strano, quando penso a una casa mi torna in mente mia nonna. Era precisa e ordinata, e tenere pulito lo studio dove il nonno faceva il pittore era una vera e propria missione. "La prima impressione è quella che conta," diceva ogni volta che andavo al mare a trovare lei e nonno Michele. "La casa parla," ammoniva con dolcezza, mentre mi tagliava un'enorme fetta di dolce alle mele con marmellata, di cui non ricordo più il nome. "La casa dice tutto di chi la abita." E, mentre mi ripuliva mani e bocca, sporche per l'abbuffata di un bambino troppo goloso, aggiungeva: "Se è pulita, lo è anche la gente che ci vive." Mi voleva un bene pazzesco.

Mi congedava con uno scappellotto, che attendevo come fosse una carezza, e con un'ultima terribile minaccia: "Fila subito a lavarti le mani, sporcaccione!", orgogliosa del suo Guidino.

Mi colpiva molto il mestiere del nonno: ho sempre pensato che poter disegnare le idee sia uno splendido esempio di libertà. Non ci sono limiti.

> Disegnare è ancora sostanzialmente
> la stessa identica cosa
> che fu nella preistoria.
> Riunisce l'uomo e il mondo.
> Vive nella magia.
>
> KEITH HARING

I libri d'arte che alloggiavano nella sua biblioteca mi affascinavano; il nonno apprezzava la pittura *en plein air*: tra i suoi preferiti c'erano un paesaggista piemontese, Lorenzo Delleani – famoso per il suo punto di verde, detto "verde Delleani" – e mostri sacri del movimento impressionista come Monet, Sisley e Cézanne.

Adorava gli Impressionisti, forse perché era convinto che la prima impressione sulle persone fosse la più importante. Mi guardava finto-severo mentre condivideva con me i suoi pensieri, magari quando dipingeva i pescatori che avvolgevano le reti: "Siamo uno, nessuno e centomila," citava Pirandello e via con la sua teoria sulle impressioni e sulla luce. La luce degli occhi.

Ho sempre osservato quella luce con attenzione, come mi

suggeriva il nonno: desiderava insegnarmi l'arte di capire come sono fatte le persone guardandole negli occhi. Forse c'è riuscito e oggi, ripensando ai suoi insegnamenti, mi rendo conto che l'unico grande talento che ho è saper riconoscere una persona come d'istinto. Intuirne i desideri.

Ecco perché avevo la sensazione che fossero in molti a desiderare un buon gelato.

Dove avremmo aperto il nostro primo punto vendita?

Ovviamente a Torino, dove vivevamo, ma quale sarebbe stato il luogo migliore?

I negozi disponibili a duemila euro al mese, il nostro budget per l'affitto, non erano tanti. Sognavo di trovare un posto centrale: una di quelle piazzette raccolte, dove immaginavo la gente sostare con il gelato in mano mentre, tra una leccata e l'altra, discuteva di calcio e politica. Le piazzette che ricordano la Londra di Mary Poppins. Quelle che, quando nevica, regalano al mondo momenti di incanto.

Il mio sogno, lo sapevo, era un sogno di bambino. Da piccolo sognavo una famiglia unita e serena, che si vuole bene; un sogno semplice, eppure dalle parti di casa mia sembrava difficile da realizzare.

Unità e serenità per me significavano soprattutto i film di James Bond. Proprio così: quando ne usciva uno nuovo mio padre, che probabilmente immaginava di avere molte cose in comune con l'agente segreto al servizio di Sua Maestà britannica, ci portava a vederlo. Riuniva finalmente me, la mamma e Michele, il mio fratellino che porta il nome del nonno.

Non ricordo serata più emozionante di quella in cui, affondato nella poltrona di velluto del cinema, vedevo un'elegante signora che, dopo aver perso l'ennesima mano di Black Jack, si rivolgeva al suo misterioso vicino dicendo: "Ammiro la sua fortuna, Mister...?" A quel punto la cinepresa si sollevava lentamente e inquadrava Sean Connery che accendeva la sua sigaretta e le mie emozioni: "Bond. James Bond."

> Vino rosso con il pesce.
> Dovevo capirlo da questo.
>
> JAMES BOND,
> dal film *Dalla Russia con amore*[10]

Il cinema era sempre lo stesso: un rito.

Il Reposi, in via XX Settembre. Persino il posto in cui mio padre parcheggiava l'auto era sempre lo stesso: piazza Paleocapa, una piazzetta di fine Settecento, con un portico sul lato e la statua del signor Paleocapa in centro. Fu un ingegnere delle acque e delle strade, a suo tempo una persona importante; lui se ne sta lì, seduto, piedi incrociati e ginocchia divaricate, avvolto in un pastrano, i capelli scomposti, un accenno di sorriso e la mano destra leggermente sollevata come per un bonario ammonimento: "Ragazzi, mi raccomando: giocate pure ma non fate troppa confusione."

Per questo, mentre Federico e io cercavamo il posto ideale dove aprire il primo Grom, mi sarei accontentato anche di un bugigattolo, purché fosse in piazza Paleocapa: ogni volta che mi fosse capitato di parcheggiare da quelle parti, mi sarei ritrovato sprofondato in una poltrona del Reposi accanto a mia madre, mio padre e mio fratello.

[10] È la scena in cui l'agente 007, dopo aver eliminato la spia che lo seguiva sul treno, osserva che la richiesta del killer di servire vino rosso con il pesce avrebbe dovuto insospettirlo.

In quel periodo abbiamo visto decine di negozi.

La domenica consumavamo letteralmente il supplemento *Tuttoaffari* della *Stampa* fin quando non ci imbattemmo in un "Cedesi negozio in piazza Paleocapa". Era lui: non ci potevo credere! Chiamo e prendo appuntamento. Mi accoglie una signora un po' avanti negli anni, piacevole ed elegante. Capelli biondi, vaporosi, un po' mossi. È cortese e mi mostra il negozio: venticinque metri quadri. Piccolo.

Ma perfetto.

Il marito aveva creato una catena di negozi di scarpe, e negli anni ottanta e novanta avevano guadagnato bene. Erano proprietari di due locali sulla piazza, il secondo utilizzato solo come vetrina: era diventato "un'amante troppo costosa," diceva la signora. "Pensiamo di cedere il contratto d'affitto," aveva proseguito con leggero disagio.

Incontro il marito. Dieci anni in più della moglie, elegante, genere *British*: capelli bianchi, occhi azzurrissimi, che trovo glaciali, aria severa. Si chiama Pietro Tagliapietra, e mentre mi stringe la mano penso che il nome sia adeguato allo sguardo; lo osservo avvolto dal suo loden verde e lo immagino prendere il posto dell'ingegnere-ministro al centro della piazza e ammonire con la mano tutta la gente che passa di lì.

Comincio a raccontargli il sogno del gelato fatto "come una volta" e l'idea della gelateria arredata con gusto, il bancone, le carapine... ma lui mi gela all'istante: "Non mi interessa quello che lei vuole fare," dice, mentre l'azzurro dello sguardo sembra sempre più glaciale. "Non si offenda," provo a replicare con cauta determinazione, "ma se io avessi un vicino i cui clienti, mentre gustano un buon gelato, danno un'occhiata alle mie vetrine, credo che la cosa non mi dispiacerebbe affatto." Non dice nulla, ma sento che la mia risposta lo fa pensare.

Ci salutiamo. Mi farà sapere.

Tre o quattro giorni dopo ricevo la telefonata della moglie mentre sto guidando in giro per Torino: "Mio marito ha cambiato idea," dice con rarefatta cortesia piemontese. "Non vuole più cedere." Rimango basito. Ancora un po' svengo: la casa di Grom e i miei ricordi di bambino stanno andando in frantumi.

Devo reagire. Subito. E devo riuscire a essere convincente.

"Mi faccia incontrare ancora una volta suo marito," rilancio immediatamente. "Prometto che gli ruberò solo dieci minuti: se lo convincerò, bene, se no, pazienza: amici come prima." Risponde che non crede sia possibile. Insisto. La prego. Mi dice che mi avrebbe richiamato. Sono agitato, devo accostare la Punto, lo faccio di fianco a una fontana a forma di igloo dell'artista Mario Merz: non so se rifugiarmi dentro all'igloo o se contribuire con le mie lacrime al riempimento dell'invaso ai piedi dell'opera. Decido di trattenere le lacrime e incrocio le dita.

Dopo cinque minuti la signora mi richiama. Il marito acconsente a un nuovo incontro.

> Le persone che progrediscono nella vita
> sono coloro che si danno da fare
> per trovare le circostanze che vogliono
> e, se non le trovano, le creano.
>
> GEORGE BERNARD SHAW,
> *La professione della signora Warren*

Questa volta all'incontro c'è anche Federico.

Tagliapietra ci riceve in una stanza angusta, scura, polverosa. Sembra il rifugio di un vecchio professore immerso nelle sue ricerche.

Fede e io ci presentiamo tiratissimi: giacca, cravatta, sorriso smagliante. Cominciamo a raccontare tutta la storia, i sogni, il gelato e il resto. Siamo calmi e determinati e ce la vogliamo giocare fino alla morte.

Dopo qualche minuto, incredibilmente, Fede riesce a strappare un sorriso a Tagliapietra con un paio di battute. Proseguiamo il dialogo. La descrizione dei nostri progetti, forse, gli ricorda il figlio, che è andato all'estero per seguire le proprie ambizioni; forse Tagliapietra pensa ai sogni del figlio e a quanto sia un peccato far crollare i sogni dei giovani. Forse si ricorda quelli che aveva alla nostra età. Forse.

Piano piano il vento cambia e l'atmosfera si fa più rilassata; Federico lo intrattiene con varie riflessioni su business, tasse e gestione d'impresa mentre io parlo con la moglie. Mi racconta tutto del figlio. Poi riprendiamo a parlare insieme tutti e quattro e, per la prima volta, anche gli occhi di Tagliapietra iniziano a sorridere.

Cederanno l'attività. Il negozio è nostro.

Invece no.

La proprietaria del locale e del resto del palazzo è una contessa.

È vedova da qualche anno, mi racconta la moglie di Tagliapietra, ormai mia amica. Mi presenta la contessa durante un incontro, nel quale vedo ciò che non mi aspettavo: donna nobile nel senso più bello della parola: elegante, lievemente altera. Ha un labirinto di rughe incise, come piccoli canali, sul viso, che testimoniano il dolore per la morte del marito; le caviglie sottili formano, ai lati dei tendini, due ampie fossette: non posso fare a meno di notarlo quando la osservo di spalle, mentre mi avvicino alle vetrine del negozio, che la contessa guarda distrattamente. Mi viene incontro con un sorriso, e lo noto subito: è una persona abituata a essere osservata. Sin da piccola.

Doveva essere un incontro conoscitivo e invece si rivela distruttivo, almeno per il mio morale: la contessa è una donna simpatica e piacevole, ma lei e le figlie non ne vogliono sapere di avere una gelateria al piano terra dello stabile. Abitano lì, sono preoccupate che la gente faccia baccano la sera, e temono di vedere la loro piccola boutique imbruttita da piastrelle lavabili e lavandini in acciaio. Onestamente, di una gelateria, "non ne vuole sentir parlare".

Siamo da capo: un'altra difficoltà. Arrivo al termine dell'incontro senza aggiungere ulteriori dettagli e ripongo tutte le mie speranze in Fede: gli telefono augurandomi che, ancora una volta, la sua allegria sia contagiosa. Ne ho bisogno.

Dopo due battute con Fede, ripeto il copione: telefono alla moglie di Tagliapietra e la supplico di intercedere per noi chiedendo un nuovo appuntamento. Sorprendentemente, la contessa e le figlie accettano. Le energie ricompaiono al mio capezzale. Fede e io ci ricordiamo poi che qualche amico comune ci lega alle figlie della contessa: siamo più ottimisti.

Arriva il grande giorno.

Stiamo stati convocati direttamente a casa della nobildonna. Speriamo bene.

Saliamo in ascensore concentrati per l'incontro; la pressione è soprattutto su Federico, che deve sfoggiare i suoi famosi sorrisi ed entrare nelle grazie della contessa. Il tutto si deciderà in pochi minuti, e il nervosismo è palpabile.

Siamo accolti da Guendalina, la più giovane delle figlie, con un "Benvenuti!" rassicurante, prima di essere condotti fino all'ampio salone dove la padrona di casa ci aspetta in compagnia dell'altra figlia, Aline. Entriamo. Mi colpiscono i divani, foderati di raso chiaro dai motivi floreali, e uno splendido mobile a cassettoni intarsiato in avorio.

Lei ci attende seduta su una seggiola, non grande, dalle gambe sottili quanto le sue, accavallate a formare una diagonale lievemente inclinata. Si alza, e lentamente ci raggiunge. È magra, lo noto ancora, elegantissima e cordialmente formale nei primi gesti di accoglienza; le gambe sottili come fiammiferi, con l'unica nota di colore più vivo, le scarpe rosse, che sembrano la capocchia rivolta al pavimento.

Guendalina e Aline, forse influenzate dalle parole degli amici comuni, si rivelano gentili e affabili nel primo scambio di battute, utili a rompere il ghiaccio.

Ci fanno accomodare sui divani, loro due di fronte a noi; mi accorgo di essere seduto su quella che mi pare essere una foglia di vite, che spero porti bene, e attendo che Fede inizi la sua piccola orazione. È nervoso. Incrocia le gambe e rotea in piccoli cerchi il piede, senza accorgersene. La contessa, invece, non torna alla seggiola: raggiunge il fondo del salone, si accosta a un'ampia finestra. Inizia a osservare le montagne, e appare come distante rispetto alla sala, più vicina a ciò che vede che a noi.

Proprio mentre Federico e le figlie si stanno dilungando in convenevoli piuttosto formali, la voce sottile proveniente dalla vetrata pone fine ai loro dialoghi: "Come erano diverse le cose una volta." L'atmosfera, parole della contessa a parte, diventa subito rarefatta e silenziosa. "In questo periodo le montagne erano ancora colme di neve. Tutto è cambiato." Sembrava non mostrasse il minimo interesse per l'argomento della giornata, per noi invece vitale.

Fede non osa contraddirla, ma ne approfitta per cominciare a spiegarle il progetto di ristrutturazione del negozio. Si impegna molto, cerca di intonare gesti e parole allo stato d'animo, che appare nostalgico, della contessa. Sembra volersi alzare per andare lì, vicino a lei, a consolarla di quei rimpianti malinconici. Ma non osa. Lei tiene lo sguardo sempre rivolto verso le montagne e risponde con parole distratte al suo monologo, sospira spesso, lievemente, come stesse pensando a epoche lontane.

Fede non si perde d'animo: descrive con cura i dettagli del bancone, che verrà rivestito in noce nazionale e si sofferma sui supporti delle casse, che riprenderanno il marmo rosa Portogallo che, sul muro esterno, incornicia la vetrina. Lo fa con tatto, riuscendo poco per volta a riconquistare lo sguardo e, forse, i pensieri della contessa. È insolitamente aggraziato. Lo ammiro.

Prosegue ancora con delicata insistenza, e pone la massima cura nel sottolineare quanto il palazzo sarebbe valorizzato dalla presenza di un negozio sobrio ed elegante. Quando giunge al termine della sua dolce e appassionata arringa non manca di fare un ultimo accenno alla qualità del gelato, coerente con quel tipo di ristrutturazione.

Un gelato buono, sano, adatto ai bambini. Il gelato "come una volta".

"Ricorda quel gelato, contessa? Quel buon gelato di una volta nel quale il cioccolato sapeva di cioccolato, la nocciola di nocciola, la fragola di fragola...?" "Ah... la fragola di una volta! Quella sì che sapeva di fragola!" Tutto di lei, ormai, sospirava. Bravo Fede.

Ricordava, eccome: non poteva certo dimenticare quei pomeriggi di giugno, quando la nonna, lei bambina, la portava a camminare lungo i portici di via Po: "... E se fai la brava andiamo alla confetteria Fiorio a prendere il gelato fragola e limone." Era molto tempo che non sentivamo più la parola "confetteria".

Il nostro primo contratto di affitto ci viene così consegnato dai ricordi della contessa. E dalla nostra cocciuta determinazione.

Bambole daruma

La determinazione.

Il segreto delle cose fatte con cura. Spesso, il segreto delle cose realizzate dall'uomo.

Qualunque obiettivo, in fondo, è nelle nostre mani: grandi uomini del passato ci hanno insegnato che possiamo spostare le montagne, se lo desideriamo con tutte le nostre forze.

Conta quanto ci crediamo.

L'India e il Giappone sono luoghi di saggezza e determinazione; Gandhi (definito da Rabindranath Tagore "Mahatma", grande anima) riuscì a muovere il suo popolo grazie alla forza interiore.

Disse:

Sono le azioni che contano.
I nostri pensieri, per quanto buoni possano essere,
sono perle false fintanto che non vengono trasformati in azioni.
Sii il cambiamento che vuoi vedere avvenire nel mondo.

In Giappone troviamo un bel simbolo di forza: le bamboline daruma. Sono fatte di legno, non hanno gambe né braccia, e sono colorate di rosso, giallo, verde e bianco.

Sono piccole e tondeggianti.

Se spinte di lato, si raddrizzano da sole: per questo sono diventate simbolo di forza morale, ottimismo e determinazione.

Cadono ma si rialzano sempre.

Grom esiste perché in quei giorni non ci siamo lasciati scoraggiare: abbiamo avuto la testarda determinazione di non ascoltare il predicatore dallo sguardo di faina, abbiamo insistito con il signor Tagliapietra e con la contessa fino allo sfinimento.

La forza di volontà: Grom esiste grazie a lei.

Una bella poesia popolare (tratta da *Frammenti di un discorso amoroso*, di Roland Barthes) racconta queste piccole bambole:

> Così è la vita:
> cadere sette volte
> e rialzarsi otto.

DEDICATO A CHI SI PREPARA

AD AFFRONTARE LA VITA

STUDIO

Pantone blu 287 • Un ragazzo da Pulitzer
Il libro della vita, un capitolo in più
"Sono il signor Wolf e risolvo problemi"
Partenza: 18.5.2003
San Benedetto e l'organizzazione aziendale
Un largo cappello • La formazione

È l'ora di imparare. E di dare inizio ai lavori.

Siamo a fine marzo, contratto d'affitto in mano, e possiamo finalmente pensare a ristrutturare il negozio. Il tempo stringe: la primavera è iniziata ed è fondamentale aprire il prima possibile, considerando che il consumo dei gelati è, ovviamente, concentrato nella stagione estiva.

Ma come? Come avremmo ristrutturato il negozio? A chi avremmo affidato i lavori?

Non potevamo permetterci un "general contractor", un professionista che coordina tutti i fornitori e consegna il negozio chiavi in mano.

Dovevamo arrangiarci.

Abbiamo chiesto in giro e, con l'aiuto di un amico – Gianluca – che si occupa di costruzioni, abbiamo reclutato gli artigiani necessari: muratore, elettricista, cartongessista, idraulico. Considerate le risicate risorse di cui disponevamo avrei dovuto fare io da "general contractor": sarebbe stata un'ottima lezione per imparare come ristrutturare un negozio che mi sarebbe tornata utile in futuro per eventuali nuove aperture.

Al di là del supporto morale, invece, non potevo proprio contare su Guido: all'epoca era ancora convinto che acqua ed elettricità passassero tra i muri per magia, invece che attraverso tubi e fili, e credeva che il "quadro elettrico" fosse un dipinto della postavanguardia.

L'unico punto su cui mi aveva letteralmente rotto le scatole era il colore dell'insegna: la voleva – lui si esprime così – "blu fiordaliso", Pantone 287. Diceva che era un colore adatto a luoghi puri. Mai capito a cosa diavolo pensasse, ma Guido è un martello e avevo acconsentito per sfinimento.

Durante il giorno il cantiere era presidiato dal mio ex compagno di liceo Tommaso, l'architetto al quale avevamo affidato il progetto. Impietosito, credo, dall'esiguità delle nostre finanze, Tommaso ci aveva proposto una parcella che valeva, sì e no, un tozzo di pane e una fetta di salame. Con lui non avevo dovuto trattare sul prezzo come facevo abitualmente, e la sua disponibilità è preziosa ancora oggi: è lui che continua a occuparsi di tutti i progetti di apertura delle gelaterie Grom.

Cercavo di gestire al meglio tempi e modi dell'attività degli artigiani in negozio, seguendone il lavoro e parlando con loro tutti i giorni. Passavo in piazza Paleocapa al mattino, prima di andare in ufficio, per fare il punto della situazione; tornavo la sera per vedere gli avanzamenti e avere il resoconto della giornata da parte degli operai.

Le armi più importanti che avevo a disposizione erano il buon senso, di cui mio padre è maestro, e un sorriso per tutti: come quello coinvolgente della mamma. A un sorriso così, lo sapeva bene papà, è impossibile dire di no. I giorni si susseguivano rapidamente e, a parte un paio di grossolani errori di inesperienza, i lavori sembravano ben fatti.

> Mostrarsi semplici e sorridenti:
> è questa l'arte suprema del mondo.
>
> SERGEJ ESENIN

Guido e io osservavamo il negozio con lo stesso sguardo affettuoso che una mamma riserva al suo bambino: non stavamo nella pelle e speravamo di poter aprire entro metà maggio. Eravamo impazienti di vederlo nascere e di farlo crescere.

A questo punto non restava che risolvere un piccolo, insignificante dettaglio.

Non avevamo la più pallida idea di come si facesse il gelato.

Il problema non era uno soltanto. Erano due.

Né Fede né io sapevamo fare il gelato e, all'epoca, nessuno dei due immaginava un futuro da gelataio: io pensavo di fare l'enologo e Federico il manager. Non avevamo idea di come sarebbe andata la nostra nuova attività e, per onorare i mutui e i leasing che avevamo contratto, non potevamo darci uno stipendio. Dovevamo trovare un gelataio.

La domanda era: meglio una persona di esperienza o un giovane senza cultura specifica alle spalle ma con entusiasmo ed energia da vendere? Avremmo scelto la seconda opzione, come poi molte altre volte in futuro: siamo dell'idea che tutto si possa imparare, mentre è molto difficile abbandonare le vecchie abitudini.

Non volevo poi trovarmi a discutere con l'imposizione di additivi, paste per gelateria, semilavorati. Mente libera. Mare aperto.

Cominciammo a cercare un terzo uomo. Detta così, sembra il titolo di un film: un noir di quelli che lasciano senza fiato. E, in effetti, un film lo è stato davvero: una commedia.

Il terzo uomo avrebbe dovuto imparare a fare il gelato, mentre io avrei seguito gli acquisti delle materie prime. Doveva poi gestire la gelateria: assunzioni, orari, produzione. Federico avrebbe pensato alle registrazioni contabili (che noia...!); ricordare oggi quell'organizzazione – organizzazione? – che faceva acqua da tutte le parti mi fa sorridere. Allora, però, ci sembrava ben studiata e ciò spiega quanto non avessimo le idee chiare.

Dove l'avremmo trovato il terzo uomo?

> Cerchiamo uomini per spedizioni all'avventura. Bassa paga. Freddo estremo. Lunghi mesi di oscurità totale. Pericolo costante. Ritorno a casa non assicurato. Oneri e riconoscimenti in caso di successo.
>
> gennaio 1914, annuncio pubblicato sul *Times*
> da ERNEST SHACKLETON

Chi non ha testa ha gambe.

A noi la testa (i soldi) mancava. Le gambe, no.

Annoveravo tra i miei fornitori di abbigliamento improbabile un'agenzia che aveva la rappresentanza di marchi di moda sportiva; la signora che di solito mi serviva aveva una figlia il cui fidanzato, Eugenio, era un ragazzo dalla simpatia contagiosa.

Alto e robusto, era un po' superficiale e approssimativo, ma aveva un grande cuore. Per quanto riguarda la sua preparazione letteraria, non assomigliava esattamente ad Alessandro Manzoni, ma compensava abbondantemente con un talento innato per la comicità.

Tra i segni particolari, un rapporto decisamente personale con la lingua italiana: forse un po' inibito da noi due, si era rivelato un fantastico creatore di linguaggio e neologismi; usava le parole in modo creativo: sceglieva le più improbabili, le storpiava e spesso ne utilizzava alcune completamente estranee al loro contesto, dando vita a siparietti esilaranti.

Memorabili rimarranno – me la rido ancora adesso – espressioni quali: "Sto dando disposizioni per organizzamenti vari..." sublime! "Nella prossima settimana non hai altre vicissitudini da districarti..." divino! "Vogliamo parlare della dimensionalità del cono?" Avrebbe potuto vincere, primo nella storia, il premio Pulitzer per una sola frase.

Quando gli chiedevi: "Hai capito?", liberava un sorriso di bambino e rispondeva: "In modo massimale!"

Eugenio era divertentissimo. Furono proprio la sua simpatia e la sua sgangherata creatività a farci capire che era il candidato ideale al ruolo di terzo uomo.

A questo punto, il gelato.

Come fare?

Non volevamo fare il gelato come gli altri.

Volevamo imparare a fare il gelato "come una volta".

Non avrebbe avuto senso quindi seguire i corsi organizzati dalle ditte che insegnano le tecniche di preparazione del gelato utilizzando le paste semilavorate, prodotte industrialmente da loro stesse. Ne aveva parlato Carlin Petrini: queste paste si ottengono mediante processi di lavorazione degli ingredienti molto impattanti, che ne alterano gusto, aroma e colore. A noi serviva tutt'altro: pensammo che una buona idea fosse rivolgersi agli artigiani migliori, sperando che uno tra loro si rendesse disponibile ad accogliere, in puro spirito rinascimentale, Eugenio (e me per qualche giorno) come ragazzo di bottega.

All'inizio contattammo la famosa gelateria di Orvieto descritta da Carlin Petrini nel suo articolo, tra le poche a fare gelato di qualità. "Vorremmo imparare a fare il gelato," dissi alla figlia del titolare, reale gestore dell'attività, in una telefonata disseminata di parole di ammirazione, "possiamo mandarle un ragazzo a lavorare lì per un mese?" "Certo!" rispose, "Non c'è problema," ma, prima che potessi ringraziarla esultante, aggiunse: "Vi costerà ventimila euro!" Caddi per terra *come corpo morto cade*.

Buio pesto. Niente da fare: il budget è quello che è e, tra una spesa e l'altra, il piatto piange...

C'è però un secondo nome che può fare al caso nostro: un mitico maestro gelataio di Lancusi, piccolo paese in provincia di Salerno, che fa un gelato naturale, con approccio creativo; si chiama Matteo ed è noto soprattutto per una sua invenzione, i "fruttini", frutta tagliata in due e riempita di sorbetto. Sembra perfetto. Prendo Eugenio e, a bordo della mia Punto 1.9 JTD, scendiamo a Lancusi.

Il viaggio in automobile è un'occasione per conoscere meglio Eugenio che – viste le doti di linguaggio – immagino già futuro poeta del gelato. Ma di quell'esperienza porterò con me soprattutto i suoi insospettabili effluvi: l'odore più disumano che le mie narici siano mai state costrette a sopportare. Si nascondeva nelle estremità inferiori del poeta: un terrificante mix di formaggi fermentati e urina di vacca che la Convenzione internazionale che regola la produzione e lo stoccaggio delle armi biologiche avrebbe dovuto vietare severamente.

Eugenio produceva e poi stoccava armi mortali nelle sue scarpe da ginnastica: la sera, in albergo, ho dormito sul balcone. Per fortuna eravamo a Salerno e non a Cortina.

Un secondo, straordinario ricordo è l'incanto, difficilmente eguagliabile, della pasta condita con la "colatura di alici"; è un liquido color ambra che le alici rilasciano dopo uno speciale processo di maturazione in botti di castagno: sono collocate in strati e separate da dischi in legno, sui quali vengono posti dei pesi. Grazie alla pressione il liquido affiora, per poi essere raccolto e messo in vasetti di vetro, pronto al consumo. È un condimento semplice che porta con sé la tradizione dei pescatori di Cetara, il luogo dove l'ho assaggiato; mi ricorda come la cultura gastronomica italiana sia spesso frutto dell'inventiva di persone povere ma sagge, capaci di trasformare anche l'acqua dell'acciuga in una pozione magica e buonissima.

A Lancusi Eugenio e io incontriamo la tristezza impenetrabile dello sguardo di un grande uomo, che porta con dignità i segni di una ferita che non si rimargina. Matteo pochi anni prima ha perso il figlio in un incidente d'auto e, insieme a lui, ha smarrito anche il gusto della vita.

Mi presento a Matteo e ricevo una stretta di mano senza forza, gli occhi spenti. "Avevo insegnato a mio figlio," dice con un filo di voce. "Ora non me la sento più..." sussurra, "sarebbe come riaprire il rapporto con mio figlio e proprio non ce la faccio. Capite?" Capiamo.

È ormai sera quando ci salutiamo nel silenzio più assoluto. Saliamo in macchina e torniamo a casa, senza dire una parola per molti chilometri.

Di gelato non sappiamo ancora nulla.

Del libro della vita, però, abbiamo letto un capitolo in più.

Guido e io facciamo il punto della situazione.

La situazione è: siamo nella cacca.

I lavori del negozio procedono senza sosta, ma ormai il tempo stringe. Non possiamo più pensare che Eugenio faccia il periodo di stage in qualche gelateria in giro per l'Italia. Mi tornano in mente Longarone e il buon Lord Gardin, che a questo punto mi sembra l'unica ancora di salvezza per una barca che rischia di affondare ancora prima di salpare.

Gioco tutte le mie carte la mattina in cui telefono nell'ufficio commerciale della Carpigiani: un'interpretazione da Oscar nel ruolo del Negoziatore per fortuna convince Gardin, che ci regala tre giorni di formazione con il signor Gianpaolo Valli.

Ci avrebbe insegnato tutto sul gelato artigianale.

Il suo arrivo fu provvidenziale.

Si presentò in negozio con la stessa pacata determinazione di Harvey Keitel in *Pulp Fiction*: "Sono il signor Wolf e risolvo problemi." Deglutimmo silenziosamente. "E, se fate quello che vi dico, quando ve lo dico..." Quasi avevamo paura.

Non potevamo invece chiedere di meglio. Ne vennero fuori tre giornate tra le più intense ed emozionanti della nostra vita. Immersi nell'arte del bilanciamento degli ingredienti, della mantecazione e della gestione delle carapine, Fede, Eugenio e io sembravamo tre scolaretti alle prese con i primi fogli bianchi, matite in mano, pronti a disegnare tutto ciò che l'immaginazione ci suggeriva.

Facemmo una fatica bestiale: Valli era un sergente istruttore che non ammetteva riposo. Degustammo anche tutti i gelati più buoni della città, e l'analisi del sergente all'assaggio della crema che più mi piaceva mi aveva caricato ulteriormente. "Appena sufficiente" il voto. Sorrisi con canino scintillante all'idea di poterla fare io, ancora più buona, un giorno.

Uscimmo dalla tre giorni di apprendimento con le ossa rotte ma le idee chiare.

Valli ci salutò che era quasi mattina. Fede, Eugenio e io uscimmo sulla piazzetta sostenuti ormai solo dall'adrenalina dovuta all'imminente apertura. Avevamo dormito poco o nulla per l'intensità di quelle giornate ed eravamo stanchi morti. Ma non sepolti: le premesse erano davvero promettenti, e lo staff sembrava ben assortito, pur non mancando alcune leggerissime pecche.

Ecco un piccolo resoconto.

Fede: Finanza & Contabilità. Diciamo che il mondo degli ingredienti non gli era propriamente familiare; credeva che la "tonda gentile del Piemonte" – una nocciola – fosse una reginetta di bellezza con numerosi riconoscimenti ai concorsi per taglie forti.

Io: Ricette & Materie prime. Non ero esattamente quel che si dice un esperto in temi amministrativi: pensavo che la "Partita IVA" fosse uno scontro di Coppa Campioni di calcio.

Infine, Eugenio, che doveva dirigere la baracca e fare il gelato. In realtà era particolarmente importante per l'allegria della truppa e per il suo ruolo più prestigioso: il poeta del gelato.

La sensazione complessiva è che avessimo numerose lacune da colmare.

La strada sembrava lunga.

Era venuto il momento degli assaggi.

Avevamo deciso di fare alcune prove di gelato con gli amici, approfittando del fatto che il negozio era ormai allestito e si presentava dunque come luogo ideale per le degustazioni. Volevamo capire se quelle notti in bianco avessero prodotto qualcosa di dignitoso, e ci preparavamo all'insindacabile giudizio di alcuni esperti degustatori come Marco, Gigio e Camilla, fedelissimi alla causa ed entusiasti quanto noi; molti altri invece sghignazzavano a pensare che, di lì a poco, Fede e io saremmo diventati ufficialmente "gelatai", e non volevano mancare l'occasione di farsi due grosse risate.

Eravamo nervosi come se si trattasse di una prima alla Scala; i nostri amici rappresentavano un test tutt'altro che facile da superare: ossi decisamente duri che avevano già alcune buone esperienze gastronomiche alle spalle.

Non tutte le ciambelle vennero col buco, ma alla fine passammo l'esame per la maggior parte dei gusti; il sapore che durante quei primi test di assaggio riscosse il successo più sorprendente fu il famoso sorbetto alle *mele rosa dei monti Sibillini*...

Tutto nacque quando Fede fece un annuncio dal sapore elettorale.

Avevamo appena cominciato a far vacillare la diffidenza dei presenti con un delicato sorbetto all'arancia. "Questo è niente," aveva rilanciato Fede, galvanizzato dai primi gratificanti commenti, "... il meglio non è ancora arrivato, vedrete cosa sappiamo fare! Vedrete!" diceva ormai infervorato come un politico di paese. Gli mancava solo il santino elettorale da distribuire.

Mi rimisi al lavoro con Eugenio.

Di lì a qualche minuto stavamo servendo uno squisito sorbetto alla mela. Solo che, contrariamente a quanto tutti (compresi Fede e io) ci aspettavamo, il sorbetto non si presentò con il colore che ha la polpa della mela, ma con un bel rosa confetto. Ci guardammo sbalorditi: che diavolo avevo combinato?

Gli sguardi degli amici si fecero maliziosi e interrogativi, e qualche ironico sorrisetto cominciò a serpeggiare. Il leader degli scettici prese la parola: "Rosa?" disse, arricciando naso e sopracciglia in un moto di calcolato disgusto. "E da quando in qua un sorbetto alla mela è rosa?!" Fede mi guardò, completamente perso. Sembrava un tizio scoperto a letto con l'amante, al quale non restava altro che raccogliere le sue cose e sparire alla vista della moglie e del mondo.

"Certo che voi," replicai serafico, "a parte calcio, moda e gossip, non sapete proprio niente di niente! Questo," dissi, sollevando la coppetta in controluce, come fosse il calice di uno dei più grandi vini del mondo, "è il gran cru[11] italiano di una mela rarissima. La famosa mela rosa dei monti Sibillini! Sentite, sentite che profumo!" esclamai estatico. L'estasi li contagiò e, grazie alle mele rosa dei monti Sibillini, anche i più scettici furono convertiti in fan.

Mezz'ora più tardi, Fede e io ci ritrovammo a pulire e a rimettere a posto il laboratorio. "Ma che accidenti sono le mele rosa dei monti Sibillini? Non mi sembrava le avessimo comperate, non le ho viste in fattura..." mi chiese all'improvviso, quasi irritato del fatto che non lo avessi messo a conoscenza di un segreto di tale portata.

"Ma va'..." replicai, trattenendo a stento una risata, "... dopo il sorbetto all'arancia ci siamo dimenticati di lavare il mantecatore!" Fede rise, io di più.

Dopo aver imparato che, nel fare il gelato, bisogna rispettare un ordine preciso di mantecazione, secondo il colore dei gusti, eravamo pronti a partire.

Partimmo a vele spiegate, il 18 maggio 2003.

[11] *Cru*: termine con il quale si identificano vigneti o piantagioni vocati a una produzione d'eccellenza e i prodotti realizzati con le uve, le fave di cacao o di caffè provenienti da quelle coltivazioni specifiche.

Diciotto chili al giorno, centottanta coni piccoli.

I miei calcoli erano dettagliati e precisi: avremmo dovuto fare almeno diciotto chili di gelato al giorno per stare in piedi.

Esaurita la gioia dell'inaugurazione e l'emozione di vedere mia nonna felice ed estasiata del nipotino che stava spiccando il volo, tornai ad analizzare i numeri, verificando gli incassi delle prime settimane: circa cinquecento euro al giorno.

In realtà Guido e io eravamo terrorizzati: ci sembrava un quantitativo impressionante, specialmente tenendo presente che nei mesi invernali i consumi sarebbero scesi drasticamente. Dovevo controllare che il business plan fosse rispettato alla perfezione, anche perché l'indebitamento che avevamo contratto con gli istituti di credito non ci avrebbe consentito margini di errore.

In quei giorni cercavo di focalizzare tutto quello che avevo studiato all'università: ormai avevo dei collaboratori a cui pagare puntualmente lo stipendio, e questo mi trasmetteva un certo senso di responsabilità. Iniziavamo ad avere un vero e proprio team e mi rendevo conto di quanto io dipendessi dalla qualità del loro lavoro e viceversa.

> Con il talento si vincono le partite,
> ma è con il lavoro di squadra e l'intelligenza
> che si vincono i campionati.
>
> MICHAEL JORDAN

Fu durante queste riflessioni che mi venne in mente un libro scritto molti secoli prima: la *Regola*, meglio ancora *Sancta Regula*.

Il monaco Benedetto da Norcia lo scrisse nel 534, e a quasi

millecinquecento anni di distanza i suoi semplici principi, contenuti in settantatré capitoli, sono strumenti essenziali per disciplinare la vita nei monasteri benedettini.

Il professore di Organizzazione aziendale della facoltà di Economia mi aveva spiegato che, proprio come i monasteri, le aziende sono un'organizzazione complessa che ha bisogno di regole certe e condivise. L'azienda, mi insegnava, struttura il lavoro delle persone in un sistema complesso per ruoli ed emozioni; i dipendenti devono condividere obiettivi chiari e comprensibili e – non ultimo – un ambiente comune.

Quelle lezioni mi avevano molto colpito e, anche se avevo deciso di applicarle a un solo, piccolo negozio, mi sembravano ricche di buon senso e degne di riflessione.

Organizzazione aziendale

Il testo di san Benedetto è un utile esempio per spiegare alcuni concetti di organizzazione aziendale.

La mission. Il primo fondamentale aspetto è che tutti i partecipanti all'organizzazione devono avere ben chiaro qual è la mission aziendale: cioè lo scopo per cui l'azienda esiste. Tutti devono avere la volontà di remare, uniti, nella stessa direzione; la realizzazione degli obiettivi dipende dalle capacità dei collaboratori, qualunque sia il loro ruolo o livello, ed è valida per ogni fase della vita aziendale.

La mission, decisa dai responsabili, deve essere chiara ed essenziale; per noi è sempre stata molto semplice: cercare di fare il miglior gelato del mondo e venderlo nei nostri punti vendita con un sorriso.
San Benedetto insiste molto su questo punto e lo considera così basilare da inserirlo nel prologo del suo testo, parlando di scelta (la vita monastica, che è vita di gruppo), delle ragioni che la animano, della motivazione necessaria per perseguirla.

L'ascolto. Descrivendo il business plan ho raccontato quanto fosse centrale e importante il tema delle risorse umane. La motivazione di tutti noi risiede nelle emozioni: da subito Guido e io abbiamo cercato di non dimenticarci mai che lo strumento fondamentale per capire il valore delle persone a cui affidare responsabilità è l'ascolto.
Questo deve essere reciproco: tanto da parte delle persone che hanno incarichi direttivi quanto per coloro che devono gestire le piccole operazioni quotidiane. Eugenio, il responsabile del negozio, doveva individuare le motivazioni profonde delle persone a cui si rivolgeva per muoverle verso l'obiettivo condiviso dall'organizzazione: fare un buon gelato.
Nel monastero chi guida è l'abate, in azienda sono i responsabili, suddivisi per reparto o ufficio; in famiglia i genitori, nel mio negozio è il direttore.
Il passo successivo che san Benedetto affronta riguarda le regole che disciplinano la vita in comune: dagli orari alle modalità in cui si svolgono le attività, dalla gestione quotidiana al concetto che il santo esprime nell'espressione "buon lavoro".

Le regole della vita aziendale. La vita aziendale deve svolgersi seguendo regole chiare; le persone devono capire che il rispetto delle regole consente il rispetto degli individui.
Nel nostro negozietto le regole erano semplici: l'abbigliamento, gli orari da rispettare, le procedure per produrre i gelati e servirli ai clienti con il sorriso.

Il capitolo 73, l'ultimo del testo benedettino, segue altri capitoli dove si descrivono i rapporti di convivenza tra i monaci.

L'imperfezione degli uomini. È un epilogo saggio e lungimirante: saper accettare l'imperfezione delle persone. La *Regola*, dice il monaco, non prescrive un ideale di perfezione, ma indica il cammino per essere individui migliori, che si avvicinano a Dio.
Temo che noi non riusciremo, grazie al gelato, ad avvicinarci granché a nessuno: ma remare ogni giorno, uniti, insieme, mi illude di essere molto vicino al senso della vita.

In quei giorni mi chiedevo se il nostro gelato piacesse davvero.

Provavo a migliorare le ricette continuamente, e non lasciavo nulla al caso, condividendo prove e degustazioni con Eugenio. L'estate sembrava prospettarsi particolarmente calda, le vendite miglioravano e iniziavamo a essere più sereni.

Mi fermavo spesso a guardare la gente che usciva dal negozio con il gelato in mano. Gli sguardi, le espressioni del viso, i gesti e le poche parole che riuscivo a rubare mi emozionavano. Provavo l'orgoglio di fare un prodotto che le persone mangiano in un piccolo momento di serenità.

Ne parlavo spesso con Fede.

Cosa pensa?

Mi faccio sempre questa domanda quando osservo un cliente con una coppetta blu con la scritta GROM sul bordo: chissà cosa pensa del nostro gelato. Non avevo certezze sulla bontà della nostra idea e, avendo poca esperienza, temevo che arrivasse da un giorno all'altro qualche spiacevole lamentela; avevo paura che, come un temporale, un evento drammatico spazzasse via tutto.

Ma prima arrivò una piacevole brezza con un largo cappello di stoffa.

Quel cappello copriva la testa di una signora anziana, così fragile nella camminata che avevo paura si rompesse su se stessa da un momento all'altro. Dopo diversi minuti di fila era finalmente riuscita a raggiungere il bancone; venne quindi servita dalla conista, nuova e inesperta.

Letizia, la nostra prima conista, non aveva ancora acquisito la giusta manualità per lavorare il gelato in modo opportuno prima della vendita. È un'operazione fondamentale: avviene pochi istanti prima di servire il cono e consiste nella lavorazione energica del prodotto per qualche secondo, per renderlo più morbido e cremoso. È necessaria perché non utilizziamo i famigerati "monodigliceridi", l'emulsionante che rende il gelato più gonfio e cremoso, ma anche meno sano e digeribile.

Letizia quel giorno preparò un cono veramente striminzito alla signora dall'ampio cappello che, delusa, se ne andò protestando: "Non vi vergognate," disse "a farvi pagare quasi due euro per un gelato così piccolo?"

Prima ancora che la nostra conista facesse in tempo a spiegarsi e a rimediare, la donna scivolò fuori dal negozio, l'aria stizzita. Avevo visto la scena dal marciapiede e seguii la signora con lo sguardo: cosa sarebbe successo quando avrebbe mangiato il gelato?

Mi tremavano le gambe. Mi sentivo un aguzzino.

La signora cominciò ad assaggiarlo attraversando la strada. Arrivata all'altezza della statua di Paleocapa si fermò. Assaggiò ancora, passando ripetutamente la lingua tra le labbra, come fanno i cuochi per controllare la bontà del piatto che stanno cucinando. Ancora un assaggio e un altro e un altro ancora, e l'espressione cambiò, passando a un "non male", poi a un "però", infine a un "caspita!"

A quel punto la signora si voltò verso il negozio, guardò il cono ormai vuoto, attraversò la strada e si mise di nuovo in fila. Pochi minuti dopo era ancora una volta davanti a Letizia: “Il vostro gelato è un po’ caro,” disse, “ma, devo essere onesta: non ne ho mai mangiato uno così buono! Sia gentile: me ne dia un altro!” Secca e perentoria.

Una goduria.

> Se un ragazzo non è in grado
> di imparare qualcosa dalla strada,
> non è in grado di imparare nulla.
>
> ROBERT LOUIS STEVENSON,
> *Elogio dell’ozio*

Ero contento da un lato, arrabbiato dall’altro.

La soddisfazione per la qualità del gelato era enorme, quanto era chiara la lezione che quell’episodio ci insegnava. Dovevamo lavorare sulla formazione dei ragazzi che, ogni giorno, sarebbero stati il volto di Grom davanti ai clienti. Dovevano essere gentili, competenti, educati.

La formazione: volevo studiare questo tema, che conoscevo poco. Guido e io avevamo aperto le finestre di un mondo nuovo, dovevamo anche noi prepararci al meglio.

Lui avrebbe imparato i segreti del bilanciamento, per ottenere ricette sempre migliori, e appreso i primi concetti di marketing, mentre io avrei approfondito temi di cui avevo giusto sentito il nome, come “struttura commerciale” o “formazione del personale”, per far funzionare i negozi in modo efficiente.

I primi bilanci positivi dell’avventura, per fortuna, iniziavano ad affiorare, portando nuove energie. Il negozio di piazza Paleocapa era il risultato di un percorso indimenticabile: la vigna di Sorì San Lorenzo, dove era nata l'idea, il bar di corso Sebastopoli, dove abbiamo iniziato a sognare, il mitico mercato di Porta Palazzo e poi Longarone e il primo negozio, fino all'episodio della signora dall'ampio cappello.

Erano stati momenti intensi ed emozionanti, tutti nostri, da godere fino in fondo. Quei momenti erano, però, solo il prologo della nostra avventura: il bello, infatti, doveva ancora venire.

E sarebbe passato dal brutto.

La spada nella roccia

"Non ci sono lavori pari allo studio e all'agricoltura," dice un vecchio proverbio cinese. E senza un bravo maestro, l'uomo rimane bambino.

La dinamica di un bel rapporto tra maestro e allievo ci è offerta dal film d'animazione *La spada nella roccia*, di Walt Disney, che racconta la storia del futuro re d'Inghilterra, Artù, educato dal saggio Mago Merlino: Artù è infatti un bambino che tutti chiamano Semola, mentre Merlino – che vive insieme al burbero gufo Anacleto – ha la capacità di predire il futuro; insieme a Merlino, Semola sperimenterà cosa significa essere un pesce, un uccello e uno scoiattolo, e con Anacleto imparerà a leggere e a scrivere.

Semola diventerà re d'Inghilterra dopo aver estratto la famosa spada dalla roccia. Ecco il colloquio più bello tra i due, quello in cui Semola impara per la prima volta che cosa è l'amore grazie alla saggezza di Merlino.

Semola Che cos'è la gravità?
Merlino La gravità è quello che ti fa cadere.
Semola Come un inciampo o uno sgambetto?
Merlino Già, come un inciampo o uno sgambetto... no, no, no, no! È la forza che ti tira verso il basso, il fenomeno per il quale due particelle di materia, o corpi, se libere di muoversi vengono attratte l'una verso l'altra...

Semola e Merlino, nel frattempo, si sono trasformati in scoiattoli e hanno fatto innamorare due scoiattoline: dopo qualche situazione di imbarazzo e di inseguimento, tornano uomini e le lasciano, loro malgrado, deluse e affrante.

Merlino commenta l'accaduto con il giovane allievo:

Merlino Vedi, giovanotto, questa faccenda dell'amore è una cosa potentissima!
Semola Più forte della gravità?
Merlino Sì, figliolo, in un certo senso. Io... ehm, direi che è la forza più grande sulla terra.

DEDICATO A CHI SA CHE LA FORTUNA ESISTE

E LA INNAFFIA OGNI GIORNO

FORTUNA

Un disastro? No, manna dal cielo
Carlin Petrini scrive di noi • Non è possibile
Sì, è possibile • La fortuna e la bacinella

Stavo prendendo le misure.

Un mese circa dopo l'apertura del negozio ero ormai riuscito a capire meglio cosa significasse dirigere una piccola attività e, cosa non semplice, gestire le carenze del nostro poetico ma confusionario direttore.

Eugenio in realtà ce la metteva tutta: aveva comperato uno splendido cappello da cuoco, in memoria di alcune sue esperienze culinarie, e tutto agghindato faceva la sua bella figura. Con i clienti ci sapeva decisamente fare, e quando si presentava con il cappello bianco, alto una trentina di centimetri, e la faccia tosta del poeta maledetto, era praticamente irresistibile. Più di una ragazza comperava il gelato per lanciare un'occhiata furtiva al nostro direttore.

Il disastro arrivò il 30 giugno, improvviso.

Il povero Eugenio, tornando a casa con il suo mitico motorino Califfone, aveva avuto un incidente: forse la stanchezza l'aveva portato a sottovalutare la scivolosità dei binari del tram in un punto di intersezione che li rendeva pericolosi. Il poeta era così caduto a terra, e avrebbe dovuto accantonare la sua arte per un lungo periodo.

Nulla di irreparabile, in realtà, ma sarebbe stato fuori gioco per diversi mesi: almeno quattro settimane in ospedale e poi una lunga degenza a casa.

Guido e io eravamo praticamente disperati: chi avrebbe fatto il gelato? Chi avrebbe organizzato i turni di lavoro, intrattenuto i clienti più esigenti e gestito le criticità quotidiane? C'era una sola semplice risposta, per un totale di sei lettere: noi due.

Se il senso dell'amicizia è remare insieme nelle difficoltà, quello era il momento buono per dimostrarlo. Il problema era che entrambi avevamo i rispettivi impegni lavorativi, e non potevamo essere disponibili per sostituire Eugenio durante il giorno.

Non rimaneva così altra soluzione: avremmo lavorato di notte.

Ci mettemmo d'accordo su chi avrebbe fatto il primo turno, dalle quattro alle nove del mattino, e chi il secondo, dalle dieci di sera alle quattro di notte. Quasi sempre andavo a lavorare in gelateria la notte, mentre Guido arrivava per il turno successivo: così dividemmo sudore e fatica.

Io mi dedicavo alla pastorizzazione: seguendo le grammature indicate dalle ricette di Guido, pesavo prima le materie prime liquide (latte, panna, tuorli), poi quelle solide (zucchero, cacao, frutta secca), per mescolarle successivamente tra loro; ottenevo così un liquido viscoso, la miscela, che veniva pastorizzata: è il momento in cui si riduce la carica microbica grazie alle elevate temperature, più o meno come avviene con il bollitore del tè.

Le miscele diventeranno gelato successivamente, attraverso il processo di mantecazione.

È il momento in cui entravo in scena io: una volta inserite all'interno di un ampio cilindro dalle pareti raffreddate a bassissima temperatura, le miscele vengono agitate in continuazione, incorporando aria e trasformando l'acqua contenuta al loro interno in finissimi e impercettibili cristalli di ghiaccio. Passano così dallo stato liquido alla forma semisolida che tutti ben conosciamo: il gelato.

Il lavoro di quei giorni si rivelò più importante di quanto immaginassi: mantecare chili e chili di gelato, mi consentiva di individuare gli eventuali difetti, pronto a migliorare continuamente le ricette.

Il modo in cui ci eravamo divisi compiti e ruoli mi dava la possibilità di studiare meglio flussi e processi.

Guido e io ci incrociavamo alla fine del mio turno e all'inizio del suo: in poche parole, chi mai fosse passato verso le quattro di notte per piazza Paleocapa avrebbe incontrato due gelatai ciondolanti, chi per la fatica chi per il sonno, che si battevano un cinque scambiandosi l'onere di entrare in gelateria a lavorare duramente.

Quelle notti Chiara mi aspettava a casa sveglia, pronta ad abbracciarmi. Il suo amore era, è e sarà la ragione più profonda della mia esistenza.

Le fatiche dovute all'incidente di Eugenio, invece, si sarebbero presto rivelate manna dal cielo: sarebbero state decisive per migliorare il nostro progetto.

Nel frattempo, una bellissima sorpresa.

Dopo i problemi dovuti all'incidente, sarebbe arrivato, puntando la sua luce dritta su di noi, il sole. Anzi, il vate. Proprio pochi giorni dopo, infatti, accadde l'episodio che diede la svolta alla nostra piccola attività.

Mi sembrava una buona idea: avevamo letto il suo articolo, l'avevamo studiato e ci aveva ispirato.

Avevamo messo in pratica, con una certa dose di follia e altrettanta maniacalità, le sue idee. Eravamo diventati clienti di agricoltori che ne seguivano la filosofia e ne praticavano il credo: nomi come caffè delle Terre alte di Huehuetenango cru San Pedro Necta e mandarino di Ciaculli ci erano ormai noti ed erano diventati ingredienti insostituibili, oltre che un ottimo biglietto da visita per distinguerci dalle altre gelaterie.

Avrei chiamato Petrini.

Glielo avrei raccontato. E avrei sperato che fosse poi lui a raccontare di noi.

"Glielo confermo, signor Martinetti, il nostro presidente sarà disponibile per un colloquio mercoledì alle 14.30. È curioso di capire cosa avete realizzato; avrà solo mezz'ora di tempo per l'incontro. Sia puntuale." Lo sarò.

Quel giorno sono tesissimo. Spero di ottenere la sua attenzione, e sono molto curioso di conoscerlo meglio; l'avevo già incontrato qualche volta, e avere un colloquio di mezz'ora, a quattr'occhi, era per me un grande onore.

Ho sempre ammirato Petrini. Uno che parte da Bra, provincia di Cuneo, e rivoluziona la cultura alimentare di una nazione, deve avere la forza di smuovere le montagne. Forza interiore, la mia preferita. Mi chiedevo come in privato parlasse un leader, uno che potrebbe essere ministro, se volesse darsi alla politica, e milionario, se volesse darsi alla consulenza. Mi era già capitato di andarlo ad ascoltare qualche volta alla presentazione della guida *Vini d'Italia* o a quella del Salone del gusto. Vedevo in lui esattamente quelle caratteristiche che Fede mi insegna quando mi parla di negoziazione: onestà, calma, sincerità, determinazione.

Quel giorno parto da Torino con in mano il business plan di Federico abbellito di fotografie, liste di ingredienti, e una bella vaschetta piena di gelato al pistacchio: intendo offrirlo a Petrini, anche se ho un po' paura di farglielo assaggiare. Temo il suo giudizio di grande esperto gastronomico, ma voglio giocare tutte le mie carte.

La foto più bella tra quelle che porto con me è di Eugenio: sembra Paul Bocuse, mani conserte e mento alto, ricorda un grande cuoco pluripremiato dalla *Guida Michelin*. Ha un nuovo cappello, alto non meno di 40 centimetri, e ha voluto anche scrivere una dedica a Carlin: "A Carlin, con affetto massimale. Eugenio." Da un lato mi tremano le gambe, dall'altro penso che non possa suscitare in Petrini altro che simpatia e benevola tenerezza.

Mi presento in quel di Bra con un'ora circa di anticipo.

Avevo paura di trovare traffico in autostrada, ma quando entro sulla A6 Torino-Savona – l'uscita è Marene – è praticamente deserta. Mangio un panino da Converso, nota pasticceria locale, e mi presento vestito come un damerino in via della Mendicità Istruita n. 14, sede di Slow Food e ufficio del suo presidente.

Carlin è molto modesto con me, quasi tenero.

Parla con calma, come uno che ha già dimostrato la sua grandezza e non ha alcun bisogno di conferme. Io invece no: memore della lezione di Fede sulla presentazione del business plan, gli sparo raffiche di aggettivi sulla qualità delle materie prime ed enfatizzo quanto abbia influito su di noi il suo articolo. Le parole più morigerate che uso sono "eccezionali" per le materie prime e "visionario" per il suo articolo. Manca solo un "Sua Maestà nobilissima" per interpretare al meglio della mia goffaggine il ruolo del ragionier Ugo Fantozzi davanti al presidentissimo della Mega Ditta.

Osservando la fotografia di Eugenio, Carlin mi chiede perché abbiamo deciso di assumere un cuoco tanto importante e, senza ascoltare troppo la mia risposta farfugliata, mi congeda dicendomi che la nostra era veramente una bella storia. E che, forse, valeva la pena di raccontarla.

Il pistacchio? Lo avrebbe assaggiato.

6 ttL tuttoLibritempoLibero SABATO 6 LUGLIO 2003 LA STAMPA

Il vero gelato con latte di vacca d'alpeggio

Le uova? Biologiche e fresche. In genere sotto i banchi c'è invece un bel bottiglione di plastica con il semilavorato a base di rossi e zuccheri

Carlo Petrini

E' ovvio: di questi tempi i consumi di gelati "artigianali" crescono. Ma attenzione: già l'anno scorso, in agosto, scrissi un articolo per questa rubrica in cui raccontavo quanto sia facile sostenere di vendere un gelato "artigianale" mentre in realtà si stanno propinando due o tre preparati di stampo industriale mescolati in una macchina mantecatrice. I semilavorati hanno ormai monopolizzato il mercato. Praticamente tutti i gelatai utilizzano le "basi" e gli aromi, il loro gelato ha un elenco d'ingredienti infinito, incomprensibile per chi non ha almeno una laurea in chimica.

Sembra assurdo, ma oggi trovare un gelataio che s'impunti nell'utilizzare esclusivamente prodotti naturali e materie prime d'alta qualità, senza additivi di nessun genere, facendosi le basi da solo con acqua, latte, uova e zuccheri (soltanto destrosio e saccarosio), è diventata un'impresa quasi titanica. È una situazione triste, ma mi fa piacere registrare e segnalare che, proprio in seguito a quel mio articolo, alcuni giovani torinesi – Federico Grom, Guido Martinetti ed Eugenio Bertino – hanno deciso di accettare la sfida. Dopo aver studiato, fatto prove e viaggiato un anno per incontrare i migliori artigiani d'Italia, da poco più di un mese hanno aperto a Torino, in piazza Paleocapa 1/d angolo piazza Carlo Felice, la gelateria Grom.

I ragazzi sono rigorosi: intransigenti verso ogni tipo di semilavorato e additivo, sono partiti alla ricerca delle migliori materie prime e non vi venderanno mai un gelato alla pesca se non è stagione di pesche. I limoni provengono regolarmente da Amalfi, i pistacchi da Bronte, i cioccolati fanno parte di selezioni Valrhona, le nocciole sono le "tonde e gentili" piemontesi. D'ogni frutto è indicata provenienza e varietà, e sono sempre tra le migliori d'Italia. Per fare le creme utilizzano latte di vacche di razza piemontese d'alpeggio e uova biologiche fresche (chiedete al vostro gelataio che uova usa, sarete sorpresi di vedere un bottiglione di plastica con il semilavorato a base di rossi d'uovo e zuccheri); mentre per i sorbetti, dalla "cantina" della gelateria Grom escono soltanto bottiglie d'acqua San Bernardo. Perfino i coni sono selezionati con cura. Il risultato non è soltanto salutare e realmente "artigianale": è strepitosamente buono. Il gelato alla frutta profuma e sa di frutta vera, il fior di latte e la "crema come una volta" restituiscono quei gusti di latte e crema pasticcera che forse vi eravate dimenticati. Assaggerete il più buon gelato al pistacchio della vostra vita: un gelato che – sorpresa – non sarà verde smeraldo, perché non contiene coloranti.

"A l'è ël pí car ëd Turin!" (è il più caro di Torino!) sbraitava indignata una signora al secondo giorno di apertura della gelateria Grom mentre pagava il conto di € 1,70. Salvo poi ritornare immediatamente finito il suo cono: "*C'am na daga un àutr!* (me ne dia un altro!), ma da due euro stavolta!" È tutto dire: infatti siamo davanti a un gelato che ha pochissimi rivali, non soltanto in Italia.

Non so cosa abbia combinato Guido quel giorno; ha sempre considerato l'incontro con Petrini un momento personale della sua vita e me ne ha parlato solo a tratti, con una certa reticenza e senza andare mai troppo in profondità.

Comunque sia andata, credo che Petrini ci avesse preso in simpatia e probabilmente fosse contento che due ragazzi, partiti dalle sue riflessioni per aprire un'attività in proprio, avessero creato dal nulla alcuni posti di lavoro, nel rispetto della filosofia di Slow Food, con attenzione per il gusto e per le tradizioni agricole.

Solo a New York, quasi quattro anni dopo, avrei provato un'emozione forte quanto quella vissuta leggendo l'articolo che Carlin scrisse sulla gelateria Grom il 4 luglio 2003.

Sembrava la tempesta perfetta: aveva aspetti piacevoli (l'articolo aveva fatto aumentare le vendite) ma eravamo senza gelataio, e le ore sottratte al sonno ci stavano trasformando in due stracci.

Non avevamo mai vissuto un periodo faticoso come quello. Per fortuna la coda aumentava giorno dopo giorno e i clienti apprezzavano la semplice, naturale bontà del gelato. Stavamo però arrivando a un punto di rottura.

Ero stravolto.

L'errore diventava sempre più evidente.

Guido e io avevamo sottovalutato un aspetto fondamentale, durante la stesura del business plan: era impossibile, infatti, aprire anche solo un secondo negozio. Utopia.

Come avevo potuto commettere un errore tanto grave? Come ci saremmo comportati se, per disgrazia, i direttori di entrambi i negozi fossero stati indisponibili, come Eugenio, oppure si fossero dimessi? Pensavo che io stesso, se mai avessi avuto l'opportunità di imparare a fare un gelato di ottima qualità, nell'arco di qualche mese avrei salutato il mio datore di lavoro per aprire un'attività in proprio, capitalizzando l'esperienza.

Se avessimo aperto altri negozi, Guido e io non avremmo potuto sostituire tutti i gelatai nei giorni di assenza o di ferie. Se poi i negozi fossero stati tre o più, la voragine finanziaria causata dall'esigenza di chiuderne qualcuno avrebbe trascinato con sé anche quelli che ci consentivano di pagare affitti e stipendi. Ero stato uno stupido: non avevo riflettuto bene. Non avevo studiato i dettagli.

Anche Guido era pensieroso. "Come faremo con le materie prime?" domandava sfiduciato di tanto in tanto, senza però darmi occasione di parlare con lui della cosa. Sembrava un argomento tabù.

Non capivo bene, ma era chiaro che ognuno di noi, per motivi diversi, aveva le sue gatte da pelare.

Ero disperato.

Ogni mattina alle tre e mezza suonava la sveglia. Mi ero coricato da poche ore, non avevo avuto neanche il tempo di ricaricare le pile, che lei mi tirava giù dal letto. Tutti i giorni. Sabato. Domenica. Ero allo stremo, e per giunta avevo appena intuito, lavorando in negozio tutto quel tempo, che il nostro sogno doveva fermarsi lì.

Mi sentivo uno sciocco.

Come avevo potuto commettere un errore tanto grave?

Ero stato un illuso: la nostra idea era di acquistare il meglio di ogni materia prima. Solo il meglio, senza compromessi.

Se avessimo aperto altre gelaterie, come avremmo potuto acquistare le materie prime migliori, quando la frutta fresca sarebbe stata diversa da mercato a mercato, da città a città? Desideravo comperare la frutta direttamente dai consorzi di produzione presenti sul territorio, ma se ogni gelateria avesse provveduto in modo indipendente avrei dovuto rinunciare a quest'idea. Le quantità sarebbero state troppo piccole per essere acquistate direttamente dai consorzi.

Errori di inesperienza.

Ne facevo tutti i giorni. Sono sempre stato attento e preciso, specialmente sul lavoro: eppure un giorno mi ferivo con il mixer a immersione, un altro appoggiavo il gomito sul secchio durante la pesata (alterando così il valore che la bilancia misurava), un altro ancora lasciavo qualche minuto di troppo il gelato nel mantecatore.

E i ragazzi a cui avremmo insegnato a fare il gelato? Se avessero in futuro aperto negozi per proprio conto, sfruttando le ricette e gli sforzi che avevo fatto per preparare il gelato senza additivi? Disastro totale.

Era impossibile pensare di gestire più negozi rispettando i canoni di qualità che mi ero imposto: quanti errori avremmo commesso in ogni gelateria, tutti i giorni, lasciando i clienti insoddisfatti, danneggiando la nostra reputazione? Già all'epoca, ci tenevo moltissimo: la reputazione dell'azienda, del marchio che faticosamente stavamo costruendo. Il *brand*.

Troppe difficoltà, troppi errori: l'idea di investire gli eventuali utili per aprire altre gelaterie e cambiare la storia del gelato in Italia era balzana e impraticabile.

Ne ero certo.

Se c'era un suggerimento che pensavo di aver imparato era proprio quello di aprire gli occhi, osservare con attenzione le cose, prendermi cura dei dettagli che fanno la differenza.

Quegli errori mi sembravano come un insulto, pensando a mio nonno Riccardo. Lui sì che era un personaggio incredibile, le sue esperienze appartenevano a un'altra epoca: era un vero e proprio

John Wayne di Fiume, la cittadina dove era nato all'inizio del secolo scorso.

Durante la seconda guerra mondiale, si era fatto cinque anni nei sommergibili. Alla fine del servizio in marina si era ritrovato profugo, buttato fuori dalla sua terra, senza nulla, né dietro né dentro. Partì come parte chi non ha più nulla da perdere: senza voltarsi.

Trovò la sua America in Piemonte, dove svolse lavori incredibili, che oggi non esistono più. Fabbricava sfere di ferro, e aveva avuto successo: era un maniaco della perfezione; quando l'obiettivo della perfezione è ottenere una sfera perfettamente tonda, devi essere un po' matto. All'epoca, infatti, le sfere si facevano con la lima. A mano.

Ogni sfera richiedeva decine di ore spese ad arrotondare uno spigolo, limare un dettaglio.

L'esperienza nei sommergibili lo aveva stravolto. Me lo raccontava mentre, come tutti i nonni, aiutava a crescere suo nipote con qualche proverbio e piccoli suggerimenti di vita pratica: "Non vivere un secondo senza osservare la vita". Credo pensasse alla sofferenza patita nel buio dei sommergibili. "Cura i dettagli. Non li sottovalutare. Faranno la differenza." Credo pensasse al suo piccolo successo come artigiano delle sfere.

Non vedere l'evidenza, non notare i dettagli, è da superficiali.

Difficilmente mi sarei perdonato un errore del genere. Ogni notte riflettevo su come risolvere quello che ormai consideravo l'handicap principale della nostra attività. Componevo e scomponevo i processi di produzione del gelato, li smontavo e li rimontavo, ma mi sembrava non ci fosse una soluzione. Iniziavo a temere che il sogno di aprire sei gelaterie in cinque anni sarebbe rimasto tale.

Poi, a metà luglio, durante una di quelle interminabili notti, ruppi un migliaio di tuorli e li separai dai loro albumi.

Così, mi venne l'illuminazione.

Mi alzo, mi lavo i denti e mi trascino fuori casa. Sto per vivere l'ennesima mattinata da gelataio insonne. Sono alcune settimane che vivo così e non mi tengo in piedi.

> Non c'è supermarket dove
> si compra la grinta: ce l'hai, o non ce l'hai.
> Puoi avere il tecnico migliore,
> lo stipendio più alto
> e tutti gli stimoli di questo mondo,
> ma quando sei al limite della fatica
> sono solo le tue doti ad aiutarti.
>
> MARCO PANTANI

Prendo la Punto – il cui motore mi saluta con un rumore sinistro – e raggiungo un parcheggio libero alle spalle di piazza Paleocapa; raccolgo me stesso e mi dirigo al negozio, dove arrivo pochi minuti prima delle quattro del mattino.

Fede mi aspetta sulla porta di ingresso. Mani conserte, sguardo che oscilla tra la minaccia e l'orgoglio. La luce sopra l'ingresso, alle sue spalle, me lo fa sembrare il protagonista di un quadro di Jack Vettriano, il pittore scozzese che avrebbe saputo donare l'aria da gangster anche a Cucciolo dei sette nani.

Mi avvicino e intravedo il mio socio e compagno di avventura abbozzare un sorrisetto malizioso, come un bambino che l'ha combinata grossa e ne è pure orgoglioso.

Sulla testa gli brilla la piccola lampadina luminosa di Archimede Pitagorico.

Sono felice. Ho la soluzione.

Vedo Guido parcheggiare e mi metto sulla soglia della porta del negozio ad aspettarlo. Sono le tre e cinquantacinque in punto e, appena ce l'ho davanti, assalgo il mio socio, ancora mezzo addormentato: "Il progetto è sbagliato!" gli dico, serio, dimenticando che aveva trascorso gli ultimi giorni a inveire contro se stesso per la questione delle materie prime e la non riproducibilità della qualità.

"Bella scoperta," mi risponde con tono sconsolato.

Ma io sono felice e, nonostante l'ora, pieno di energia. Una cascata di parole mi esce senza freni: "Dobbiamo miscelare tutti gli ingredienti in un unico luogo di produzione, esattamente come facciamo qui in negozio quando mescoliamo le materie prime e le mettiamo nel pastorizzatore. Il latte, le uova, la panna, lo zucchero, tutto! Tutto miscelato in un unico centro di lavorazione fino a costituire il liquido, così com'è prima che venga mantecato, per poi metterlo in speciali contenitori e mandare questi nei negozi!"

Ho finito il fiato e mi riprendo per un secondo: "E sai cosa succede nei negozi? Sai cosa succede? Eh, lo sai? Lo mantechiamo!!!" concludo, in apnea.

Mi sembra di averlo steso, ma è evidente che Guido non ha capito un tubo di ciò che gli ho appena detto. È troppo assonnato, sbatte gli occhi con la serafica tranquillità di una civetta: tre secondi a palpebra.

Gli ho appena risolto la vita e lui mi fa la civetta. Bella roba.

Sto per arringare un'ulteriore spiegazione, più composta, quando gli occhi di Guido, forse animati da un cervello i cui neuroni hanno ripreso a connettersi, iniziano ad apparirmi nuovamente della partita.

Lo sguardo non è brillante ma, almeno, ha dismesso i panni dello zombie.

Tiro giù la saracinesca e lo porto a sedere ai piedi di Paleocapa; Impiego una quarantina di minuti per ripetergli la mia idea: sono particolarmente lucido e non risparmio la cura dei dettagli.

Guido riacquista poco per volta le sue normali capacità cognitive e inizia ad annuire. Mi fa alcune domande e osservazioni, quasi timoroso che non abbia la risposta pronta. Ma io ce l'ho. Come per magia, sembra che tutti i nostri problemi di gestione dei negozi si possano risolvere nell'arco di una notte.

Un'idea che non solo ci avrebbe evitato un rapido trapasso per stanchezza, ma che avrebbe comportato una serie di vantaggi sul piano della qualità, dei costi e del know-how.

Avremmo potuto controllare personalmente la produzione delle miscele mantenendo gli standard prefissi ed evitando gli errori di preparazione del gelato nei punti vendita, con le relative differenze di qualità.

Diventava possibile acquistare la frutta presso i migliori consorzi e, magari, incidere sulla tipologia delle coltivazioni che i contadini avrebbero dedicato a Grom. Guido iniziava a guardarmi estasiato.

Ma il vantaggio più grande dell'introduzione di un laboratorio centralizzato sarebbe stato quello di permetterci di proteggere uno tra i beni più preziosi di Grom: il know-how, le ricette. Avremmo evitato che altre persone potessero approfittare dei progressi che stavamo realizzando per non usare emulsionanti.

Guido inizia a fissarmi con cupidigia, come fossi bionda e formosa, e mi allontano di un paio di spanne da lui. Ma non gli sfuggo, e si lancia in un abbraccio incontenibile.

La sfortuna, cioè l'incidente di Eugenio, si era per noi tramutata in un'occasione per analizzare, con cura e in prima persona, i processi alla base della produzione del gelato; solo migliaia di uova rotte ci avevano portato alla soluzione.

Guarda caso alle spalle di quell'idea c'erano i soliti fattori decisivi: voglia, determinazione, lavoro e fantasia. E molta fortuna, naturalmente, che all'inizio non sembrava tale: anzi, sembrava una tragedia.

"Siete stati fortunati!" ci dicono oggi molti dei ragazzi con i quali ci confrontiamo durante gli incontri ai quali le università o i centri studi ci invitano a parlare della nostra esperienza.

È vero, però la fortuna non è sufficiente. Siamo artefici del nostro destino, ma non basta pensarlo, né ripeterselo come una litania: bisogna lavorarci sopra.

> Sono convinto che la fortuna te la devi creare.
> La devi prendere al volo per riuscire a fare
> nella vita quello che davvero vuoi.
>
> OSCAR PISTORIOUS

Nonno Riccardo diceva che la fortuna esiste.

Lui amava raccontarmi piccole storielle. Forse le inventava, non saprei, ma stavo ad ascoltarlo a bocca aperta.

La fortuna esiste, diceva, ed è come la pioggia.

Qualcuno, quando piove cammina con il passo spedito per non bagnarsi.

C'è chi invece vive le cose in modo diverso: forse la pioggia è un'opportunità. Forse non bisogna lasciarsela sfuggire. Così, prende un bicchiere e raccoglie qualche goccia.

Qualcun altro, più ardito, raccoglie le gocce con un secchiello. Potrebbero essergli utili un giorno. Chissà.

E poi c'è un uomo ottimista. È visionario. Forse, saggio.

Cerca una bacinella grande. La più grande che riesce a portare. Si carica la bacinella sulle spalle, esce e va in giro a raccogliere quanta più pioggia può.

Avrà sete un giorno? Non lo sa.

La bacinella pesa, ma lui continua. Cammina con il suo carico, fatica, si stanca. A fine giornata posa la bacinella, la guarda. È felice: la bacinella è piena d'acqua, e lui ha dato il meglio di sé. Non avrà rimpianti. Non ha perso tempo e, se avrà sete, saprà come dissetarsi.

La fortuna esiste, diceva nonno Riccardo, ma troppi guardano la pioggia solo come qualcosa di inutile che cade: così, la perdono.

L'ottimista invece sa che la pioggia è un'opportunità.

Fatica e fortuna ci avevano fatto capire che avviare un nuovo laboratorio di produzione dove confezionare le miscele era fondamentale per continuare a volare, insieme ai nostri sogni.

Solo che non avevamo i soldi per farlo.

Alexander Fleming

Nel 1928 un signore scozzese cambia il destino dell'umanità.

Quell'anno Alexander Fleming scopre la penicillina: è il primo antibiotico, il farmaco che permette di sopravvivere alle infezioni batteriche.

Tutto avviene per caso. Anzi, per due casi.

Il giovane Alexander, infatti, immagina per sé una carriera da chirurgo, professione per la quale aveva superato il relativo esame e acquisito il titolo di Fellow of the Royal College of Surgeons.

Ma dopo pochi mesi un fatto casuale, la sua bravura nel tiro con la carabina, devia i suoi progetti.

Fleming, infatti, inizia a far parte dell'Inoculation Department del Saint Mary Hospital, l'ospedale dove sarebbe avvenuta la scoperta della penicillina, perché uno dei discepoli del direttore del Department, il dottor John Freeman, desidera rilanciare il club di tiro dell'ospedale, e inserisce Alexander nel proprio staff di lavoro.

Fleming nel 1928 prende una vacanza di tre giorni, dimenticando una coltura di batteri in laboratorio: al suo ritorno nota che si tratta di una coltura particolare; sembra una macchia di muffa come tante altre, invece è profondamente diversa: lungo il perimetro della macchia le colonie batteriche si sono dissolte.

È una muffa miracolosa? Lo è.

Fleming testa la sua efficacia su vari tipi di batteri e i risultati sono straordinari: distrugge gli streptococchi, gli stafilococchi, i bacilli della difterite e del carbonchio.

La muffa miracolosa viene identificata inizialmente come

Penicillium rubrum – ma due anni più tardi si scopre che è in realtà *Penicillium notatum*: la penicillina.

Lo scienziato descrive così la propria scoperta:

> La storia della penicillina ha qualcosa di romanzesco e aiuta a illustrare il peso della sorte, della fortuna, del fato o del destino, come lo si vuole chiamare, nella carriera di ogni persona.

DEDICATO A CHI CERCA IL PROPRIO EQUILIBRIO

PERCHÉ COL TEMPO LO TROVERÀ

EQUILIBRIO

Arriva Braccio di Ferro
Non ci sono i soldi • Il generale Schwarzkopf
La squadra è completa • I golden boys del gelato
Il bilanciamento: fare il gelato a casa
Una nuova finestra

L'estate 2003 si presenta caldissima.

A Torino le temperature raggiungono e superano spesso la soglia dei 35 °C, e il nostro negozietto si riempie di gente che, dopo aver fatto diligentemente la fila sotto il sole, entra pronta a gustarsi il gelato di Grom.

Passando dalla padella alla brace: non avevamo acquistato il condizionatore. Fede, infatti, in un momento di attenta analisi costi-benefici che avrebbe saputo facilmente mettere d'accordo uno scozzese con un genovese, aveva deciso di non investire in un macchinario – aveva saggiamente detto – "del tutto inutile".

Prendendo spunto da alcuni eccellenti ristoranti che avevamo avuto l'occasione di visitare, avevamo inoltre pensato di fare "a vista" il laboratorio di produzione del gelato: volevamo che i nostri clienti vedessero i processi di preparazione. Per fortuna noi due lavoravamo di notte, in orari in cui il negozio era chiuso: avevamo un aspetto orripilante, ascelle pezzate, fronte imperlata di sudore, lingua felpata. Emanavamo profumi quasi alla pari con le scarpe da ginnastica di Eugenio. Quasi.

Il lavoro, nel frattempo, continuava ad aumentare. Con noi lavoravano alcune ragazze molto in gamba, ma nessuna aveva la capacità di farsi carico di responsabilità importanti come quelle riguardanti i processi di produzione del gelato.

A un certo punto, poi, erano addirittura due i Guido che lavoravano all'interno del negozio: il papà di Fede, che porta il mio stesso nome, veniva al mattino insieme a Rosanna, la mamma, a dare una mano. Erano entrambi in pensione e il loro aiuto all'epoca fu determinante. Lasciavo al mattino le miscele pronte da mantecare (il processo più semplice se tutto è già ben organizzato prima) e loro portavano avanti la produzione, consentendoci di soddisfare le richieste dei clienti, che ormai consumavano più di cento chili giornalieri: ben oltre le più rosee previsioni. La loro presenza consentì a Fede di riposarsi un po' e di approfondire in quei giorni il tema che per lui era ormai un'ossessione: il laboratorio centralizzato, l'unica speranza per poter proseguire nel progetto di sviluppo della nostra attività.

Io, invece, ero vicino al punto di rottura. Gli orari massacranti, il doppio impegno lavorativo e il caldo opprimente mi stavano sfiancando. Eravamo pronti a chiudere il negozio per una settimana: non mi sentivo bene e avevo un disperato bisogno di riposo. Fede però, dal canto suo, aveva il terrore di perdere giorni importanti di incasso.

Poi, arrivò il trio.

Nell'ordine di assunzione: Davide, Silvia, Manuele. Fu la nostra salvezza.

Avevo sentito, non so dove, che un ragazzo – molto intelligente, dicevano le voci di corridoio – aveva deciso di smettere i panni di autista ed era disponibile per diventare, eventualmente, gelataio.

Organizziamo il colloquio: quella notte dormo ancora meno,

vuoi per l'entusiasmo vuoi perché me la faccio sotto all'idea che il candidato sia deludente.

Davide si presenta verso mezzogiorno. Sembra la versione giovane di Braccio di Ferro: capelli rasati, muscoloso, gli mancano solo pipa in bocca e ancora sul braccio. È intelligente, mi aveva detto Fede, vai tranquillo. Sembra un babbeo.

Ci sediamo al bar di fianco alla gelateria e nei primi cinque minuti di colloquio gli sparo una bella raffica di domande per capire se sia la persona giusta o meno. Diciamo che la loquacità non gli appartiene. La risposta più articolata che Davide dà alle mie sollecitazioni è "forse". Le altre sono sette-otto "no" e una decina di "sì". Solo sul finire della mia intervista si lancia in un'affermazione un briciolo più strutturata.

È un "Tu mettimi alla prova. Poi vedremo." Quasi m'intimorisce. Nel dubbio, lo convoco il giorno dopo per insegnargli i rudimenti del mestiere.

Chiamo immediatamente Fede: "O è uno stupido o è un genio." Il mio timore è che, nella migliore della ipotesi, sia un tontolone galattico.

È un genio.

Davide mi cambia letteralmente la vita: in pochi giorni apprende perfettamente i processi di preparazione delle miscele, pesatura degli ingredienti, pastorizzazione e mantecazione; impara con rapidità impressionante. Capisce tutto alla prima spiegazione e raramente commette un errore. Posso dedicarmi quasi integralmente ad approfondire lo studio del bilanciamento degli ingredienti e all'acquisto delle materie prime, miei interessi principali e funzioni che non intendo delegare a nessuno.

E posso andare a godermi una meritata vacanza di ben una, e dico una, settimana.

Ne ero certo.

Non avevamo i soldi per realizzare il laboratorio.

Ma non significava che mi sarei fermato davanti a questo ostacolo: in quel momento la cosa più intelligente da fare era valutare la cifra da mettere in gioco, analizzando con cura i flussi di cassa generati dal negozio di piazza Paleocapa per capire se sarebbero stati sufficienti a sostenere l'investimento.

Il laboratorio ci avrebbe consentito di centralizzare la prima parte della produzione – l'acquisto e la miscelazione degli ingredienti – e proseguire nel piano di crescita dei negozi. I negozi avrebbero poi ricevuto le miscele e le avrebbero mantecate, fresche, tutti i giorni. Possibilità di errore prossima allo zero. Fantastico.

Grazie all'aiuto dei miei genitori in quei giorni avevo anche più tempo per cercare personale e spulciare curricula sulle varie riviste specializzate: il negozio era ancora lontano dal livello minimo di organizzazione al quale puntavo.

Poi mi dedicavo allo studio: non ne sapevo assolutamente nulla, ancora una volta, di impianti di pastorizzazione del latte, tanto meno dei macchinari per la mondatura della frutta. Ma "tutto si impara nella vita": era il motto di un mio mentore quando ero studente al liceo scientifico, il San Giuseppe di Torino.

Fratel Gabriele, geniale professore di matematica, non transigeva sull'argomento. Avrei imparato.

Dal punto di vista finanziario il primo, importante tema da affrontare era certamente quello relativo ai costi di affitto della nuova struttura. Sul finire della giornata prendevo la moto, mezzo di movimento ideale considerata la calura di quei giorni, e scorrazzavo in cerca del luogo giusto dove allestire il nuovo reparto di produzione; per non assumere ulteriori rischi finanziari i costi di affitto dovevano essere molto bassi.

La moto è una passione: mi dà quel senso di equilibrio che amo, è evasione e mi rilassa. In moto, spesso, conta più il viaggio della meta, e io quel viaggio me lo volevo godere. Giravo così alla ricerca di un capannone industriale lungo la cintura di Torino, visitando luoghi come La Loggia, Grugliasco, Settimo Torinese. Lo spettacolo, mediamente, non era granché, ma i prezzi erano abbordabili: tre euro al metro quadrato circa la cifra media richiesta. Le opportunità di locazione non mancavano, e avrei certamente potuto trattare il contratto d'affitto con il già sperimentato piglio del "negoziatore" mettendo in competizione più situazioni.

A questo punto era importante ipotizzare lo spazio di cui avevamo bisogno e i costi dei macchinari; iniziai così a contattare i fornitori, a studiare i flussi di produzione e stimare le spese della logistica: conoscevo bene quest'ultimo argomento perché avevo avuto un'esperienza lavorativa nel settore. Incontrai uno dopo l'altro dirigenti di multinazionali e piccoli artigiani: iniziai a capire i costi e il linguaggio di impianti e strutture. Pastorizzatori industriali, macchine dosatrici e riempitrici, scaffalature, muletti, pompe e celle frigorifere erano il mio pane quotidiano.

Dopo un paio di settimane mi resi conto che lo spazio necessario, compresi gli uffici amministrativi, sarebbe stato circa mille, millecinquecento metri quadrati.

Per quanto riguarda i macchinari, invece, il conto finale – il famoso numero in basso a destra che dà immediata, rapida dimensione della situazione – era spietato: cinquecentomila euro. Più tremila euro d'affitto e lo stipendio di almeno tre ulteriori dipendenti.

Impensabile proseguire.

Il denaro generato dal negozio di piazza Paleocapa non consentiva l'investimento.

Non vedo l'ora di tornare dalla vacanza.

È di una sola settimana, ma non riesco a pensare ad altro che alla nostra gelateria appena avviata.

Non faccio in tempo a mettere piede in negozio che Fede mi organizza un nuovo colloquio: questa volta con una signora, segnalata da un amico di famiglia, che era apprezzata per professionalità e onestà. Sembra la persona ideale per gestire le nuove esigenze, abbiamo infatti bisogno di qualcuno in grado di organizzare – nonostante Davide ce la metta tutta – l'enorme impegno amministrativo e gestionale che il negozio ormai genera.

Il generale Schwarzkopf (quello della Guerra del Golfo, soprannominato "l'orso" per la mole imponente) al confronto di Silvia è un tenero agnellino spaurito.

Silvia si presenta al colloquio puntualissima. Peserà quarantacinque chili bagnata, ma ha grinta da vendere. La sua esperienza lavorativa, notevole, ci appare subito preziosa, e lei sembra davvero la candidata ideale a diventare il primo direttore di negozio dell'epoca post-poeta.

Il poeta Eugenio, infatti, è praticamente sparito. Credo che, spaventato dal duro lavoro e dagli orari improbabili, abbia deciso di dismettere il cappello da cuoco e ritornare a esercitare la sua arte in qualche bar di Torino. Forse ancora adesso prepara cocktail e scrive poesie d'amore alle ragazze che lo circondano: non posso negare di invidiarlo un po'.

Il negozio inizia ad avere una parvenza di organizzazione: Silvia in regia, Davide in sala macchine; Federico e io abbiamo più tempo, lui mi coinvolge nei suoi studi per avere un'opinione sulla tecnica di produzione delle miscele e sulla relativa gestione logistica; nel frattempo continuo ad approfondire il tema fondamentale del bilanciamento degli ingredienti.

Il mio mestiere è ancora, ufficialmente, l'enologo.

Ma inizia a piacermi l'idea di fare il gelataio.

I fiori.

Il nostro negozietto era curato nei dettagli, aveva tante piccole attenzioni – prevalentemente opera della capacità di comunicazione di Guido – ma nulla aveva la loro delicatezza.

La stessa delicatezza che ammiravo nella persona che, tutte le domeniche, arrivava con il sorriso per portarci un mazzo di girasoli, un bouquet di margherite, un fascio di fiordalisi.

La mamma di Guido li appoggiava sull'angolo del bancone e iniziava a danzare con le mani ora per allargarli nel vaso, ora per sistemare una corolla. Non capivo come potesse immaginare l'armonia che avrebbe avuto quel mazzolino di lì a poco, impreziosito dalla fantasia del direttore d'orchestra.

La domenica aprivamo il negozio alle undici, e i pochi clienti che desideravano il gelato a quell'ora – la maggior parte comperava vaschette da portare a casa – guardavano ammirati le sue composizioni. Avrei voluto avere anch'io quel senso estetico: la misura della bellezza. Per fortuna ne godo come amico di Guido, che l'ha ricevuto in dono da quegli occhi attenti che sapevano giocare con i fiori.

Fiori o non fiori, trascorrevano i giorni e il passaparola tra i clienti faceva aumentare il lavoro sempre di più. Era venuto il momento di dare una spalla a Davide, che ormai si muoveva leggiadro (forse non esattamente leggiadro, ma diciamo che si muoveva con abilità) nel piccolo laboratorio di produzione dietro al bancone, armeggiando con le dosi suggerite dal mio socio gelataio e dalle sue ricette.

Guido intanto studiava e sperimentava tutti i giorni, alternando libri sul bilanciamento come *Ice Cream*, sul marketing come *Effetto Lovemarks* e tutta una serie di manuali e manualetti su agricoltura e materie prime, di cui francamente non ho mai capito un'acca. Li trovavo di volta in volta sparsi nel retrobottega, e ogni tanto davo loro un'occhiata: mi incuriosivano ma non mi rapivano.

A me interessava che il negozio fosse ben organizzato. Volevo completare il duo Silvia-Davide, e trovare l'equilibrio necessario a renderlo autonomo da me e da Guido. Intendevo poi occuparmi anche dei piccoli dettagli come l'acquisto delle divise da lavoro e di cappellini meno esuberanti rispetto a quello da cuoco amato da Eugenio.

Avevo coinvolto nel professionalissimo processo di ricerca del personale anche Chiara, la mia fidanzata. Un bel giorno sembra che l'amico del fioraio di un conoscente del verduriere del cugino del macellaio di Chiara abbia il ragazzo giusto per noi. Francamente non mi fidavo troppo dell'opinione di quell'amico del fioraio ecc., che conoscevo anch'io, ma tentar non nuoce.

Il tavolino che utilizzavo per incontrare i candidati era quello del solito bar accanto al negozio; era il luogo che avevamo ormai eletto a nostra sede distaccata, perfetto per tenere i colloqui senza perdere di vista coda e clientela. Gli aspiranti conisti non mancavano, ma molti erano purtroppo una delusione: ragazzini troppo viziati dai genitori che dopo aver armeggiato con il gelato un paio di giorni – giusto il tempo per un minimo di addestramento – ci abbandonavano impauriti da un lavoro certamente faticoso, quasi senza soste, che richiedeva pazienza e attenzione al cliente. Questi giovanotti ci facevano sprecare il tempo necessario per la formazione, e il denaro, non poco, che serviva per svolgere le pratiche burocratiche della loro assunzione.

Il giorno del colloquio con la persona suggerita a Chiara vedo arrivare un tipo abbronzato dalle gambe magre e storte, a parentesi. Manuele.

Sveglio è sveglio, forse sin troppo, ma è ancora molto giovane e inesperto. I capelli ingellati, tirati indietro con cura certosina, mi dipingono un tipo belloccio, forse un po' arrogante.

Ma il lavoro continua ad aumentare e non posso andare tanto per il sottile. Nel frattempo, poi, Guido e io vorremmo ritornare alle nostre vite normali e ai rispettivi mestieri. Non abbiamo ancora visto un euro, intendiamo reinvestire tutto per la crescita e non abbiamo neppure remunerato il tempo speso per produrre il gelato, organizzare lavoro e colloqui, iniziare lo studio di fattibilità del laboratorio.

Ho la sensazione che il ragazzo di fronte a me non sia sufficientemente maturo per il compito che lo aspetta, ma mi sembra comunque buono e onesto. Lo assumo.

Manuele dovrà fare la spalla di Davide. Entra subito in sintonia con Braccio di Ferro: i due diventano ottimi amici nell'arco di pochi giorni – lo sono ancora oggi – e fanno disperare Silvia, più severa e intransigente, con una serie di scherzi che talvolta sfociano nella goliardia.

La loro fanciullezza, però, aggiunge più di quello che toglie.

È una bella squadra, sono soddisfatto.

Ancora un po' li ammazzo.

Lavorano da pochi giorni con noi e credono di essere Rivera e Mazzola. Perfetto.

Non posso dire di essere noto per la mia tolleranza, specialmente sul lavoro, ma quella domenica avevano veramente superato la soglia del buon senso.

"Faccio un salto in gelateria," avevo detto a mia madre, "voglio recuperare il libro sul gelato e approfittare della giornata di riposo per studiare un po'." Arrivo in piazza Paleocapa a piedi e mi avvicino al negozio. All'altezza della vetrina mi chiedo se sono di fronte a Grom o allo stadio Filadelfia, il mitico campo di allenamento del Toro.

Vedo all'interno due furbastri che, evidentemente, ritengono di essere i *golden boys* del gelato italiano: Davide, maglia con il numero 9 in evidenza sotto il nome, ben stampato a lettere cubitali all'altezza delle spalle; e Manuele che, credendo di avere il talento della mezz'ala, aveva preferito il 10, anch'esso incastonato pochi centimetri al di sotto del suo nome scritto in stampatello. Maiuscolo.

Per poco non me li mangio: abbiamo appena comperato le polo nuove, un set di tre magliette per ogni collaboratore, suddiviso nei colori rosso, per i responsabili, e blu, per i conisti, e quei due hanno pensato bene di decorarle con un vero gesto da fuoriclasse. Penso alla povera Silvia che deve sopportare i simpatici giocherelloni tutti i giorni, mattino e sera.

Dopo una sfuriata che, per rapidità sveltezza precisione e il tono decisamente concitato avrebbe fatto invidia a Fabio Caressa, scendo al piano inferiore per recuperare il libro sul bilanciamento.

Quest'ultimo, infatti, è fondamentale per fare un buon prodotto. È regolato da principi validi per ogni tipologia di gelato, sia per quello artigianale (fatto in negozio o a casa) che per quello industriale.

Gioca tutte le sue carte sull'armonia tra i vari ingredienti: è l'arte dell'equilibrio.

Vediamo se a qualcuno può interessare.

Gelato

Innanzitutto dobbiamo distinguere chiaramente le due tipologie di prodotto che vogliamo preparare: il gelato e i sorbetti. Il primo è a base di latte, i secondi sono a base di frutta.
Partiamo dal gelato, la cui ricetta è più complessa.
Bilanciare gli ingredienti significa equilibrare e dosare in modo corretto le materie prime, in giusta proporzione tra loro, per ottenere un gelato che abbia le caratteristiche desiderate. L'obiettivo è realizzare un prodotto dal giusto contenuto di grassi, proteine, fibra, dalla dolcezza presente ma non stucchevole.
Bisogna considerare che i nutrienti fondamentali (carboidrati, proteine, grassi e fibra) sono presenti in misura diversa in ogni ingrediente, accompagnati naturalmente da sali minerali e vitamine, queste ultime categorie non sono interessanti, però, ai nostri fini.

Il valore nutrizionale delle materie prime. Il primo aspetto di cui bisogna essere consapevoli è il valore nutrizionale degli ingredienti, considerando alcuni elementi importanti.
Ognuno di essi contiene una percentuale più o meno elevata di acqua. La differenza tra il peso dell'ingrediente e l'acqua presente in esso è definita "solidi totali". Si trova nell'ultima colonna a destra della tabella alla pagina seguente, che riporta gli ingredienti abitualmente utilizzati per realizzare i gelati più tradizionali e potrà essere utile per inventare le vostre ricette.
I magri del latte sono i suoi solidi, a eccezione dei grassi. Si tratta quindi di lattosio (lo zucchero del latte) e proteine.
Gli "altri solidi" sono normalmente fibra e/o le proteine contenute nell'uovo.

TABELLA DEI VALORI NUTRIZIONALI DEI PRINCIPALI INGREDIENTI (PER 100 GRAMMI)

	INGREDIENTE	ZUCCHERI %	GRASSI %	MAGRI LATTE %	ALTRI SOLIDI %	SOLIDI TOTALI %
LIQUIDI	LATTE INTERO (3,6)	–	3,6	9,0	–	12,6
	PANNA (35%)	–	35,0	5,6	–	40,6
	TUORLO D'UOVO	–	32,0	–	18,0	50,0
	YOGURT INTERO	–	3,9	7,1	–	11,0
	CAFFÈ ESPRESSO	–	–	–	2,0	2,0
	MARSALA	14,0	–	–	–	14,0
	RICOTTA	–	20,0	–	8,5	28,5
SOLIDI	ZUCCHERO (SACCAROSIO)	100,0	–	–	–	100,0
	CACAO 22-24%	–	22,0	–	72,0	94,0
	LATTE MAGRO IN POLVERE	–	1,0	95,0	–	96,0
	PASTA DI NOCCIOLA	–	66,5	–	30,6	97,1
	PASTA DI PISTACCHIO	–	54,0	–	44,0	98,0
	CIOCCOLATO FONDENTE 70%	30,0	35,0	–	35,0	100,0

Note

- La panna è di alta qualità, comunemente detta “di pasticceria” e contiene il 35% di grassi.
- Ogni tuorlo d’uovo, separato quindi dall’albume, ha un peso indicativo di 16-18 g. Nelle ricette considero un peso di 17,5 g.

- Il caffè è "espresso". Quello della moka, invece, contiene la metà circa di "altri solidi", in questo caso fibra.
- Il latte magro in polvere è utile solo per i gusti con bassissimi valori di fibra. Serve per i gusti come fiordilatte, caffè, yogurt, creme all'uovo.
- Normalmente la dose che indico è di 10 g: circa un cucchiaio raso da minestra.
- Il cacao in polvere è di alta qualità. Contiene il 22% circa di grasso (il grasso del cacao e del cioccolato è il "burro di cacao").
- La pasta di nocciola e quella di pistacchi si ottengono tritando lungamente (7-8 minuti) nocciole e pistacchi tostati, in un contenitore adeguato, con il mixer a lame. I frutti lasceranno uscire l'olio contenuto al loro interno diventando così una pasta viscosa.
- Il cioccolato preso in considerazione è al 70% di cacao.

Le regole per fare un buon gelato a casa. Non si può scherzare: il gelato, come la pasticceria del resto, richiede la massima precisione. Qualcuno diceva "la cucina è un'arte, la pasticceria è una scienza": aveva ragione. Bisogna quindi rispettare i principi che elenco di seguito, considerando che la struttura e la consistenza di ogni gelato sono totalmente condizionati dagli ingredienti che compongono la miscela. Se le regole non verranno rispettate, otterrete un prodotto mediocre: i difetti nel bilanciamento si ripercuoteranno sul gelato, e avrete la sensazione di aver perso del tempo.

- *Zuccheri*: devono assestarsi su valori compresi tra 16 e 22%.
- *Grassi*: i valori dei grassi devono posizionarsi tra 8 e 12%.
- *Magri del latte*: proteine del latte, lattosio e sali minerali devono totalizzare valori tra 4 e 10%.
- *Altri solidi*: questo valore, meno determinante, normalmente si trova tra 2 e il 6%.
- *Solidi totali*: la somma degli ingredienti solidi nel gelato si deve posizionare tra 38 e 44%.

Ora la nostra tabella può essere aggiornata con un'ultima riga. Questa indicherà , rispettivamente, la somma dei valori di zuccheri, grassi, magri del latte, fibra e i solidi totali che il peso di ciascun ingrediente avrà generato.

TABELLA DEI VALORI NUTRIZIONALI DA RISPETTARE NEL GELATO

INGREDIENTE	GRAMMI	ZUCCHERI %	GRASSI %	MAGRI LATTE %	ALTRI SOLIDI %	SOLIDI TOTALI %
LATTE INTERO (3,6)	↓	-	3,6	9,0	-	12,6
PANNA (38%)		-	35,0	5,6	-	40,6
YOGURT INTERO		-	3,9	7,1	-	11,0
TUORLO D'UOVO		-	32,0	-	18,0	50,0
CAFFÈ ESPRESSO		-	-	-	2,0	2,0
MARSALA		14,0	-	-	-	14,0
CACAO 22-24%		-	22,0	-	72,0	94,0
LATTE MAGRO IN POLVERE		-	1,0	95,0	-	96,0
ZUCCHERO		100,0	-	-	-	100,0
PASTA DI NOCCIOLA		-	66,5	-	30,6	97,1
PASTA DI PISTACCHIO		-	54,0	-	44,0	98,0
CIOCCOLATO FONDENTE 70%	↓	30,0	35,0	-	35,0	100,0
TOTALE INGREDIENTI	PESO COMPL. INGR.					
QUANTITÀ IN %						
VALORI DA RISPETTARE	→	16-22%	8-12%	4-10%	2-6%	38-44%

Note. Le percentuali riportate nell'ultima riga in basso sono ottenute dividendo i valori nutrizionali per il totale degli ingredienti, riportato nella casella "Totale ingredienti".

Le percentuali devono rispettare i valori che ho descritto nel paragrafo precedente.

La modalità di preparazione. La modalità di preparazione dei gelati è molto semplice: mettete prima in un pentolino i liquidi (latte, panna, tuorlo, eventuali paste di frutta secca), portate il composto vicino al punto di ebollizione, miscelando continuamente con un mixer a immersione o una frusta da cucina.
Amalgamate tra loro le sostanze solide, in una ciotola adeguata per dimensione ai quantitativi indicati. Tra queste potete considerare anche il cioccolato fondente, rotto e poi tagliato a piccoli pezzetti.
Miscelate ora liquidi e solidi (aggiungendo questi ultimi "a pioggia", delicatamente) con il mixer a immersione, fino a ottenere una miscela perfettamente omogenea.
A questo punto avete il gelato nella sua fase liquida, esattamente come accade nel nostro laboratorio: prendete la miscela e collocatela per almeno mezz'ora in frigorifero.
Potete quindi metterla nella gelatiera e mantecare.
Qualora ci siano ingredienti solidi da aggiungere come le granelle (per gusti come stracciatella o torroncino) o canditi (cassata siciliana o marron glacé), questi devono essere aggiunti a fine mantecazione, giusto in tempo perché possano essere ben amalgamati nella gelatiera.

Alcuni esempi. Le ricette che propongo sono professionali. Sono equilibrate e corrette, ma sono mie interpretazioni: esercitandovi e giocando con le tabelle che ho riportato, facendo i calcoli dovuti, potrete variare i gusti che desiderate realizzare.
Ogni gelato ha il suo aroma caratterizzante (ad esempio il tuorlo d'uovo, la scorza di limone o la vaniglia nella crema, la quantità di nocciola nella nocciola, quella di cacao in polvere o di cioccolato nel cioccolato e così via).
Riporto quattro ricette di gusti molto classici, che rappresentano la tipologia di grassi contenuti nell'ingrediente caratterizzante: il grasso da latte di mucca per il fiordilatte, quello da tuorlo d'uovo per la crema, il burro di cacao per il cioccolato e l'olio di nocciola per la nocciola.
Divido sempre le ricette che preparo posizionandole in uno di

questi macrogruppi. Lo trovo funzionale e semplice, e mi aiuta, perché il rapporto tra grassi e proteine, in assenza di emulsionanti come i monodigliceridi, influenza fortemente la quantità di aria incorporata durante il processo di mantecazione.

Il totale del gelato che otteniamo con ciascuna ricetta è di 500 g circa, quantitativo per quattro persone.

RICETTA DEL GELATO ALLA CREMA

CREMA ALL'UOVO	INGREDIENTE (G)	ZUCCHERI (G)	GRASSI (G)	MAGRI LATTE (G)	ALTRI SOLIDI (G)	SOLIDI TOTALI (G)
LATTE FRESCO INTERO ALTA QUALITÀ	250,0	–	9,0	22,5	–	31,5
PANNA (35%)	80,0	–	28,0	4,5	–	32,5
TUORLO D'UOVO N.4	70,0	–	22,4	–	12,6	35,0
ZUCCHERO (SACCAROSIO)	100,0	100,0	–	–	–	100,0
VANIGLIA O SCORZA DI LIMONE	Q.B.	–	–	–	–	–
TOTALE INGREDIENTI	500,0	100,0	59,4	27,0	12,6	199,0
QUANTITÀ IN %		20,0%	11,9%	5,4%	2,5%	39,8%
VALORI DA RISPETTARE	→	16-22%	8-12%	4-10%	2-6%	38-44%

Note. Questa ricetta evidenzia il gusto dell'uovo: potete ridurlo diminuendo di un tuorlo il vostro gelato (passando così a 3) e sostituendolo con una quantità analoga di panna, cioè circa 20 g per un totale di 100 g. Può essere utilizzata come riferimento anche per vaniglia e zabaione, cambiando e giocando con uova, marsala e panna per trovare l'equilibrio che più vi piace.

Vaniglia e scorza di limone grattugiato (non grattate l'albedo, che è la parte bianca sottostante la scorza) sono a vostra discrezione.

RICETTA DEL GELATO AL FIORDILATTE

FIORDILATTE	INGREDIENTE (G)	ZUCCHERI (G)	GRASSI (G)	MAGRI LATTE (G)	ALTRI SOLIDI (G)	SOLIDI TOTALI (G)
LATTE FRESCO INTERO ALTA QUALITÀ	250,0	–	9,0	22,5	–	31,5
PANNA (35%)	150,0	–	52,5	8,4	–	60,9
LATTE MAGRO IN POLVERE	10,0	–	0,1	9,5	–	9,6
ZUCCHERO (SACCAROSIO)	110,0	110,0	–	–	–	110,0
TOTALE INGREDIENTI	520,0	110,0	61,6	40,4	–	212,0
QUANTITÀ IN %		21,2%	11,8%	7,8%	–%	40,8%
VALORI DA RISPETTARE	→	16-22%	8-12%	4-10%	2-6%	38-44%

Note. Questa ricetta può essere utilizzata come riferimento anche per yogurt, caffè, cassata siciliana e torroncino.
Le dosi di *yogurt* e *caffè* devono essere di 200 g, riducendo così la quantità di latte a soli 50 g.
Nel gusto al *torroncino* dovrete ridurre in granella 60 g di torrone e poi aggiungerlo a fine mantecata.
Nella *cassata siciliana*, invece, dovrete sostituire la panna con la ricotta di pecora, e poi aggiungere le scorze di agrumi candite (60 g) e la granella di cioccolato fondente (40 g) a fine mantecata.
Buon divertimento!

RICETTA DEL GELATO AL CIOCCOLATO FONDENTE

CIOCCOLATO FONDENTE	INGREDIENTE (G)	ZUCCHERI (G)	GRASSI (G)	MAGRI LATTE (G)	ALTRI SOLIDI (G)	SOLIDI TOTALI (G)
LATTE FRESCO INTERO ALTA QUALITÀ	310,0	-	11,2	27,9	-	39,1
TUORLO D'UOVO N.2	35,0	-	11,2	-	6,3	17,5
CACAO (22-24% BURRO DI CACAO)	15,0	-	3,3	-	10,8	14,1
ZUCCHERO (SACCAROSIO)	70,0	70,0	-	-	-	70,0
CIOCCOLATO FONDENTE 70%	70,0	21,0	24,5	-	24,5	70,0
TOTALE INGREDIENTI	500,0	91,0	50,2	27,9	41,6	210,7
QUANTITÀ IN %		18,2%	10,0%	5,6%	8,3%	42,1%
VALORI DA RISPETTARE	→	16-22%	8-12%	4-10%	2-6%	38-44%

Note. In questo caso superiamo la quantità di “altri solidi” normalmente consentita perché sommiamo alla fibra (già abbondante a causa della presenza del cacao in polvere) le proteine dell’uovo. Poco male.

Giocando con cacao in polvere e cioccolato fondente potete modificare le note aromatiche di questo gelato; potete farlo mantenendo la somma dei due sempre uguale, per un totale di 80-100 g su 500 g totali di ricetta.

Il cacao in polvere darà una maggiore sensazione di amaro (potreste dover aggiungere un po’ di zucchero per riequilibrare la dolcezza) e un colore più scuro, mentre il cioccolato fondente migliora l’aromaticità del gelato e l’acidità.

Io preferisco decisamente quest’ultimo; tenete presente che il cacao in polvere è un prodotto standard, industriale, mentre nel mondo del cioccolato potete trovare molte tipologie, diverse per qualità e per prezzo.

Se diminuisce la percentuale di cacao nel cioccolato fondente tende ad aumentare quella di zucchero: se così fosse diminuite la grammatura di quest'ultimo.

Per ottenere il gianduja miscelate, in parti uguali, questa ricetta con la successiva ricetta del gelato alla nocciola.

RICETTA DEL GELATO ALLA NOCCIOLA

NOCCIOLA	INGREDIENTE (G)	ZUCCHERI (G)	GRASSI (G)	MAGRI LATTE (G)	ALTRI SOLIDI (G)	SOLIDI TOTALI (G)
LATTE FRESCO INTERO ALTA QUALITÀ	320,0	–	11,5	28,8	–	40,3
TUORLO D'UOVO N.1	17,5	–	5,6	–	3,2	8,8
ZUCCHERO (SACCAROSIO)	80,0	80,0	–	–	–	80,0
PASTA DI NOCCIOLA	70,0	–	46,5	–	21,4	67,9
TOTALE INGREDIENTI	487,5	80,0	63,6	28,8	24,6	197,0
QUANTITÀ IN %		16,4%	13,0%	5,9%	5,0%	40,4%
VALORI DA RISPETTARE	→	16-22%	8-12%	4-10%	2-6%	38-44%

Note. Questa ricetta è valida anche per pistacchio e mandorla, essendo le percentuali di grassi e degli altri valori abbastanza simili in tutta la frutta secca. La frutta secca deve essere tostata.

Nel caso del pistacchio potete utilizzare un quantitativo inferiore di pistacchi tostati, per un totale di 60 g, saranno sufficienti.

Buon appetito!

Ormai la squadra era definita e il negozio ben organizzato. Potevo dedicarmi al pensiero che in quei giorni si era fatto più insistente: lo sviluppo dell'azienda.

Cinquecentomila. Cinquecentomila. Cinquecentomila. Quella cifra mi rimbombava testa tutto il giorno come una campana rotta. I conti non erano particolarmente complessi: ci volevano circa mille metri quadrati di superficie disponibile, la quantità di spazio necessaria per allestire il nuovo laboratorio; avremmo dovuto organizzare al meglio la disposizione dei macchinari per produrre le miscele. Una superficie inferiore avrebbe comportato un investimento analogo ma avrebbe avuto un potenziale di produzione più basso, utile a soddisfare un minor numero di negozi. Sarebbe stato denaro mal investito.

C'era un altro numero che continuava a rimbombarmi nella testa: cinque erano i negozi da aprire, oltre a quello di piazza Paleocapa già funzionante, per far girare con logica finanziaria il nuovo laboratorio; erano inoltre necessarie nuove assunzioni: un responsabile amministrativo, un direttore di produzione, un paio di operai. Dovevo ammortizzare quei costi suddividendoli tra più punti vendita.

La cifra da investire per aprire gli altri cinque negozi era, guarda caso, cinquecentomila euro. Cinquecentomila più cinquecentomila fa un milione.

Impossibile trovare tutto quel denaro. Forse al massimo le risorse generate dal primo negozio avrebbero consentito un paio di nuove aperture, non di più. Ammesso che le banche ci finanziassero parte dei nuovi investimenti. Mi ero così messo il cuore in pace, e avevo capito che sarebbero passati diversi anni prima di poter sviluppare in modo consistente la nostra idea.

Poi mi venne in mente che avremmo potuto aprire una finestra da richiudere poco dopo. Il franchising.

Tango

Il tango è la danza più sensuale che esista.

Unisce ballo, musica e canzone, e ha origine in Argentina e in Uruguay, dove nasce nella seconda metà dell'Ottocento per poi diffondersi rapidamente, all'inizio degli anni trenta, dalla campagna alle città di Buenos Aires, Montevideo e Rosario.

L'equilibrio che esprime quest'arte è uno dei momenti più intensi dell'incontro tra uomo e donna; è lo stesso che i grandi geni sono riusciti a collocare in un quadro, in una musica, in un piatto.

È quello che cerchiamo dentro di noi e con la persona che amiamo.

> Ogni tango che si balla è una conversazione unica con un altro. L'uomo segnala una certa coreografia, un certo passo, una certa figura. E la donna risponde. Timidamente, agitata, volentieri, affrettata, con fredda tecnica, con naturalezza. Risponde col suo personale tempo e con la sua personale vibrazione.
>
> La donna allora risponde e l'uomo la interpreta nella sua dedizione o nella sua reticenza, per proseguire domandando e rispondendo.
>
> LIDIA FERRARI

DEDICATO A ULITSSE

E A TUTTI I CURIOSI IN CERCA DI UNA STELLA

CURIOSITÀ

Starbucks & Le Pain Quotidien
Il futuro è dei curiosi • Solvibili. Di più: credibili
Come mai nessuno parla di agricoltura?
I Lovemark • Il Monviso in laboratorio
Gambe tremolanti • Milano e Genova
Dentro un negozio Grom • Tre persone per bene

Un anno, il 2004.

Era il tempo necessario. Non di meno, non di più.

Un anno era quanto occorreva per studiare il mercato italiano, i flussi della logistica e i luoghi dove aprire i negozi: non potevo permettermi di sbagliare la scelta delle città che avrebbero risposto meglio alla presenza di un negozio Grom. Guido e io avremmo aperto due nuove gelaterie, le altre tre sarebbero state in franchising: si trattava solo di scegliere i partner giusti. Persone per bene.

Il franchising era una soluzione temporanea, necessaria per aprire complessivamente i sei negozi, il numero sufficiente per investire nel laboratorio. Non volevo commettere errori nella scelta delle persone: sono gravi e difficilmente rimediabili, che si tratti di collaboratori o di partner. Guido in questo senso era stato tassativo: i tempi che avrebbe impiegato nell'organizzare la rete dei fornitori, sostanzialmente tutti agricoltori, sarebbero stati lunghi e impegnativi, ma nulla di insormontabile. Da quel punto di vista non avremmo avuto problemi.

La crescita commerciale doveva comunque essere ben ponderata, non certo rapida quanto normalmente accade con il franchising. Se avessimo deciso di svilupparci solamente in franchising ci saremmo arricchiti, questo sì, ma avremmo perso la nostra identità.

Non sarebbe accaduto.

In quei giorni mi tornò utile un'esperienza che risaliva al periodo dell'università: il titolare di una piccola società di consulenza, amico di mio padre, mi aveva dato la possibilità di lavorare da lui tre pomeriggi alla settimana come factotum: mi occupavo di tutti i classici lavoretti da giovane universitario, come ordinare la documentazione, controllare gli archivi e stilare i resoconti delle riunioni.

Chissà se anche quella volta era stato papà a occuparsi del mio piccolo stipendio, come – ne sono praticamente certo, ma non ho mai osato chiederglielo – era accaduto quando avevo quattordici anni. Allora volevo comperare la moto, il famoso Fantic da trial che molti ragazzini avevano all'epoca; lui mi mandò a lavorare dal meccanico sotto casa. Mi promise che, se avessi guadagnato qualcosa, mi avrebbe aiutato con la somma mancante. Dal meccanico ero più di intralcio che altro: scopare per terra e passare gli strumenti del mestiere al capofficina era il massimo che mi era consentito.

Ci vollero tre mesi di lavoro, ma al termine dell'estate il Fantic (rigorosamente usato) arrivò, accompagnato dalla soddisfazione di dimostrare a me stesso che sapevo conquistare le cose.

Quella che desideravo conquistare, invece, tra il 2003 e il 2004, era la consapevolezza necessaria per sostenere lo sviluppo di Grom.

I modelli a cui guardare erano numerosi: da *Le Pain Quotidien* a *Subway*, per arrivare a *Starbucks*.[12] Howard Schultz è l'imprendi-

[12] *Le Pain Quotidien*: catena belga di panetterie fondata nel 1990 da Alain Coumont. Nel corso degli anni alla vendita del pane è stata aggiunta la ristorazione biologica di alta qualità. *Subway*: catena americana di ristorazione, fondata nel 1965 da Fred De Luca e Peter Buck. Si tratta dell'attività *food* con il maggior numero di negozi al mondo e i principali prodotti sono sandwich e insalate.

tore che più mi ha incuriosito tra i tanti che ho analizzato: grazie a forza di volontà e intuito è riuscito a rivoluzionare il consumo del caffè, prima in America e poi in tutto il mondo. Era partito da una considerazione semplice, fatta mentre beveva un espresso in un bar di Milano, nel 1983. Se il modello del bar è così apprezzato dagli italiani, che ne fanno un punto di incontro e di piccolo ristoro quotidiano, perché non potrebbe avvenire lo stesso negli States? E perché non provo a farlo io?

Il risultato si chiama, appunto, Starbucks.

La cura per la noia è la curiosità.
Non c'è cura per la curiosità.

DOROTHY PARKER

Alcune delle attività che stavo analizzando si erano sviluppate con il modello del franchising, altre – Starbucks stessa – quasi esclusivamente con negozi di proprietà, come avremmo preferito fare noi.

Quello mi affascinava, e a quello avrei dedicato il mio tempo: lo sviluppo commerciale, il lavoro dei dipendenti e la loro organizzazione.

Un anno, il 2004.

Era il tempo necessario. Non di meno, non di più.

Un anno era quanto occorreva per organizzare al meglio la rete

Starbucks: catena americana di caffetterie, fondata nel 1971 da due insegnanti, Jerry Baldwin e Zev Siegel, e dallo scrittore Gordon Bowker, ma sviluppatasi in tutto il mondo grazie alla genialità dell'amministratore delegato Howard Schultz, che, dopo averne rilevato le quote di maggioranza, ne concepì la filosofia definitiva.

dei fornitori di materie prime e per studiare i modelli di comunicazione più interessanti. Il nostro gelato era fatto partendo da due considerazioni: utilizzare ingredienti di altissima qualità ed evitare additivi (farina di carrube a parte). Solo un attento lavoro su fornitori e agricoltura e lo studio dei libri più interessanti sulle tecnologie di produzione avrebbero portato a una crescita sana e sostenibile.

Già all'epoca ammiravo molto il brillante percorso fatto dal geniale cuoco catalano Ferran Adrià: partito come lavapiatti in un albergo in Catalogna, Adrià era diventato nell'arco di pochi anni il cuoco più famoso del mondo. Straordinariamente estroso, si era guadagnato il soprannome di "Salvador Dalí dei fornelli" e aveva presto raggiunto il traguardo più ambito da ogni chef: le tre stelle della *Guida Michelin*.

Ammiravo il celebre cuoco non tanto per la sua creatività quanto per gli studi e le ricerche su materiali e metodi di cucina.

Mi aveva colpito che qualcuno non si accontentasse di notare, ad esempio, la differenza che passa tra una cottura in pentola d'acciaio e una in pentola di rame. Quel qualcuno non si accontentava di dire: "Che buono, se è fatto nel pentolino di rame!" Ferran si chiedeva: "Perché è così buono, se fatto nel pentolino di rame?" E lo studiava. Ne studiava la chimica e la fisica, e provava a migliorare ogni processo, ogni cottura.

> Il futuro è dei curiosi di professione.
>
> JIM,
> dal film *Jules e Jim* di François Truffaut

La creatività in cucina non mi ha mai particolarmente appassionato: mi diverte, ma non mi emoziona. Mi entusiasmano invece la storia dell'agricoltura e della cucina.

L'uomo è un elemento della natura, vive con lei – ma concen-

trato su di sé – per un'ottantina d'anni: la sua vita. Uno sputo di tempo. La natura ci guarda invece da sempre, e ha dato alle specie viventi un compito semplice e preciso: la riproduzione. È il motivo per cui ci piace fare l'amore; per sostenere questo compito ne esiste anche un altro, altrettanto essenziale: dobbiamo alimentarci.

Oggi quest'ultimo aspetto, per lo meno nella gran parte della società occidentale, non costituisce un problema, possiamo trovare cibo e calorie a buon mercato, e la mia opinione è che entro pochi decenni sarà così ovunque nel mondo. L'Italia stessa ha vinto la fame non molti anni fa, durante il boom economico.

Ancora oggi mia nonna mangia, la sera, i grissini con il latte. La guardo ammirato. Dietro a quell'abitudine ci sono anni di fame e il ricordo della guerra; il lavoro nei campi era faticoso e poco produttivo. Troppo spesso dimentichiamo che alla base di ogni cibo che mangiamo c'è l'agricoltura, qualunque sia quell'alimento: anche una caramella. Per millenni l'uomo si è impegnato per capire quale fosse il modo migliore per ottenere dalla terra ciò che desiderava.

Pensavo che il ruolo dell'agricoltura, fondamentale per produrre cibi di qualità, sfuggisse ai consumatori, anche a quelli più evoluti. Sarebbe stata una grande opportunità poterlo comunicare, ma sembrava che nessuno – nel mondo del gelato – l'avesse colta.

> Per essere realmente semplici
> bisogna essere realmente profondi.
>
> JONATHAN IVE

Nel frattempo, le cose in piazza Paleocapa andavano meglio del previsto. Molto meglio.

I volumi di vendita superavano ogni più rosea previsione. Avevo sottostimato notevolmente il mercato potenziale di Torino e non avrei mai immaginato il potere dei mezzi di comunicazione: l'articolo di Petrini ci aveva fatto conoscere alla maggior parte dei torinesi. Le stime sbagliate al ribasso, tutto sommato, erano una piacevolissima notizia.

Nel budget avevo previsto, per il primo anno, un fatturato di 138 mila euro; invece in soli dieci mesi, avevamo raddoppiato le previsioni: 275 mila euro. Lo stesso per il secondo anno, il 2004, quando le previsioni di incasso erano 145 mila e, invece, raggiungemmo quota 530 mila: quasi quattro volte tanto.

Dopo pochi mesi sembrava davvero che il laboratorio fosse diventato un progetto sostenibile dal punto di vista finanziario; battere in modo così clamoroso il budget aveva poi aumentato di molto la nostra credibilità con le banche, fondamentali nel concedere i finanziamenti per proseguire il piano di sviluppo.

Da questo punto di vista il nostro atteggiamento era stato determinante: sin dal primo anno tutti gli utili erano stati destinati ai nuovi investimenti, senza essere distribuiti tra i soci (noi due soli, ovviamente, sempre al 50%) e questo conferiva solidità finanziaria all'impresa. Era poi altrettanto importante il fatto che il nostro stile di vita non fosse cambiato per nulla: Guido aveva mantenuto la Punto scassata, io il tragico spigato siberiano di fantozziana memoria.

Agli occhi delle istituzioni bancarie eravamo solvibili.

E, più importante ancora, eravamo credibili.

Mi chiedevo: come mai?

Come mai quasi nessuno ha voglia di raccontare gli sforzi che fa un agricoltore per dare al mercato un prodotto di qualità? Non interesserà a qualcuno sapere che un sorbetto fatto con la pera Decana del Comizio è diverso da uno fatto con la Williams? O che il cioccolato del Venezuela è profondamente diverso da quello del Ghana?

Era una grande opportunità raccontare tutte quelle cose.

Mi ha sempre affascinato Steve Jobs: lui davvero era riuscito a fare di un'azienda un mito. Aveva saputo reinventare la Apple, progettando dispositivi innovativi fino ad allora mai visti.

Nel 2001 Jobs aveva deciso di affiancare al mercato principale, quello dei computer, un oggetto per le grandi masse, adatto a consumatori di ogni età. Aveva così realizzato un nuovo, semplicissimo strumento per la riproduzione dei file musicali: l'iPod. Bello da guardare e da toccare, facile da usare, innovativo: era destinato a diventare un prodotto vincente. Jobs aveva poi avuto l'abilità e l'astuzia di innovarlo continuamente, fino alla terza generazione, il cui esordio avveniva nel gennaio 2004; il manager americano era un esteta e un perfezionista micidiale.

Uno dei più attenti studiosi di fenomeni come quello di Apple (i cui consumatori sono disposti a fare ore e ore di fila, magari di notte, per essere tra i primi a possedere gli oggetti realizzati dall'azienda californiana) era stato un altro personaggio a dir poco singolare: Kevin Roberts, uno dei più esperti uomini di marketing del pianeta.

Diventato amministratore delegato di Saatchi & Saatchi[13] nel 1997, Roberts ha risollevato la grande agenzia di comunicazione dal baratro nel quale stava finendo alla fine degli anni novanta. Ha imposto la sua strategia di comunicazione rivoluzionando l'approccio ai consumatori, creando il concetto di "Lovemark".

[13] *Saatchi & Saatchi*: agenzia pubblicitaria fondata a Londra nel 1970 dai fratelli Charles e Maurice Saatchi.

L'amore: Roberts parte dal sentimento per eccellenza per spiegare le motivazioni che portano le persone a perdere la testa, letteralmente, per un'azienda e per i suoi prodotti. I Lovemark sono brand a cui i consumatori giurano fedeltà.

Che ci piacciano o meno, Apple, Coca Cola, Ferrari, Hermès e Tiffany sono tra le aziende più amate, incondizionatamente, dai consumatori. Sono Lovemark.

La comunicazione

Ecco i principi che animano il concetto di Lovemark e di aziende come quelle che ho citato: ho sempre pensato che la comunicazione dovesse rivolgersi alle emozioni dei clienti e fondarsi sul rispetto totale per loro.
Rispetto senza compromessi.

Cuore. Le aziende Lovemark ci dimostrano chiaramente che quando i consumatori decidono lo fanno con il cuore; nel suo libro *Effetto Lovemarks* Roberts spiega chiaramente che gli esseri umani sono emotivi all'80% e razionali al 20%; l'emozione può toccare tutti i campi di acquisto, dal telefono al cosmetico, dall'automobile all'abbigliamento.
Noi volevamo fare un gelato pulito, semplice: rivolto al cuore delle persone prima ancora che al loro palato.

Rispetto. Non puoi tradire i consumatori. Li devi rispettare. Tutte le volte che un cliente fa un acquisto, dimostra che crede nell'azienda e le affida le proprie emozioni, investendo denaro per stare, in qualche modo, meglio: comperando un gelato, una Coca Cola, un'automobile o una borsa.

Volevamo che i clienti, in un negozio Grom, si sentissero rispettati. Un ambiente semplice, con colori tenui e rilassanti. Un gelato che permetta di riconoscere le materie prime con cui è realizzato.

Emozione. Quando le persone compiono un acquisto provano un'emozione. C'è quella generata da un profumo, da un capo di abbigliamento, da un paio di scarpe o da un orologio nuovo. E quella generata da un gelato. Se l'emozione è memorabile, l'acquisto sarà ripetuto e se ne parlerà con amici e conoscenti. Altrettanto, però, se è negativa. Questo è il disastro peggiore che possa avvenire: non deve succedere.
Latte di alta qualità, solo frutta di stagione, acqua minerale per i sorbetti.
L'emozione che avremmo cercato di condividere con i nostri clienti era quella generata da sapori che si stavano perdendo. Era una grande possibilità, perché sarebbe stata – in quel momento e in quel mondo, il gelato – un'innovazione.

Sensualità. Gli esseri umani conducono la loro quotidianità animati dai cinque sensi: le chiavi per scegliere ciò che amiamo e ciò che vorremmo evitare. Pensate al suono familiare dell'avvio del sistema operativo Windows quando accendete il PC, o a quando osservate una modella della quale ammirate il portamento, o ancora quando annusate un cibo per carpirne le peculiarità.
La piacevole sensazione di gustare un piatto di spaghetti cotti al dente è diversa rispetto alla sgradevole collosità di gustarli scotti.
I sensi ci animano e Grom sarebbe stata attenta al rumore del cono quando si rompe o alla dimensione della granella di cioccolato che crocchia sotto i denti.

Intimità. Avviene nella nostra vita, tutti i giorni, con tutti i prodotti. Pensiamoci bene: una canzone, un quadro, un libro ci affascinano quando li sentiamo nostri. Quando proviamo una forma di empatia che li identifica come parte di noi, quasi fossero creati apposta. Roberts definisce questa forma di sintonia utilizzando la parola "intimità".

Lo stesso avviene anche per gli oggetti, che ci piaccia o meno, e un vecchio maglione può avere un valore che va oltre la ragione. Anche fare la coda per acquistare un iPhone va oltre la ragione: Apple è riuscita a creare un rapporto intimo con i propri clienti. Sono convinto che, dopo aver studiato tra le centinaia di varietà di pesche la migliore per fare il sorbetto, avremo fatto un passo avanti in questa direzione.

Dicembre 2004. Leggo una pubblicità che occupa una pagina intera del *Sole 24 Ore*: aree industriali disponibili per affitto o cessione, zona Settimo Torinese, Torino. Superfici dai mille ai quattromila metri quadrati. Firmato: Sapri SpA.

Fino a quel momento non avevo trovato nessuna struttura che mi convincesse del tutto: intuivo che la scelta del luogo in cui collocare il laboratorio era strategica. Sarebbe stato il cuore pulsante dell'attività: una decisione che non ammetteva compromessi, disponibilità economica permettendo.

Quell'anno, a partire dalla primavera, avevo visitato almeno una decina di capannoni: squallidi e trascurati dai proprietari. Mi sembravano quasi privi di dignità.

Quando arrivai a Mappano per visionare la struttura reclamizzata nella pubblicità, non ebbi dubbi e chiamai Guido. Venne e decidemmo in pochi secondi: lo spazio si trovava tra l'aeroporto di Torino e la tangenziale, a cinque minuti di distanza da entrambi; la posizione era logisticamente ideale e il capannone edificato da poco.

Telefonammo alla Sapri per organizzare un incontro con i loro responsabili; si dimostrarono persone serie e molto più competenti di noi. Se avessimo affittato lo spazio ci avrebbero messo addirittura a disposizione i loro professionisti per verificare la fattibilità del progetto e ottenere le autorizzazioni necessarie.

Lo spazio aveva le dimensioni adatte: mille metri quadri complessivi, di cui trecento di uffici. Trattai il prezzo con la consueta grinta, giocando un po' sul fatto che eravamo giovani ma avevamo grandi progetti: un domani avremmo potuto ingrandirci e affittare altri spazi dalla Sapri.

Così concludemmo la trattativa: se avessimo occupato il capannone, la Sapri ce lo avrebbe affittato per 2400 euro al mese. Duecento in meno di quanto avevo immaginato: mi era andata bene. Anzi, di lusso.

Guido e io visitammo lo spazio in una tersa giornata di fine dicembre. Ci rendemmo conto che dagli uffici si poteva ammirare la montagna più bella del Piemonte, il Monviso.

Il laboratorio di Grom sarebbe nato a Mappano.

Parma.

Quella era la destinazione di quasi tutti i nostri viaggi, in quei giorni.

La presenza di aziende importanti come Parmalat e Barilla aveva creato negli ultimi decenni un distretto alimentare e in tutta la provincia della cittadina emiliana si erano sviluppate piccole e medie aziende specializzate nei macchinari necessari per il trattamento, lo stoccaggio e il confezionamento del latte.

Il colosso di riferimento nella lavorazione del latte era senza dubbio TetraPak, la cui casa madre è svedese; la filiale italiana, che aveva diversi stabilimenti, era una realtà di dimensioni ragguardevoli, importante per numero di dipendenti e volume d'affari.

Il nostro progetto faceva alla TetraPak il solletico: i consumi ipotizzati – se avessimo aperto i sei negozi previsti dal piano di sviluppo – rendevano necessario l'acquisto del pastorizzatore più piccolo tra tutti quelli prodotti dalla casa svedese: 600 litri all'ora. Quel volume ci sembrava una quantità enorme, ma i tecnici della società ci avevano spiegato che il taglio minimo disponibile era quel pentolone che avrebbe decuplicato la capacità di produzione del negozio di piazza Paleocapa, ferma a 60 litri all'ora.

Il secondo fornitore che avevamo individuato era l'azienda che fabbricava la dosatrice: il macchinario che ci avrebbe permesso di introdurre le miscele dentro speciali confezioni di plastica alimentare, perfettamente sterili e a temperatura controllata, che ci avrebbero garantito la conservazione del gelato, in fase liquida, fino alla consegna nei negozi. Il ricordo più simpatico di quegli incontri è legato al direttore commerciale dell'azienda, che nell'eccitazione della trattativa con Federico farfugliava e tartagliava come il comico di Zelig che recita la parte del politico inconcludente.

Noi, invece, concludemmo.

Mancava poi il macchinario che ci avrebbe dato la possibilità di lavorare la frutta: un gigantesco mixer con il collo a giraffa, spostabile su ruote, nato in realtà per tagliare le verdure destinate ai minestroni delle mense. Avremmo potuto finalmente comperare la frutta direttamente dai consorzi: speravo solo che il "giraffone" non mi giocasse qualche brutto scherzo con le pesche di Volpedo o le fragole di Peveragno.

Gli altri investimenti avrebbero riguardato le celle frigorifere per la conservazione del latte e della panna, le resine per rendere il pavimento perfettamente lavabile, l'idropulitrice, un muletto per il trasporto dei bancali e le scaffalature dove sistemare cioccolato, zucchero e ingredienti vari.

Il laboratorio di Grom era praticamente pronto, nuovo di zecca. Il direttore sarebbe stato Davide, che avrebbe fatto così un bel balzo di carriera dai venticinque metri quadri di piazza Paleocapa. Si era dimostrato in gamba e lo volevamo premiare, affidandogli un ruolo di maggiore responsabilità.

Il laboratorio era ormai allestito ma, pensando agli investimenti e a quanto avevamo scommesso, ci tremavano le gambe.

Ma eravamo pronti a partire.

Milano e Genova.

Queste sembravano le città più interessanti.

Volevamo aprire un secondo e poi un terzo negozio e, oltre a portare avanti il progetto del franchising, dovevamo cercare i locali per i punti vendita in proprietà.

Una volta ogni due settimane, Guido e io prendevamo un treno con destinazione Genova Principe o Milano Centrale. All'epoca non avevamo l'esperienza, acquisita poi negli anni, né sotto il profilo commerciale, né per quanto riguarda le relazioni con i broker che trattano le attività (e i negozi) di altri imprenditori e le collocano sul mercato. L'unico modo per cercare le location adatte era farsi delle gran camminate nelle zone di Milano e Genova che sembravano più interessanti.

La dinamica di cessione di un negozio, tipica delle zone più prestigiose, è piuttosto semplice: il titolare decide di mettere sul mercato la propria attività commerciale, cedendo il contratto di affitto a un terzo; stabilisce quindi un valore che ritiene essere congruo e contatta un broker, il quale a sua volta fa da tramite tra coloro che sono interessati a rilevare l'attività e il suo titolare.

Tale cessione si definisce "buona uscita" o "indennità di avviamento"; vie e corsi commerciali come via Condotti a Roma o corso Vittorio Emanuele a Milano hanno valori di buona uscita che superano tranquillamente il milione di euro. C'è da considerare poi il contratto di affitto, che può raggiungere facilmente i diecimila euro mensili nelle vie prestigiose come quelle citate. Erano per noi cifre impensabili: avremmo voluto stare al di sotto dei tremila euro di affitto.

Dopo aver percorso un buon numero di chilometri a piedi, Guido individuò su Internet un locale in affitto a Milano, nell'area di piazzale Baracca, alle porte del centro, in un quartiere residenziale molto benestante abitato da persone con buona disponibilità economica e presumibilmente attente al consumo di cibi di alta qualità. Eravamo ormai a fine 2004, e i tempi sembravano quelli giusti per aprire nella primavera dell'anno successivo.

Il locale, in via Alberto da Giussano, era disponibile perché l'affittuario precedente aveva deciso di ridurre lo spazio del suo negozio; si erano così liberati circa cinquanta metri quadri, la superficie perfetta per noi. Contattammo l'agenzia che lo commercializzava, ma per lungo tempo non riuscimmo ad avere notizie su costi e disposizione dello spazio interno, né a fare i primi sopralluoghi; dopo circa un mese, finalmente, agenzia e padrona di casa si fecero vive. Anche qui, però, accadde quanto a suo tempo era avvenuto a Torino: la signora, che abitava nel medesimo palazzo del negozio, non voleva saperne di avere una gelateria sotto casa.

Chiedemmo così una lettera di presentazione alla contessa residente nel palazzo della nostra prima gelateria. Unimmo poi alla lettera una descrizione dettagliata di come avevamo ristrutturato il primo negozio, arricchendola di fotografie sui dettagli di bancone e laboratorio.

Grazie alle parole attente della contessa e alle fotografie, la signora si convinse ad affittare il locale a due ragazzi che, disse, sembravano proprio "come una volta". L'accordo ci imponeva di chiudere alle undici di sera, per non disturbare i condomini; era un peccato, ma in quel momento ci sembrava secondario: avevamo siglato il contratto del secondo punto vendita, senza pagare alcuna buona uscita, tenendoci sotto i tremila euro al mese.

Evviva!

A Genova, invece, individuammo uno spazio sui trenta metri quadrati in via San Vincenzo, l'area pedonale che si trova vicino alla stazione Brignole. Rilevammo per quarantamila euro il contratto di affitto da un'agenzia di viaggi che aveva deciso di spostare altrove il proprio business; per fortuna, i padroni di casa furono meno esigenti e accettarono di buon grado di affittare il negozio per l'apertura della nostra terza gelateria a duemila euro al mese.

A fine aprile 2005 avevamo così aperto due negozi in proprietà, come desideravamo: la crescita era partita sotto i migliori auspici.

Ero in tangenziale, a Torino.

Mi incuriosì la scritta sulla fiancata di un camion che stavo superando, simpatica e colorata: Agrocompany. La annotai su un taccuino, chissà che non mi sarebbe tornata utile.

La vita cambia in pochi secondi, magari durante un sorpasso. Quella non fu una svolta per me, ma per le titolari di una piccola agenzia di comunicazione: le persone che avrei martellato con mille idee negli anni seguenti.

Nicoletta e Cristina erano, e sono, giovani mamme simpatiche e colorate come il logo che avevano inventato. La loro agenzia ha il nome delle cose sane: Vitamina.

Avevo deciso di contattare lei e Nicoletta per un incontro conoscitivo: il logo che avevo visto, da loro ideato, era semplice e immediato. Lo trovavo ben fatto. Noi non avevamo bisogno di un logo, eravamo soddisfatti del nostro, ma era ormai il momento di avere un'agenzia di comunicazione che ci accompagnasse nei tanti progetti che sarebbero nati in seguito. Desideravo che Grom fosse affiancato da una piccola società, gestita con procedure snelle da persone giovani ed entusiaste; non potevamo permetterci grandi agenzie, che non mancavano a Torino, perché i costi erano proibitivi.

Fu in quel periodo che decisi come comunicare all'interno dei negozi Grom. Nicoletta mi presenta un giovane imprenditore torinese, Alessandro Imoda, titolare della Mycrom, che aveva acquisito i diritti per una speciale tecnica di stampa su tessuto; le stampe – e qui stava l'innovazione – venivano inserite in cornici di alluminio satinato e potevano essere sostituite con facilità.

Potevamo così cambiare quelle immagini in continuazione, secondo la stagionalità dei prodotti; avrei potuto parlare del mandarino durante la stagione invernale e del melone in estate, lasciando la cornice e sostituendo la stampa all'interno.

Volevo occuparmi in prima persona dei testi: bisognava conoscere e frequentare il mondo dell'agricoltura per poter parlare delle materie prime con competenza; le frasi sarebbero state brevi ed evocative. Le misure delle cornici erano perfette per arredare le pareti dei negozi in modo sobrio e gradevole: 50 per 50 centimetri.

Tra le cose che apprezzavo di Steve Jobs c'era la capacità di rinnovare costantemente i prodotti Apple, portando i clienti a desiderare il modello successivo: era un modo intelligente per incuriosire e, cosa non da poco, spingere i propri ingegneri a innovare di continuo.

Le materie prime che utilizzavamo, soprattutto la frutta, erano fresche e di stagione: non avrei mai fatto il gelato con un'improbabile fragola cilena per offrirlo ai clienti in pieno inverno. In un certo senso, come agricoltore, lo trovo immorale.

Era però una scelta rischiosa: quasi nessuna gelateria in quegli anni se la sentiva di deludere un bambino – e la sua mamma, che avrebbe dovuto sopportare un piagnisteo – che desiderava mangiare una coppetta alla fragola nel periodo di Natale. Noi lo avremmo fatto: avremmo deluso entrambi, ma ero convinto che, le mamme almeno, avrebbero apprezzato serietà e rigore e che sarebbe stata un'utile occasione per fare un po' di sana educazione alimentare.

I gusti del gelato diventavano così "Gusti del mese", e sarebbero cambiati secondo disponibilità e stagionalità della materia prima.

Un po' come per i clienti Apple, anche noi avremmo creato un'attesa. Nel nostro caso, quella per i gusti delle settimane successive.

Non mi accontentavo, però, di incuriosire: volevo anche divertirmi.

È per questo motivo che è nata l'idea del "Gusto del mese": un gusto diverso ogni quattro settimane, da descrivere con cura in una cornice da collocare sopra il bancone. Non volevo né stupire né inventare nulla, ma solo interpretare la tradizione della pasticceria italiana applicandola al gelato.

I nostri clienti avrebbero avuto un motivo in più per venire in gelateria a scoprire le ultime novità; chi lo desiderava avrebbe trovato la descrizione degli ingredienti e le modalità di preparazione.

I GUSTI DEL MESE DI MARZO

I CLASSICI

CREMA COME UNA VOLTA
con tuorlo d'uova e scorza di limone

CAFFE'
con caffè delle Terre Alte di Huehuetenango cru "San Pedro Necta"

CREMA DI GROM
con paste di meliga di Battifollo e granella di cioccolato Colombia "Teyuna" (3mm)

FIORDILATTE
con panna fresca

YOGURT
con yogurt fresco intero

STRACCIATELLA
con granella di cioccolato Colombia "Teyuna" (6mm)

PISTACCHIO
pistacchio Siriano

NOCCIOLA
nocciola Tonda Gentile

CIOCCOLATO EXTRANOIR (sorbetto)
con cioccolato Colombia "Teyuna" e granella di cioccolato (3mm)

CIOCCOLATO FONDENTE
con cioccolato Venezuela "Ocumare"

TORRONCINO
con torrone di nocciola Tonda Gentile

BACIO
con granella di nocciola Tonda Gentile e cioccolato Venezuela "Ocumare"

GLI SPECIALI

VANIGLIA
con vaniglia di Mananara (Madagascar)

MARRONS GLACÉS
con i marroni canditi di Borgo San Dalmazzo

CARAMELLO AL SALE
con zucchero caramellato e sale rosa dell'Himalaya

GUSTO DEL MESE

CANNOLO SICILIANO
con ricotta di pecora sarda, agrumi canditi, granella di cioccolato Colombia "Teyuna" e biscotti di frumento

LA FRUTTA DI STAGIONE

LIMONE
con succo di limone di Siracusa

PERA
con polpa di pera Decana del Comizio

MELA
con polpa di mela Granny Smith

POMPELMO ROSA
con succo di pompelmo rosa

LA CIOCCOLATA CALDA

CIOCCOLATA CALDA FONDENTE
con cioccolato Venezuela "Ocumare"

CIOCCOLATA CALDA AL LATTE
con cioccolato Colombia "Teyuna"

CIOCCOLATA CALDA AL BACIO
con cioccolato Venezuela "Ocumare" e granella di nocciola Tonda Gentile

AFFOGATO
cioccolata calda con un gusto di gelato a vostra scelta

cono piccolo	2 gusti	€	2,50
cono medio	3 gusti	€	3,00
cono grande	3 gusti	€	3,50
coppetta piccola	2 gusti	€	2,50
coppetta media	3 gusti	€	3,00
coppetta grande	3 gusti	€	3,50
coppetta maxi	4 gusti	€	5,50
cioccolata calda e affogati media		€	3,00
cioccolata calda e affogati grande		€	4,00
frappè		€	3,50
aggiunta di panna montata		€	0,50
aggiunta di biscotto di meliga		€	0,30
gelato al kg		€	20,00
panna montata al kg		€	20,00

Il simbolo segnala i Presidi Slow Food, progetti realizzati dalla a sostegno delle piccole produzioni a rischio di estinzione

La spiga segnala la presenza di glutine, indicando quindi che si tratta di gelati non adatti al consumo da parte di clienti celiaci.

Ero soddisfatto: le immagini, i gusti del mese, le note informative erano organizzati secondo i miei desideri. Erano informazioni semplici e incisive.

Vola come una farfalla,
pungi come un'ape.

MUHAMMAD ALÌ

GUSTO DEL MESE: Cannolo Siciliano

La vera ricotta di pecora Sarda: come si realizza e qualche curiosità

La ricotta è un latticino (non si tratta infatti "propriamente" di un formaggio) ottenuto dal siero, residuo di lavorazione del formaggio, che viene riscaldato a 90° C circa: di qui il nome di ricotta. Non è facile oggi trovare un'ottima ricotta di pecora, considerando che i luoghi di elezione sono quelli in cui vi sono le migliori produzioni di pecorino: noi abbiamo scelto un caseificio nella provincia del Medio Campidano, nel sud-ovest della Sardegna, da cui riusciamo ad avere una ricotta dal gusto elegante e raffinato....

I canditi di agrumi di agrimontana

La canditura è un'operazione di confetteria grazie alla quale la frutta, dopo prolungata e ripetuta immersione in una soluzione di zucchero, si impregna di una grande quantità di sciroppo; in tal modo la frutta assorbe lo zucchero, che prende il posto dell'acqua, e si indurisce, acquisendo una maggiore consistenza, profumo più concentrato e migliore conservabilità. L' **agrimontana** di Borgo San Dalmazzo realizza per noi i canditi migliori, e ci fornisce il "trio perfetto" che utilizziamo per il cannolo siciliano: le scorze di arancia, cedro e limone.

La granella di cioccolato Colombia "Teyuna" DOMORI

Teyuna è il nome della città perduta che sorgeva nella regione di Santa Marta, in Colombia; la città fu costruita dai Tayrona, una popolazione di origine meso-americana vissuta circa 2.000 anni fa. La popolazione dei Tayrona era particolarmente dedita all'agricoltura e alla coltivazione del cacao: così DOMORI ha dedicato proprio a loro il cioccolato fondente Teyuna, cacao fine particolarmente pregiato dalle note dolci di miele e di frutta secca (anacardi e mandorle). Apprezzerete così le caratteristiche di questo grande cioccolato, simili a quelle dei migliori cacao Criollo: bassa astringenza, grande aromaticità e persistenza gustativa.

I biscotti di frumento di Battifollo

Abbiamo fatto realizzare apposta per noi dal mitico panificatore Silvano Gianello di Battifollo (provincia di Cuneo) questi biscotti di farina di frumento, tanto semplici quanto gustosi: solo farina di frumento, zucchero, burro e uova biologiche gli ingredienti. Hanno la consistenza ideale per dare quel senso di "masticabilità" che è la caratteristica del gusto del mese di Marzo: il Cannolo Siciliano.

Un gusto del mese straordinario: il gelato al cannolo siciliano, con canditi di agrumi, granella di cioccolato fondente e biscotti di frumento.

Eccoci a giocare con la migliore tradizione della pasticceria Siciliana per offrirvi un gustosissimo dolce tradizionale, il Cannolo Siciliano, in "veste" di gelato": dopo aver sostituito la cialda, spesso troppo dolce, con un biscotto meno stucchevole, l'abbiamo unita in matrimonio ai classici ingredienti Siciliani utilizzati per fare i cannoli.
Vi offriamo questo dolce poco dopo il periodo di carnevale, come vuole la tradizione – anche se ormai lo si trova facilmente tutto l'anno -, ispirandoci alla mitica ricetta di Pino Correnti, forse il più illustre gastronomo siciliano.
Inaugurerete al meglio la primavera con questo gelato ricco ma di facile digeribilità, soprattutto se lo abbinerete in matrimonio al caramello al sale o se ne godrete "affogato" in una grande cioccolata calda fondente.
Buon appetito!

... il matrimonio

gusto del mese + caramello al sale = matrimonio d'amore

GROM
IL GELATO COME UNA VOLTA

Mio nonno, il pittore, non c'era più, ma pensavo che sarebbe stato orgoglioso di me. C'era il senso estetico che mi aveva trasmesso. La comunicazione era ben impostata.

Come la mia carriera: di lì a sei mesi avrei fatto il gelataio a tempo pieno.

Luciano, Mario, Lorenzo.

Padova, Firenze, Parma.

Le richieste che avevamo ricevuto tra l'estate 2003 e l'autunno 2004, momento in cui avremmo scelto i tre partner con cui lavorare, erano state numerose: la nostra attività aveva solo un anno di vita, e la selezione era stata a dir poco *sui generis*; i valori umani delle persone erano per noi il fattore più importante: stavamo cercando piccoli imprenditori che mettessero l'anima nella loro impresa. Eravamo convinti che buoni risultati sarebbero arrivati esclusivamente grazie all'impegno diretto: i nostri *franchisee* avrebbero raggiunto un buon volume d'affari solo se si fossero impegnati in prima persona.

Così è stato infatti: ognuno di loro ha fatto di Grom un'attività a tempo pieno, e i volumi di vendita delle gelaterie sono sempre stati in crescita. Avevamo poi promesso ai tre affiliati il diritto di sviluppare nuovi negozi, se lo avessero desiderato, nelle rispettive aree di competenza. Ritenevamo che questo li avrebbe stimolati da un lato e garantiti dall'altro, dando loro la tranquillità per fare le cose con calma e attenzione.

Il primo a inaugurare fu Mario, a Firenze.

12 maggio 2005. La gelateria si trova in un vicolo nel cuore della città, ma nascosto alla vista di turisti e passanti: a Firenze gli affitti sono proibitivi e confidiamo nel passaparola. La grinta di Mario e l'attenzione che ha dedicato a ogni cliente hanno reso la sua gelateria la più frequentata della città.

Il modo in cui abbiamo conosciuto Luciano, persona dal cuore d'oro, è stato a dir poco singolare. Massimo, un coetaneo mio conoscente, appassionato di prodotti alimentari di alta qualità e della filosofia di Slow Food, si era perdutamente innamorato del nostro gelato e desiderava aprire un negozio Grom. Per poterlo fare, però, aveva bisogno di un partner perché non avrebbe potuto occuparsene a tempo pieno. Si recava spesso a Padova per motivi di lavoro: gli sembrò così una buona idea aprire la gelateria in quella città.

Detto, fatto. Massimo mise un annuncio sul giornale: "Cercasi partner per apertura gelateria di alta qualità." Il tutto, naturalmente, a nostra insaputa: mai infatti avremmo pensato che quella fosse la strada da percorrere per trovare un socio; l'annuncio sul giornale sostanzialmente delegava al caso quella scelta.

Fortuna vuole che il suo futuro partner, Luciano – oggi nostro grande amico –, fosse alla ricerca di un'attività che lo impegnasse nei mesi estivi, poiché durante quelli invernali si dedicava alla produzione di cuscini con una piccola impresa in provincia di Padova. La sua ditta era in difficoltà a causa della concorrenza cinese, e Luciano aveva deciso di rimettersi in gioco: a cinquantaquattro anni. Lo ammiravamo. Una persona che decide di scommettere su di sé a quell'età è una persona che ama la vita. Avrebbe amato anche il nostro gelato, ne eravamo certi.

Dopo un primo contatto, Luciano decide di venire a Torino con la figlia per vedere la gelateria di piazza Paleocapa: rimane sbalordito dalla coda che staziona davanti al negozio. In un primo momento immagina addirittura di essere vittima di uno scherzo, organizzato da noi per convincerlo della bontà del prodotto. Luciano assaggia il gelato e si persuade immediatamente: il negozio di Padova è pronto a partire. Lo farà il 26 maggio.

E quella donna, che pensavamo fosse la figlia, era invece sua moglie: Luciano prometteva bene.

L'ultimo a partire è Lorenzo, il ragazzo più educato che abbiamo mai conosciuto; lui avvia il negozio di Parma – città dai gusti particolarmente sofisticati – il 1° giugno.

Anche il franchising, quindi, sembrava ben impostato.

Come la mia carriera: avevo appena deciso di occuparmi a tempo pieno di Grom.

Ulisse

La curiosità è la soluzione più divertente.

Viaggiare, leggere, indagare: è un piacere girare il mondo e le pagine di un libro alla scoperta di ciò che ancora non sappiamo. Diventiamo migliori, la mente si apre: ecco che una nuova idea è in arrivo, o un insegnamento, un esempio. La chiave è osservare i più bravi e imparare da loro.

Se c'è stato uno che ha fatto del viaggio lo scopo della propria vita, questo è Ulisse: immortalato da Omero nell'*Odissea,* è stato descritto in modo fantastico da Dante nel canto XXVI dell'Inferno quando il poeta, accompagnato da Virgilio, lo incontra avvolto da una fiammella.

Dante colloca Ulisse nel girone dei consiglieri fraudolenti perché l'eroe greco ingannò i troiani con il mitico cavallo e convinse i suoi compagni a oltrepassare le colonne d'Ercole, un'impresa che nessuno aveva mai tentato perché quel limite era stato posto dagli dei.

Ai più romantici non può sfuggire il bellissimo verso in cui Ulisse racconta di vedere le stelle dell'altro emisfero dopo aver superato le colonne d'Ercole.

Il poeta fiorentino racconta Ulisse con parole leggere e soavi, e ci mostra un eroe che torna bambino, felice di aver visto qualcosa che non conosceva: nuove stelle.

Non c'è cura per la curiosità.

“Considerate la vostra semenza:
fatti non foste a viver come bruti,
ma per seguir virtute e canoscenza”.

Li miei compagni fec’io sì aguti,
con questa orazion picciola, al cammino,
che a pena poscia li avrei ritenuti;

e volta nostra poppa nel mattino,
de’ remi facemmo ali al folle volo,
sempre acquistando dal lato mancino.

Tutte le stelle già de l’altro polo
vedea la notte, e ’l nostro tanto basso,
che non surgëa fuor del marin suolo.

OMAGGIO A FABRIZIO DE ANDRE

E A TUTTI COLORO CHE CAPISCONO IL VALORE DELLE COSE CHE SEMBRANO DA NULLA

RISPETTO

Il leader è solo • Una gnocca e una scommessa
Più gelati e meno fave • Mai così brutta, mai così buona
Quattordici contadini • Il foulard rosso
Un segreto: la cacca • 150 quintali per ettaro
I sorbetti • La mela, quella grande

In quei giorni eravamo noi due, soli.

Io e il Monviso.

Mi piaceva quando tirava vento, perché tutto era più chiaro: la sua cima appariva più netta, acuta. Guardavo dai vetri dell'ufficio il suo profilo severo; avevo la sensazione di essere in compagnia di un maestro piuttosto burbero.

Il rumore che proveniva dal reparto di produzione, due piani più sotto, era appena percettibile, ma almeno mi faceva compagnia; Davide dirigeva un gruppo di tre persone e il laboratorio era ormai avviato. Gli uffici invece, al piano di sopra, erano desolatamente vuoti. Guido passava spesso per controllare il lavoro organizzato da Davide, assaggiava gelato e materie prime, rivedeva continuamente le ricette (finirà mai di rivederle? No, ne sono certo: un perfezionista non si ferma mai) ma era ancora troppo impegnato con il suo mestiere di enologo per dedicarsi a tempo pieno al nostro progetto. Per fortuna pochi mesi ancora e mi avrebbe raggiunto.

Era un'immagine buffa: passavo la maggior parte delle giornate in una stanza che, vuota, sembrava ancor più vasta di quanto non fosse realmente: gli uffici a Mappano erano divisi su due piani, e ogni piano occupava circa centocinquanta metri quadrati.

L'ufficio dove lavoravo era in totale contrasto con la mia idea di manager di successo: quando avevo quattordici anni il mio mito era Michael Douglas, il Gordon Gekko del film *Wall Street*. Quell'uomo belloccio, dai capelli perfetti, lisciati all'indietro, imbottito di arroganza e straordinariamente ricco, aveva incantato il ragazzino che subiva ancora il fascino avido della finanza.

La sala vuota, la mia sola scrivania al fondo, qualche libro accatastato per terra – testi di amministrazione e finanza reduci dall'università – e il sottofondo rumoroso del reparto di produzione. Era così diverso dal *Wall Street* della mia adolescenza. Io, per fortuna, lo ero ancora di più: in quei giorni avevo capito cosa significasse fare l'imprenditore, mestiere ben diverso da quello esercitato da Gekko, un finanziere senza scrupoli.

Sentivo la responsabilità del comando e della posizione. I miei problemi non esistevano più, persi tra quelli della quotidianità e quelli delle persone che lavoravano per noi; i dipendenti erano ormai una quarantina e l'apertura dei nuovi negozi li aveva fatti arrivare tutti insieme. Mi sembrava un impegno spaventoso: trentatré anni e tante persone dipendevano dalle capacità mie e di Guido.

Il leader è solo. Lo stavo imparando sulla mia pelle.

Era giunto il momento di avere compagnia.

Ormai un responsabile amministrativo era necessario, visto che tra stipendi, accrediti, pagamenti ai fornitori e la contabilità generata dai sei negozi, la mole di lavoro era notevole. Continuavamo a reinvestire tutti gli utili e sembrava possibile aprire, durante l'estate, tre ulteriori negozi in proprietà. La crescita dei negozi in franchising invece, a parte i diritti di nuove aperture concessi ai nostri partner, era un argomento chiuso, così come stabilito.

Per fare al meglio i colloqui preparai una sorta di piccolo test con cinque domande semplici, poche righe, giusto per capire se i candidati avessero la cultura necessaria per il ruolo richiesto. Sapevo che non potevamo esagerare con la retribuzione: il controllo dei costi, considerato anche che il negozio di Genova era partito con incassi modesti, era la mia mania. Quei colloqui, poi, erano quasi una scusa per stare meno solo, perché Guido mi raggiungeva a Mappano e mi aiutava a valutare curricula e persone.

Le prime tre candidate erano scandalosamente ignoranti: lo stesso Guido, che non era certo un esperto di contabilità, ne era rimasto quasi turbato; com'era possibile che un'ipotetica responsabile amministrativa considerasse il DDT (documento di trasporto) un insetticida? Succedeva veramente. Forse avremmo dovuto alzare lo stipendio promesso? Forse sì.

La quarta, invece, era una gnocca clamorosa. Ventotto anni, si era presentata con una gonna a tubino, di raso nero, dalla spaccatura generosa. La gamba era tonica, con coscia e polpacci ben disegnati, e non era il meglio: il meglio era la camicetta, rigorosamente semitrasparente, stretta e con almeno un bottone di troppo slacciato sul seno, sodissimo, dalle dimensioni regali. Una specie di Sophia Loren in carne e ossa, con boccoli rosso rame invece che neri. La ragazza giocava tutte le sue carte in quel modo.

Io e Guido non capivamo più niente.

Facevo una fatica bestiale per tenere lo sguardo fisso sugli occhi della persona davanti a me, durante il colloquio, e per non farlo cadere dove non doveva. Guido, notoriamente sensibile al fascino del petto generoso, era in totale stato confusionale, salivazione prossima allo zero, balbettava parole confuse. La domanda più saggia che fece fu un allucinante "Cosa desidera dalla vita?" che non ho mai capito fino in fondo. Il resto del tempo lo impiegò a deglutire e a trattenere gli occhi che stavano scappando dalle orbite.

Non la assumemmo: al di là delle risposte che diede al test, mediocri, ci saremmo messi in ufficio, in un colpo solo, una bomba a orologeria e un cagnolino scodinzolante, Guido.

Meglio di no.

Poi arrivò Gabriella: ciò che ci colpì immediatamente fu la delicata armonia che solo una donna sensibile può avere. I gesti e il sorriso, il modo di parlare, erano dolcemente materni, misurati, competenti. Aveva maturato una discreta pratica nella gestione del reparto amministrativo di un'impresa, ben più grande della nostra, che produceva componentistica per automobili. La nostra giovane azienda avrebbe potuto beneficiare della sua preparazione, se lei avesse scommesso su due ragazzotti con tante idee ma poca esperienza.

Il 2 giugno 2006 Gabriella scommise su di noi e salì a bordo. Avevamo una responsabile amministrativa coi fiocchi.

E io ero un po' meno solo.

Avevo deciso.

Dopo pochi mesi avrei raggiunto Fede e Gabriella in ufficio a Mappano.

Il mondo del vino continuava ad affascinarmi e il lavoro nella piccola azienda di famiglia andava bene, ma la forte personalità di mio padre, poco incline a lasciare spazio alla mia crescita professionale, aveva facilitato la decisione di dedicarmi esclusivamente a Grom. Il mio sogno era lavorare le vigne, possedere un pezzo di terra anche piccolo, applicare i consigli di Pontallier e le strategie di Gaja, ma non sembrava possibile: mio padre la pensava diversamente.

Nel vino rimanevo con un piede e con il cuore: facendo una consulenza gratuita a Cascina Bruciata.[14] Carlo, il proprietario, è un uomo grande e generoso, con occhi piccoli e mobilissimi; il rapporto con lui era iniziato nel 2002, proprio nei giorni in cui avevo letto l'articolo di Carlin Petrini. Avevamo fatto grandi vini, uno dei quali avrebbe poi preso 94 punti dalla rivista *Wine Spectator* – una bibbia per gli appassionati del settore –, senza né soldi né mezzi, con vasche in vetroresina e cemento. Era come arrivare terzo alla Milano-Sanremo gareggiando con una Graziella: ne ero orgoglioso.

Tornerò sicuramente, un giorno, nel mondo di Carlo.

Grom, però, aveva bisogno di me a tempo pieno: avevamo rispettato l'ambizioso piano di crescita di Federico e i negozi, ormai diventati complessivamente nove, richiedevano anche il mio aiuto.

Accantonavo il mondo dell'uva, ma avrei seguito quello della frutta: mi sarei dedicato a tempo pieno agli agricoltori che lavoravano per noi e avrei imparato tutto su potature e diradamenti di alberi che conoscevo più per i frutti che per i legni, i rami o le foglie. L'agricoltura, le sue stagioni, i vecchi che raccontano storie di famiglie e di cibi poveri. La mia passione.

> Se potessi vivere un'altra volta la mia vita
> [...] mangerei più gelati e meno fave.
>
> JORGE LUIS BORGES,
> *Istanti*

Ogni frutto, come l'uva, ha tante varietà. Studiare le differenze tra una e l'altra ci avrebbe permesso di migliorare la qualità dei

[14] *Cascina Bruciata*: azienda vinicola piemontese fondata da Carlo Balbo e situata nel cuore di uno dei cru storici della zona di produzione del barbaresco DOCG, il Rio Sordo.

sorbetti; i nostri fornitori mi avrebbero insegnato quanto è diversa la pesca Maria Marta rispetto alla Red Haven, esattamente come il nebbiolo è diverso dal sangiovese, e che, proprio come distinguiamo l'uva bianca da quella nera, ci sono pesche a pasta bianca e a pasta gialla, le percoche e le nettarine, le tabacchiere e altre meraviglie a me ancora sconosciute.

Un giorno entrò il suo sorriso.

Arrivò nella stanza con il passo di chi riesce a occuparsi sempre di tutto, come solo una mamma può fare; la donna è un essere superiore: più forza, più capacità di sopportare il dolore. Lo dice la natura: meglio ascoltarla.

Guardare la mamma di Federico mi sbalordisce sempre: ha movimenti veloci, ma mai il respiro affannato di chi è in difficoltà. Non so come ci riesca, ma è sempre solare: mi piace osservarla quando viene a trovarci a Mappano, anche se non credo che se ne sia mai accorta; sicuramente non immagina di suscitare tanto incanto su un gelataio che deve ancora imparare a dare il giusto valore all'allegria.

Da quando è in pensione, Rosanna vive con il padre di Fede a Odalengo Piccolo, un minuscolo paese al confine tra la provincia di Asti e quella di Alessandria: sono certo che anche da quelle parti dispensa un po' di buonumore a tanti piemontesi che, purtroppo, considerano il sorriso una debolezza da sottrarre alla vista dei vicini.

Quel giorno Rosanna entrò in ufficio con una pesca in mano.

Una pesca brutta, così brutta che non si poteva neanche immaginare di mangiarla: si poteva giusto farne un sorbetto.

"Guido, avrei bisogno di una piccola cortesia: a Odalengo c'è la festa del paese, e mi piacerebbe fare un po' di sorbetto con le pesche dell'albero del giardino, ne ho raccolte tante e mi spiace gettarle via..." Il padre di Fede, anche lui in ufficio quel giorno, ascoltava come fa sempre: sornione. Quell'albero non l'aveva né curato né accudito, e forse si sentiva persino in colpa alla vista di quella pesca malandata.

Io, invece, la guardavo saccente. Era appena arrivata in laboratorio la famosa pesca Maria Bianca, la varietà che comperavamo in quel periodo: una vera prelibatezza. Sembravo un cuoco al quale chiedono di cucinare con gli scarti della cambusa.

In pochi minuti mi ritrovo in laboratorio, alle prese con frullatore, acqua, zucchero e pesche brutte del giardino di Odalengo. Preparo il sorbetto e lo porto su, in ufficio, per darne un po' anche a Fede; mi accingo ad assaggiarlo per capire se, nella vita, c'è una speranza anche per l'orrido. Sarà una schifezza.

È sublime: mai mangiato niente di simile. Quelle pesche, mai irrigate né curate, abbandonate a loro stesse, dalla pasta dura e asciutta, mi stavano regalando un'esperienza mai provata.

Guardai Fede: bello goduto, roteava la lingua come un mulinello intorno alla bocca.

Fu allora che decidemmo.

Dovevamo avere una nostra azienda agricola.

Quattordici. Non uno di più, non uno di meno.

Totale delle presenze nella stanza: diciannove.

Le segretarie del notaio non avevano mai visto tante camicie di flanella in una volta sola: avevano lo sguardo che oscillava tra lo stupore per l'età media degli ospiti – 72 anni tondi tondi – e la malizia di vedere per la prima volta una banda di agricoltori, mogli al seguito, che sbarcavano a Torino come Armstrong sulla luna.

Renato Bianco, il brillante mediatore (in città si chiamano broker, in campagna mediatori: tutto detto), era riuscito a mettere d'accordo quelle persone e aveva organizzato il viaggio in pullman fino all'ufficio del notaio, a Torino. Renato era stato bravo a riunire le diverse proprietà, tutte di piccole dimensioni, fino a raggiungere la superficie di 8 ettari nel comune di Costigliole d'Asti: li avremmo dedicati alla produzione di frutta di alta qualità da destinare ai sorbetti di Grom. Era certamente un'operazione intelligente: quegli agricoltori, ormai anziani, vivevano la loro piccola proprietà come un passatempo e non ne ricavavano più alcun reddito, considerato che il prezzo dell'uva era sceso in modo impressionante a partire da qualche anno. La vendita avrebbe permesso loro di intascare un piccolo quantitativo di denaro utile a togliersi qualche soddisfazione.

Cinque degli otto ettari, collinari, erano vigne coltivate a barbera. Guido avrebbe potuto trasformarli nel frutteto dei suoi sogni; gli altri tre, invece, erano pianeggianti e coltivati a pioppeto: un terreno a riposo da molti anni che si sarebbe prestato molto bene, mi raccontava il mio socio gelataio-agricoltore, per la coltivazione e la sperimentazione su fragole e meloni.

I più anziani presenti in sala ci guardavano come due matti: in Piemonte estirpare vigneti per piantare alberi da frutta era un atto che ci metteva di filato in una categoria a metà strada tra i pazzi e gli ubriachi.

L'unico vero realista è il visionario.

FEDERICO FELLINI

Io ero contento, Guido eccitato: glielo leggevo in faccia. Stava bene e si vedeva. Lui, a differenza di me, si sforzava di stare al passo con il dialetto parlato dai contadini: era fondamentale, diceva, per essere trattati – quando avremmo sostituito le vigne con piante di pesche, albicocche, fichi e pere – con rispetto. Guido aveva fatto esperienza girando le vigne di Langa, per insegnare i diradamenti ai vignaioli che vendevano le uve all'azienda del padre. Dimostrava di saperci fare e non avevo motivo per contraddirlo.

Infatti non dissi una parola, finché alle 14.30 non arrivò, puntuale, il notaio. L'atto fu infinito; i più anziani, che a quell'ora di solito facevano la siesta pomeridiana, furono i primi a mollare. Tra un foglio e l'altro si udiva nettamente il ronzio dei due agricoltori più anziani, serenamente accasciati sul tavolo. La serenità di chi, avendo lavorato molto, se ne frega delle formalità.

Per fortuna arrivammo alla fine e, a parte i commenti, acidi, di un paio di mogli che avevano quei terreni in comunione dei beni, tutto filò liscio; quella data fissava per noi un nuovo giorno indimenticabile: 16 marzo 2007.

Il nome, quella volta, lo avevo in tasca io. L'avremmo chiamata Mura Mura.

In malgascio, la lingua degli abitanti del Madagascar, significa "piano piano". Un paio di settimane prima avevo visto un documentario su Rai Tre che parlava dello stile di vita delle persone che abitavano la campagna di quell'isola così grande e selvaggia: era, diceva la voce fuori campo, un modo di vivere lento e riflessivo, pronto a cogliere con attenzione e rispetto tutte le fantastiche delicatezze che la natura sapeva donare agli uomini.

Mi sembrava un atteggiamento da imparare, che meritava alcune riflessioni: in quei frutteti Guido e io volevamo rispettare i tempi che la natura richiede, cercando di praticare l'agricoltura nobile che da decenni portavano avanti le persone sedute con noi in quella stanza.

Un'agricoltura pensata, saggia, lenta.

Mura Mura. Piano Piano.

Era appena spuntato, voluminoso, tra i filari di barbera.

Il passo era greve a causa della neve caduta da poco. Lo sguardo, invece, lieve e ficcante. Non potevo fare a meno di osservare con curiosità quel ragazzo che Renato, il mediatore, aveva definito "molto in gamba": la curiosità di chi sta per decidere se condividere la grande passione della propria vita con un'altra persona per molti anni.

Vittorio si era presentato con un buffo foulard rosso al collo: sembrava facesse il verso a Garibaldi. I suoi Mille erano i ceppi di vite che accudiva nell'area dove avevamo comperato i terreni, la frazione Madonnina, a Costigliole. Li amava almeno quanto il grande patriota amava i suoi uomini, e come lui si sentiva il loro condottiero. Non aveva torto: aveva una passione smisurata per quella terra, me lo aveva dimostrato pochi minuti dopo chiacchierando durante una passeggiata tra i filari.

Nel silenzio delle vigne ammantate di bianco le parole acquistavano più peso, come protette dalla neve di fine inverno; quella che, appena la tocchi, è già sciolta.

"Quel giorno fu un campo," mi disse Vittorio citando a memoria le parole di *Feria d'agosto* di Cesare Pavese. Era la frase più adatta a lui, quella che lo rappresentava meglio: era nato sulla collina torinese, ma dopo il diploma aveva deciso di tornare dove vivevano un tempo i suoi nonni, alla Madonnina. Era orgoglioso di quella scelta. Era orgoglioso di essere un "piccolo coltivatore diretto", come il diritto del lavoro definisce – abbastanza romanticamente, per una volta – il suo mestiere.

Vittorio, la neve, le vigne: toccai la felicità per qualche istante.

In pochi minuti avevo capito che non mi sarei fatto scappare un talento del genere: quello originato dalla passione. Molti lo chiamano così, talento, ma non è solo quello. È anche lavoro, durissimo. Un rovescio di Federer, una mossa di Garri Kasparov, la Quinta di Beethoven, il cielo dipinto da Michelangelo. Alle spalle di quei momenti c'è il genio, alimentato da passione assoluta: un incontro che diventa dopo anni un gesto, un'ispirazione, un'opera.

> Il talento è solo la voglia di fare qualcosa.
> Tutto il resto è sudore, traspirazione,
> disciplina.
>
> JACQUES BREL

I nonni avevano insegnato a Vittorio proprio quello: la cultura del lavoro.

Aveva infatti passato buona parte dell'infanzia con loro e, grazie alla nonna, conosceva e apprezzava le cose semplici: la *bagna caoda* sui cardi, il coniglio di cascina, una "pasta frolla fatta come si deve". I vecchi piatti della cucina di quei luoghi: poveri ma succulenti.

Potevo imparare quello che lui aveva imparato dai nonni. I miei, purtroppo, non ero riuscito a goderli quanto avrei voluto: stando con Vittorio avrei rimediato a quella lacuna.

Non mi sarei lasciato scappare il piacere di frequentare lui e il suo foulard rosso per nulla al mondo.

La chiave per fare agricoltura di qualità sono gli escrementi bovini: il letame.

Chi pensa di poterlo sostituire con altri concimi, anche naturali, ignora l'agricoltura e la storia dell'umanità. Non basta un letame qualunque: ci vuole letame ben maturo, quello che si ottiene dopo un lungo periodo di esposizione all'aperto.

Fu quella la prima esperienza che vivemmo Vittorio e io a Mura Mura: i trattori portarono il letame che venne accumulato in orizzontale, fino a formare sul terreno una montagnola fumante, alta un paio di metri e lunga una trentina. In quella fantastica montagna di cacca sarebbe avvenuto uno dei tanti miracoli che la natura ci regala: la fermentazione in assenza di ossigeno, opera dei batteri che vivono nel cumulo, moltiplica il numero di microrganismi utili alla vita del suolo e, quindi, a quella delle piante che lo abitano.

Il letame, specialmente d'inverno, fuma. Fuma letteralmente, e agli occhi di un bravo agricoltore non deve sembrare molto diverso da un bel pentolone ricco di promesse: quelle della stagione che seguirà; durante quel periodo avrebbe perso buona parte dell'acqua che conteneva e avrebbe virato il proprio colore dal marrone chiaro al marrone scurissimo, quasi nero.

La fermentazione sarebbe durata sei mesi circa, giusto il tempo per darci la possibilità, in settembre, di spargere con cura sui campi quello che la saggezza contadina chiama "oro nero". Detto tutto.

> È il tempo che tu hai perduto per la tua rosa
> che ha fatto la tua rosa così importante.
>
> ANTOINE DE SAINT-EXUPÉRY,
> *Il Piccolo Principe*

Mentre il letame maturava, cercavamo di farlo anche io e Vittorio: nessuno dei due aveva mai vissuto l'esperienza di spiantare tutti quegli ettari di vigna (non tanti in realtà, ma a noi sembrava un lavoro titanico) e ne combinavamo di tutti i colori. Quell'estate, però, fu entusiasmante: ogni giorno andavo a Costigliole per controllare come procedevano i lavori di preparazione dei luoghi che, durante l'inverno, avrebbero accolto prima tonnellate di cacca e poi migliaia di portainnesti.

Il portainnesto, in una pianta, è la parte radicale e ne costituisce il tronco fino a una cinquantina di centimetri dal terreno: può avere comportamenti molto diversi (ci sono portainnesti con radici più superficiali e altri meno, alcuni tollerano il calcare, altri meno e così via) e ha il ruolo, attraverso le radici, di assorbire le sostanze organiche, l'acqua e i sali minerali utili alla vita della pianta. Verrà poi innestato: noi avevamo scelto la tecnica "a gemma", che inserisce sulla parte superficiale della sottile corteccia del portainnesto una gemma prelevata dalla tipologia di pianta che si desidera propagare. Sarebbe germogliata l'anno successivo, dando origine alla parte aerea della pianta, la chioma, che grazie al fenomeno della fotosintesi ci avrebbe regalato i frutti.

In laboratorio, invece, facevo i sorbetti provando le varietà di frutta che, coltivate in quei terreni, immaginavo ci avrebbero portato a risultati fuori dal comune. Non avevo naturalmente preso in considerazione gli agrumi, che in quei luoghi non avrebbero passato l'inverno, né frutti la cui qualità già mi soddisfaceva grazie agli accordi che avevo con alcuni fornitori davvero in gamba: a Mura Mura non avremmo coltivato frutti come mandorle o lamponi.

Arrivammo così, tra un drenaggio e un livellamento, a settembre: potevamo mettere a dimora le piantine. Avevo calcolato le necessità dei nostri negozi e suddiviso il frutteto nel modo migliore; il potenziale di quei cinque ettari era sufficiente per soddisfare le esigenze di circa ottanta gelaterie: se gestiti a regola d'arte, ci avrebbero dato circa 150 quintali di frutta per ettaro – metà delle coltivazioni intensive –, utili a produrre quasi 300 quintali di sorbetto fatto "al 50%" di frutta.

Per me, il massimo: avrei potuto applicare anche ai nostri frutti la pratica del diradamento, esattamente come avevo imparato a fare sulla vite, in modo che la pianta distribuisse su un minor quantitativo di frutti la propria energia, rendendoli così più dolci e aromatici. Avrei potuto raccogliere la frutta solo nel momento della perfetta maturazione, cosa che non avviene quasi mai: la frutta fresca che consumiamo normalmente è raccolta una decina di giorni prima di arrivare in negozio o al supermercato.

Il quantitativo totale di prodotto che avremmo ottenuto da quei cinque ettari mi faceva impressione: qualcosa come 1.500 quintali di gelato. Le varietà erano state scelte con cura: due tipi di pesche a pasta gialla (un ettaro a Maria Marta e uno a Kaweah), due vecchie varietà di pere (Decana del Comizio e Martin Sec) e poco meno di un ettaro del fico bianco più buono del mondo: il mitico Dottato.

Il fiore all'occhiello dell'azienda, e il luogo che più avrei frequentato negli anni seguenti, era però il frutteto sperimentale: ottanta piante, tutte diverse tra loro, che mi consentivano di studiare se il sorbetto migliore lo avrebbe regalato la pesca bianca Michelini o la Rosa del West, la mela grigia di Torriana o la Bella di Barge. Fantastico.

Il tutto si chiudeva con la parte pianeggiante, dove avremmo sperimentato le colture annuali di fragola e melone, alternando i terreni come nella migliore tradizione.

A quel punto non rimaneva che ascoltare attentamente la lezione migliore che la natura impartisce all'uomo: l'attesa. Dopo tre anni di duro lavoro, cure maniacali, preoccupazioni e fatica avremmo raccolto il primo frutto.

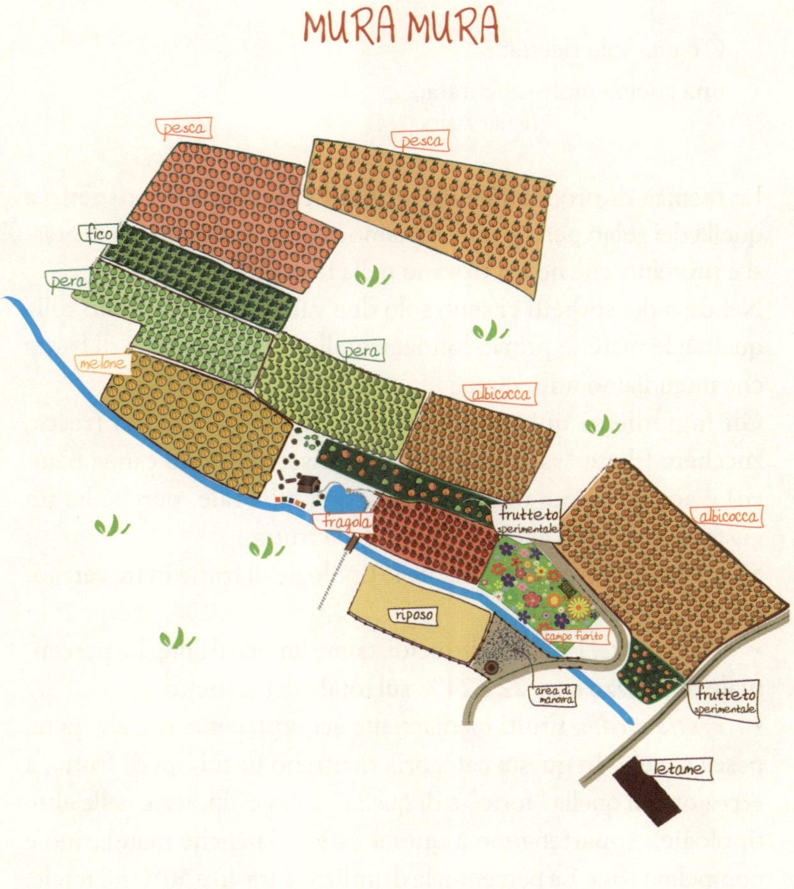

Con una grande frutta a disposizione avremmo potuto fare sorbetti eccezionali.

Vediamo come.

Sorbetti

> C'è una sola ricetta:
> una cucina molto accurata.
>
> HENRY JAMES

La tecnica di produzione dei sorbetti è più semplice rispetto a quella dei gelati perché non abbiamo in gioco elementi come grassi e proteine, che non si trovano nella frutta fresca.

Nel caso dei sorbetti ci sono solo due varianti che incidono sulla qualità: le materie prime, fondamentali, e la percentuale di frutta che intendiamo utilizzare.

Gli ingredienti quindi saranno semplicemente frutta fresca, zucchero (detto "saccarosio", io preferisco quello di canna bianco) e acqua. Grom utilizza solo acqua minerale, perché ha un gusto pulito e non altera il sapore della frutta.

Si dividono convenzionalmente le tipologie di frutta in tre categorie:

- *Frutta forte.* Frutti molto acidi, come limone e lime. La percentuale di utilizzo è tra 22 e 24% sul totale del sorbetto.
- *Frutta media.* Frutti mediamente acquosi, come fragola, pera, pesca e mela. In questa categoria rientrano tutti i tipi di frutta, a eccezione di quella "forte" e di quella "debole" indicate nelle altre tipologie. Appartengono a questa categoria anche mandarino e pompelmo rosa. La percentuale di utilizzo è tra 40 e 50% sul totale.
- *Frutta debole.* Frutti molto acquosi, con un quantitativo inferiore di fibra, come melone e anguria. La percentuale di utilizzo è tra 60 e 70% sul totale.

I valori nutrizionali delle materie prime. Come per il gelato l'aspetto che dobbiamo conoscere perfettamente è il valore nutrizionale di ogni tipologia di frutta.
Nei sorbetti, però, il tutto è semplificato dal fatto che l'unico valore in gioco è la quantità di zucchero presente. Bisogna poi considerare che la frutta perfettamente matura contiene valori di zucchero più elevati.
Ogni frutto ha un picco di maturazione, oltre al quale l'acidità crolla verticalmente: da quel momento gli aromi tendono ad alterarsi.

Le regole per fare un buon sorbetto in casa. Ci sono due sole regole da rispettare: la *percentuale di frutta* che desideriamo utilizzare e la *percentuale di zucchero totale* che desideriamo raggiungere. La percentuale di zucchero adeguata è normalmente intorno al 26-28% sul totale della ricetta.
Tale valore è ottenuto sommando la quantità di zucchero contenuto nella frutta di partenza a quello che aggiungeremo noi. Lo zucchero presente nella frutta di partenza si esprime in gradi Brix (°Bx) che indicano la quantità di zucchero in 100 g di frutta. 8 °Bx, ad esempio, significa che quel frutto contiene 8 g di zucchero ogni 100 g.
La prima cosa da stabilire è la percentuale di frutta che desideriamo utilizzare, a seconda che questa sia debole, media o forte, così come è indicata nelle tabelle alle pagine seguenti.
Dobbiamo determinare quanto zucchero contiene il quantitativo che abbiamo scelto, nella grammatura di sorbetto che desideriamo ottenere.
Il quantitativo di zucchero totale che voglio raggiungere è da 26 a 28 °Bx (cioè da 260 a 280 g di zucchero su 1000 g di prodotto, quindi nel nostro caso da 130 a 140 g di zucchero perché abbiamo solo 500 g di sorbetto da mantecare).
Sottraggo quindi ai grammi desiderati (da 130 a 140) i grammi di zucchero che ho in partenza nella frutta. A questo punto sottraggo

ulteriormente il totale che desidero mantecare (500 g) a frutta e zucchero: quello che avanza è, semplicemente, il quantitativo d'acqua da aggiungere.

Nelle pagine seguenti potrete vedere tre esempi di ricetta, uno per tipologia di frutta: fragola, melone, limone.

Qui invece riportiamo i gradi Brix contenuti, mediamente, nelle tipologie di frutta più comuni.

FRUTTO	°Bx MEDIO DEL FRUTTO (% DI ZUCCHERO IN 100 G)	FRUTTO	°Bx MEDIO DEL FRUTTO (% DI ZUCCHERO IN 100 G)
ALBICOCCA	10 - 12	MANGO	14 - 18
CACO	12 - 16	MELA	8 - 12
FICO	18 - 24	MELONE	10 - 14
FRAGOLA	6 - 10	MIRTILLO	7 - 10
LAMPONE	8 - 10	PERA	10 - 12
LIMONE	6 - 8	PESCA	10 - 15
MANDARINO	8 - 12	POMPELMO	6 - 8

La modalità di preparazione. La modalità di preparazione dei sorbetti di frutta è molto semplice.

La prima cosa da fare è mondare e tagliare a pezzetti la frutta, poi con il mixer a immersione la misceliamo con l'acqua fino a ottenere un composto omogeneo. Versiamo quindi "a pioggia" la quantità di zucchero prevista e amalgamiamo ulteriormente.

Le tabelle seguenti riassumono la quantità, espressa in percentuale, di frutta da utilizzare. Con queste percentuali potrete ottenere sorbetti di elevata qualità. Vediamo alcuni esempi.

Consideriamo una produzione di 500 g di sorbetto, e frutti come la fragola e il melone e il limone, che hanno in media l'8% di zucchero.

FRUTTO	PERCENTUALE DI FRUTTA DA UTILIZZARE	°Bx DA RAGGIUNGERE
ALBICOCCA	40%	28
CACO	50%	28
FICO	40%	28
FRAGOLA	50%	27
LAMPONE	40%	28
LIMONE	24%	28
MANDARINO	50%	28
MANGO	40%	28
MELA	40%	26
MELONE	60%	28
MIRTILLO	50%	28
PERA	40%	26
PESCA	40%	26
POMPELMO	50%	28

Qualche segreto. La preparazione dei sorbetti è delicata: ogni tipologia di frutta ha le sue prerogative, inoltre l'ossigeno altera rapidamente colori e aromi. Qualche piccolo segreto vi aiuterà nelle vostre preparazioni.

Mela: la migliore mela da utilizzare per fare i sorbetti (a parte le vecchie cultivar, difficilmente reperibili) è la mela verde, più acida; avrete così un sorbetto fresco e dissetante.

Pera: preferisco utilizzare la varietà Decana del Comizio, perché ha la pelle dal leggero retrogusto amarognolo; potete pelare solo due frutti ogni tre utilizzati; avrete così più fibra e otterrete un sorbetto più cremoso.

Pesca: le nettarine e le pesche a pasta bianca sono meno acide e dissetanti; vi suggerisco di utilizzare qualche varietà a pasta gialla, preferendo anche in questo caso quelle più acidule.

Vi raccomando inoltre di lavorare la frutta dopo che è stata conservata per qualche ora in frigo: il freddo rallenta notevolmente l'ossidazione.

Buon divertimento!

RICETTA DEL SORBETTO ALLA FRAGOLA

La quantità di fragola indicata per ottenere 500 g di sorbetto è 250 g (cioè il 50% del peso totale, vedi tabella): 250 g di fragole contengono, mediamente, 20 g di zucchero.

Il quantitativo di zucchero totale che desidero raggiungere è 27 °Bx (cioè 270 g di zucchero su 1000 g di prodotto, quindi nel nostro caso 135 g di zucchero perché abbiamo solo 500 g di sorbetto da mantecare).

Sottraggo quindi ai 135 g desiderati i 20 g che ho in partenza, per un totale di 115 g. Quello che avanza è il quantitativo d'acqua da aggiungere, quindi 135 g di acqua.

Dunque per fare 500 g di sorbetto alla fragola utilizzeremo i seguenti quantitativi:

- 250 g di fragole mondate
- 115 g di zucchero
- 135 g di acqua

RICETTA DEL SORBETTO AL MELONE

La quantità di polpa di melone indicata per ottenere 500 g di sorbetto è 300 g (cioè il 60% del peso totale, vedi tabella): 300 g di polpa di melone contengono, mediamente, 30 g di zucchero.

Il quantitativo di zucchero totale che desidero raggiungere è 28 °Bx (cioè 280 g di zucchero su 1000 g di prodotto, quindi nel nostro caso 140 g di zucchero perché abbiamo solo 500 g di sorbetto da mantecare).

Sottraggo quindi ai 140 g desiderati i 30 g che ho in partenza, per un totale di 110 g. Quello che avanza è il quantitativo d'acqua da aggiungere, quindi 90 g di acqua.

Dunque per fare 500 g di sorbetto al melone utilizzeremo i seguenti quantitativi:

300 g di polpa di melone
110 g di zucchero
90 g di acqua

RICETTA DEL SORBETTO AL LIMONE

La quantità di succo di limone indicata per ottenere 500 g di sorbetto è 120 g (cioè il 24% del peso totale, vedi tabella): 120 g di succo di limone contengono, mediamente, 10 g circa di zucchero.

Il quantitativo di zucchero totale che desidero raggiungere è 28 °Bx (cioè 280 g di zucchero su 1000 g di prodotto, quindi nel nostro caso 140 g di zucchero perché abbiamo solo 500 g di sorbetto da mantecare).

Sottraggo quindi ai 140 g desiderati i 10 g che ho in partenza, per un totale di 130 g. Quello che avanza è il quantitativo d'acqua da aggiungere, quindi 260 g di acqua.

Dunque per fare 500 g di sorbetto al limone utilizzeremo i seguenti quantitativi:

120 g di succo di limone
120 g di zucchero
260 g di acqua

Buon appetito!

Mentre Guido pensava alle sue mele io pensavo alla mia, di mela.

Tutti i numeri che stavo analizzando erano dalla nostra parte: non solo i consumi erano mediamente il doppio di quelli italiani, ma – mi sembrava incredibile – non c'erano gelati di qualità. Consumi elevati, concorrenza scadente: un'opportunità da non perdere.

Grom nel suo piccolo era ormai un marchio conosciuto, grazie al passaparola e all'attenzione che ci aveva dedicato la stampa, anche quella internazionale, e forse era giunto il momento di guardare ad altri mercati in giro per il mondo.

Nel 2007 il mio amico aveva vissuto la sua emozione più grande realizzando finalmente il suo grande sogno di tornare alla terra: era nata Mura Mura.

Guido era felice.

Io, invece, non avrei trovato quell'emozione in un campo, in una piccola cittadina dell'Astigiano, ma nella più affascinante metropoli del mondo.

New York. La Grande Mela.

Fabrizio De André

Il grande cantautore genovese Fabrizio De André aveva capito molto della vita.

Noi non possiamo fare altro che limitarci ad ascoltare le sue canzoni e riflettere su quanto anche le cose che sembrano meno importanti, se fatte dalla natura, hanno valore infinito.

Come le persone.

Via del Campo

Via del Campo c'è una graziosa
gli occhi grandi color di foglia
tutta notte sta sulla soglia
vende a tutti la stessa rosa.

Via del Campo c'è una bambina
con le labbra color rugiada

gli occhi grigi come la strada
nascon fiori dove cammina.
Via del Campo c'è una puttana
gli occhi grandi color di foglia
se di amarla ti vien la voglia
basta prenderla per la mano

e ti sembra di andar lontano
lei ti guarda con un sorriso
non credevi che il paradiso
fosse solo lì al primo piano.

Via del Campo ci va un illuso
a pregarla di maritare
a vederla salir le scale
fino a quando il balcone ha chiuso.

Ama e ridi se amor risponde
piangi forte se non ti sente
dai diamanti non nasce niente
dal letame nascono i fior

dai diamanti non nasce niente
dal letame nascono i fior.

musiche di ENZO JANNACCI
testo di FABRIZIO DE ANDRÉ

DEDICATO A GIANNI RODARI

E A TUTTI COLORO CHE SANNO OSSERVARE CON IL CUORE

FIORI

100 metri a New York
Dietro un gusto, molti fiori • 15.000 dollari al mese
La fioritura dei ciliegi • Una pagina intera
Le api e l'agricoltura biodinamica
Il Sun • Ballare a perdifiato
Le mance e una nuova idea

New York, 5 maggio 2007.

2165 Broadway and 76th Street.

100 metri, tondi tondi.

Ho sempre amato i numeri: quei "cento metri" erano sicuramente il numero che più mi aveva emozionato nella vita, fino ad allora. Mi volevo togliere un pallino e l'ho misurata con Guido: una fila così non la vedremo mai più. Come due carabinieri, in coppia, percorriamo a passi ben distesi il lato di quella lunga coda che si snoda, ordinata, sul fianco del palazzo. Cento passi. Due ore di attesa, poi avrebbero finalmente gustato un cono da Grom: i newyorkesi ci stavano dando il benvenuto più caloroso mai provato.

Lo stesso padrone del negozio, ricchissimo proprietario di interi palazzi a Manhattan, aveva trovato il tempo per mandarci un bel mazzo di fiori; ci era addirittura venuto a trovare, e aveva depositato cinquanta dollari nel portamance a fianco della cassa: una usanza portafortuna. Guido aveva apprezzato i fiori, io il sorriso dei ragazzi che avevano ricevuto la mancia.

Eravamo così sbalorditi per tutto quell'affetto che ci siamo dovuti sedere per qualche minuto.

Così, da una panchina in mezzo alla Broadway, la grande arteria che attraversa tutta Manhattan, ci godiamo lo spettacolo. Siamo a venti metri di distanza dal negozio che abbiamo inaugurato un paio d'ore prima, e siamo estasiati. Sembra che tutto l'Upper West Side, il quartiere dove abbiamo aperto la gelateria, si sia dato appuntamento davanti a Grom.

Siamo stanchi, è stata una settimana di lavoro intenso, ma ci vogliamo godere quegli attimi: tra poco saranno solo un ricordo. Vorremmo fotografare la coda, le persone, persino le emozioni; e il sole che splende, limpido. Per quest'ultimo aspetto – fa un caldo boia – ci vergogniamo quasi: nell'ultima settimana è piovigginato tutto il tempo, e la temperatura non ha mai superato i 10 gradi. Quel giorno, invece, no: un vento caldo proveniente dall'Arizona ha spazzato via le nubi che ingrigivano il cielo e ha lasciato la scena a un sole luminoso, come solo a New York riesce a essere nelle giornate migliori.

Venticinque gradi. Perfetti per un buon gelato.

Gli americani hanno un entusiasmo contagioso: fanno la coda disciplinati – il gelato è gratuito e questo lo rende ancora più invitante – mentre leggono, chiacchierano e chattano con il cellulare.

In gelateria, però, ci sono poche persone al banco, ed è ora di dare una mano a servire il gelato: non finiamo di goderci quei momenti che Nicolò, dall'interno del negozio, ci richiama all'ordine.

Tutto era iniziato qualche mese prima, proprio grazie a lui.

I fiori che ci aveva regalato il ricco newyorkese erano molto belli, ma i fiori in un campo e quelli sugli alberi sono di una bellezza più profonda: sono magici.

Non ci ricordiamo mai perché i fiori sono così belli. Diamo per scontato che ci siano, come spesso accade con la vita. C'è, ma non la apprezziamo: viviamo così, leggeri. La corolla di un fiore, i suoi colori, la capacità di riconoscere le sfumature, sono merce scontata. Ma i fiori non sono colorati per i nostri occhi, e non lo sono neanche per il cuore: né per quello di chi desideriamo conquistare, né per il nostro, quando lo vogliamo rallegrare.

I fiori sono belli per se stessi, perché diventeranno presto nuova vita.

Tutte le volte che mangiamo c'è un fiore all'origine di quel gusto. All'origine di un piatto di pasta c'è una spiga, fiorita e poi fecondata da un meccanismo perfetto, evoluto grazie alla saggezza di miliardi di anni e fatto di vento e volo di insetti. Beviamo un bicchiere di vino? I piccoli fiori che la vite apre ai primi di giugno regaleranno mille acini: saranno un giorno sorrisi di persone felici intorno a un tavolo. E quel formaggio? È così buono perché viene da un alpeggio, dove mille fiori più mille hanno arricchito il pasto di una mucca o di una capra. Daranno un latte unico perché unici sono quel prato e i suoi sapori.

Così un gelato: il cioccolato ha il profumo dei semi tostati del cacao, nati dai fiori dell'albero che porta lo stesso nome, *Theobroma Cacao*. Gli steli rosa, raccolti a grappolo, delicatamente penduli. Il gelato più diffuso al mondo ha la dolce intensità della vaniglia – *Vanilla Planifolia* –, l'orchidea che regala ai suoi estimatori l'impercettibile scrocchio dei semi puntiformi contenuti all'interno della bacca. Un sorbetto ci offre la delicata freschezza dei fiori del limone – *Citrus limon* –, bianchi, la corolla regale a cinque o otto petali; si mostrano altezzosi al cielo, sicuri di sé e del profumo che regaleranno i loro frutti. Un profumo generoso che Eugenio Montale definiva "la nostra parte di ricchezza".[15]

Dietro ogni gusto ci sono molti fiori.

[15] Eugenio Montale, *I limoni*, in *Ossi di seppia*, 1925.

Vi sono, Orazio, in cielo e nella terra
più cose, che non ne sogni la nostra filosofia.

WILLIAM SHAKESPEARE,
Amleto

Nicolò De Rienzo, un conoscente di Torino con indubbie doti artistiche, aveva raccolto un manipolo di amici sicuri che Grom, a New York, avrebbe avuto un clamoroso successo.

Così nell'arco di pochi mesi e dopo un paio di viaggi nella Grande Mela ci eravamo convinti che aprire una gelateria nell'Upper West Side, il quartiere di Manhattan che si trova sulla sinistra di Central Park, sarebbe stata un'occasione da non farci sfuggire.

Il team era piuttosto variegato, ma ben assortito: a parte me e Guido, naturalmente, era composto da Nicolò stesso, che ci ricordava per certi versi Eugenio, rispetto al quale però sapeva usare le parole in modo più consapevole; da Stefano, un bravo manager italiano trasferitosi in città e da Federico, studente in master alla Columbia. Completavano la squadra le mogli di questi ultimi: Lalla, compagna di Federico, che aveva esperienza in pubbliche relazioni, e Monica, padre giapponese e madre colombiana, appassionata di design; le loro capacità si sarebbero rivelate determinanti.

Individuare il luogo giusto dove aprire, tutto sommato, non era stato particolarmente difficile.

A New York il mercato della buona uscita non esiste, e i padroni dei locali sembravano ben felici di affittarli a un'attività italiana operante nel settore del *food* di alta qualità.

L'affitto, invece, era impressionante: per aprire il primo negozio, biglietto da visita di Grom nel continente americano (il mercato del gelato più interessante al mondo, con una media pro capite di 21 kg all'anno), non sarebbero bastati quindicimila dollari al mese. Era un rischio sconvolgente, rispetto a quanto pagavamo nel nostro paese: eravamo però confortati dal fatto che prodotti analoghi al gelato come caffè e panini costavano il doppio rispetto all'Italia.

Ci avremmo provato.

La natura è tutto.

Noi. I fiori. Gusti e profumi.

La forza che muove è l'istinto primordiale degli esseri viventi: la riproduzione. Ci piace fare l'amore, il colore di quel pesco è straordinario, la coda di quel pavone stupisce. Il fine è lo stesso: una specie che continua il suo ciclo.

Nei campi, sui sentieri: sembra incredibile come la natura riesca ad arrivare ovunque. In Giappone, qualche tempo dopo, ne avrei subito il fascino. Invidio ai giapponesi la capacità di osservare con il cuore l'essenza delle cose. Non si accontentano di lasciare il privilegio della bellezza agli occhi, la vogliono conservare nell'anima.

Il simbolo della bellezza, in Giappone, è la fioritura dei ciliegi: il loro fiore rappresenta la purezza.

È uno spettacolo che dura tre giorni. Il primo è l'attesa: i boccioli pronti ad aprirsi, carichi di speranza, ignari di invaderci con la loro bellezza. Il secondo è l'incanto: arriva il giorno dopo, con la fioritura, meravigliosa. La caduta a terra, il terzo giorno, e poi l'appassimento: solo la memoria può raccontare ciò che è già stato.

L'incanto è la felicità che muore nell'attimo in cui si manifesta la sua più grande bellezza. Dura pochi istanti: il tempo di aprire il cuore. Non finisci di ascoltare Mozart, di leggere una poesia, di piangere per un quadro, che è andata. Via, dissolta.

È la vita stessa: ieri eri emozionato per il primo giorno di scuola, poche ore fa il primo amore, tra poco la gioia per la nascita di un figlio e quella di un nipote tenuto per mano. Poi, addio.

Tutto finisce in un attimo, come la fioritura del ciliegio.

Le pubbliche relazioni, a New York, erano determinanti. Lo sapevamo.

C'era però un problema fondamentale: avevano un costo esorbitante; i professionisti migliori in quel settore, in quella città, costavano circa quarantamila dollari al mese. Durata minima del contratto: quattro mesi, per un totale di centosessantamila dollari.

Fu in quel momento che la nostra inventiva e le capacità di Lalla e Monica si rivelarono decisive. La mancanza di denaro avrebbe trasformato un limite in opportunità. Nonno Riccardo ne sarebbe stato orgoglioso.

> Ora non è il momento di pensare a quello
> che non hai. Pensa a quello che puoi fare
> con quello che hai.
>
> ERNEST HEMINGWAY,
> *Il vecchio e il mare*

La domanda che Guido e io ci eravamo posti era semplice e riguardava le emozioni delle persone.

Com'è possibile, a New York – dove party, eventi e manifestazioni sono decine al giorno – attirare l'attenzione dei giornalisti? Ricevono in redazione, avevamo pensato, un'enorme quantità di lettere, comunicati stampa e biglietti d'invito. Non li aprono neppure. Che cosa avrebbe colpito la loro immaginazione, cosa li avrebbe incuriositi?

Tanto per iniziare, un pacco avrebbe attirato l'attenzione più di un biglietto. Doveva però costare poco e dare l'idea che l'invito fosse, in qualche modo, unico. Guido fu geniale, e nell'arco di qualche giorno partorì insieme a Vitamina, lo studio al quale continuavamo ad appoggiarci in Italia, una scatola di cartoncino blu, quadrata: quaranta centimetri di lato, alta circa una decina.

Conteneva, nella parte destra, in fila verticale, tre piccole confezioni: una di gianduiotti di Guido Gobino, il grande cioccolatiere torinese, una di torroncini di Relanghe – fatti con il 50 per cento di nocciola tonda gentile – e una con i fantastici biscotti di meliga di Battifollo, realizzati con farina di mais Pignoletto.

A chiudere la fila, in basso, una coppetta. Vuota.

Nella parte sinistra della scatola c'era l'invito che diceva: "Venite ad assaggiare i migliori ingredienti d'Italia e del mondo: quelli che utilizziamo per fare il nostro gelato." Firmato: Grom.

A questo punto mancava l'informazione più preziosa, quella che le agenzie di pubbliche relazioni custodiscono con gelosia maniacale: il database di nomi e recapiti dei giornalisti da invitare. Fu in quel momento che entrarono in campo Monica e Lalla: comperarono tutte le pubblicazioni disponibili, da quelle con i gossip più beceri ai quotidiani di maggior tiratura, ai magazine di *food*, ai mensili patinati.

Si isolarono in una stanza dell'appartamento di Federico e iniziarono a spulciare pile di giornali. Passarono in rassegna gli articoli, gli inserti, le didascalie delle foto. Uscirono dopo una settimana di clausura, pallide come fantasmi, ma con un sorriso che andava da orecchio a orecchio. Avevano in mano quella che chiamarono "la Lista", con la L maiuscola. Ci tenevano, alla maiuscola: la Lista era un vero capolavoro; un lungo elenco di nominativi di giornalisti, redattori, fotografi, note firme delle cronache mondane. Nomi, indirizzi, e-mail, numeri di telefono.

Ostinata, adorabile determinazione femminile!

In Italia, nel frattempo, facemmo realizzare da un fornitore abituale un centinaio di quelle eleganti scatole blu, vi infilammo le leccornie e le spedimmo a tutti gli indirizzi che sembravano interessanti. Poi, incrociammo le dita.

La conseguenza di quel lavoro, poche settimane dopo, sarebbe stata il ballo del mio socio che, emulo di Roberto Bolle, danzava sul letto ebbro di felicità, dandomi la sveglia alle cinque di un mattino di metà maggio.

Il *New York Times* ci aveva dedicato una pagina intera.

La vita del mondo ha un grande alleato: le api.

Quando si appoggiano su un fiore, per godere del suo polline, cliccano l'interruttore: il fiore viene fecondato e si accende la luce della vita.

A Mura Mura abbiamo cinque arnie, e osservarle con attenzione fa scoprire un mondo di meraviglie. Quando le api riprendono la loro attività dopo il riposo invernale avviene l'incredibile: si forma lo sciame e vi è la fondazione della nuova città, con la nascita e le battaglie che porteranno a stabilire chi sarà la regina. Poi ancora il rigoroso lavoro delle operaie per la sovrana, gli scontri tra i maschi e il ritorno al letargo per affrontare l'inverno.

Queste attività si svolgono tra aprile e settembre e hanno attori con ruoli ben definiti: una regina feconda, centinaia di maschi tra i quali verrà scelto un solo, sfortunato sposo, migliaia di operaie sterili che provvedono a tutti i comfort per la loro sovrana.

Le operaie sono devote alla regina, se è in grado di procreare, ma diventano assassine feroci qualora lei non sia in grado di svolgere il suo compito.

"Le api sono una forma perfetta di repubblica," diceva Maeterlinck nel libro *La vita delle api*, una forma di governo ordinata ed efficiente volta alla procreazione e alla prosecuzione della specie.

Il prezioso lavoro di impollinazione delle api è elemento indispensabile per svolgere un'attività agricola di qualità. La presenza di api e di insetti utili favorisce la biodiversità,[16] che è alla base del più virtuoso metodo di coltivazione: l'agricoltura biodinamica.

È l'agricoltura alla quale ci ispiriamo a Mura Mura.

Vediamo di cosa si tratta.

L'agricoltura biodinamica

L'agricoltura biodinamica è il modo più evoluto e attento per lavorare la terra.

La sua origine viene fatta risalire al 1924, quando il filosofo e pedagogo Rudolf Steiner inaugurò un ciclo di otto conferenze dal titolo *Corso agli agricoltori*. L'obiettivo di Steiner era indicare agli agricoltori la strada per migliorare la fertilità del suolo, avere piante sane in grado di resistere alle malattie e ai parassiti, produrre alimenti più validi sotto il profilo qualitativo e nutrizionale.

Oggi l'orizzonte temporale con cui guardiamo l'attività agricola è una generazione; non pensiamo a quelle successive, depauperiamo i terreni con pratiche agricole che sfruttano la terra fino a esaurirla. È un conto che pagheranno i nostri figli.

L'agricoltura biodinamica, da questo punto di vista, fa un grosso

[16] *Biodiversità*: pluralità degli organismi che popolano la Terra e che si influenzano reciprocamente. Si esprime in gradi differenti: si può parlare, infatti, di diversità genetica, diversità a livello di specie o a livello di ecosistema.

passo indietro: ha il comportamento virtuoso dei nostri nonni e il senso di avere in prestito un bene prezioso. La terra.
I cardini fondamentali sono l'attenzione alla biodiversità vegetale e animale, il riguardo verso il suolo e i microrganismi che lo abitano, l'utilizzo del letame maturo come fonte di sostanza organica, il rispetto dei ritmi della natura e del cosmo, la rinuncia alla chimica e la conoscenza dei prodotti naturali per migliorare la vita e la salute delle piante.

> Natura! [...]
> essa parla continuamente con noi,
> e non ci tradisce il suo segreto.
>
> JOHANN WOLFGANG VON GOETHE,
> *Frammento sulla natura*

Biodiversità vegetale e animale. Ogni ambiente viene abitato da specie animali e vegetali diverse, a seconda di temperatura, disponibilità idrica e ore di luce. L'attenzione per tali aspetti favorisce la biodiversità vegetale e animale: pratiche semplici come la rotazione delle colture, la presenza di numerose specie animali e di piante, coltivazioni che si alternano a prati e boschi aiutano a creare un equilibrio straordinario di cui l'uomo è il primo beneficiario.
A Mura Mura non siamo ancora riusciti ad allevare animali, ma siamo molto orgogliosi della grande quantità di piante e colture di cui ci prendiamo cura. L'anno scorso abbiamo piantato quasi due ettari di bosco: querce, pioppi, ontani, ciliegi, noci. Piante piccolissime – la circonferenza del fusto è grande poco più di una sigaretta – che cresceranno lentamente: non ne godremo più di tanto. Lasceremo che siano i nostri figli a farlo.

Il letame. È una risorsa straordinaria.
Abbiamo già spiegato i processi che avvengono durante la maturazione in cumulo: è una fase decisiva e necessaria. Il letame ben distribuito sarà un'eccezionale fonte di sostanza organica, favorirà

la presenza di microrganismi nel suolo (che colonizzeranno le radici delle piante favorendone la crescita), la lavorabilità del terreno e la sua capacità di ritenzione idrica..

I preparati naturali. L'agricoltura biodinamica utilizza solo preparati naturali per migliorare le condizioni di salute delle piante. Decotti, tisane ed estratti servono sia a livello preventivo che curativo, naturalmente facendo attenzione alla qualità dell'acqua utilizzata per la loro preparazione. I vegetali più conosciuti a tal fine sono l'ortica, il tarassaco, l'equiseto, la valeriana e la camomilla.
"Corno letame" e "corno silice" sono i trattamenti fondamentali: letame e silice, dispersi in acqua con una tecnica (la cosiddetta "dinamizzazione")[17] che ne aumenta l'efficacia, vengono spruzzati sulle piante più volte durante l'anno per favorirne la crescita e la salute.

Il rispetto del suolo. È uno degli aspetti più sottovalutati dall'agricoltura moderna.
Il bravo agricoltore sa che tale atteggiamento è un'attenzione imprescindibile per la qualità della sua azienda. Rispetto del suolo significa – oltre a quanto già accennato riguardo la letamazione e la rotazione delle colture – effettuare le lavorazioni con trattori leggeri, evitandone il compattamento: la presenza di ossigeno è determinante per avere un suolo fertile e vivo, facilmente lavorabile.
Durante i periodi di pioggia intensa i suoli fortemente compattati – e l'edificazione selvaggia – sono la causa principale delle esondazioni dei fiumi. Un suolo compatto non assorbe l'acqua piovana: questa non penetra nel terreno e scorre fino a raggiungere un canale di scolo che confluisce in un canale più grosso, poi in un fiumiciattolo, in un affluente e così via fino ai fiumi più grandi. È

[17] *Dinamizzazione*: processo di diluizione di un elemento (in biodinamica solitamente letame o silice) in acqua; il composto viene agitato seguendo una procedura particolare per favorire il processo di omogenizzazione della soluzione.

questo il principale motivo per cui un tempo le esondazioni erano più rare, nonostante gli argini dei fiumi fossero meno efficienti: non esistevano i trattori, e le lavorazioni con gli animali non compattavano i suoli.

L'influenza del cosmo. Le piante – come l'uomo, del resto – devono sviluppare in modo equilibrato i loro organi vitali: le radici, il fusto, le foglie, poi i fiori e di qui i frutti. A tal proposito, secondo la biodinamica *la terra è parte del cosmo* e, inevitabilmente, interagisce con esso: gli agricoltori biodinamici studiano con attenzione i ritmi del giorno e l'influenza di stelle e pianeti sulle piante.
A Mura Mura non facciamo ancora agricoltura biodinamica, ma guardiamo con attenzione a quest'arte per migliorare la qualità della frutta che produciamo.

Ero stato proprio un ingenuo.

Guido mi aveva ripreso: quelli del *New York Times* si sarebbero arrabbiati, forse non avrebbero scritto di noi. Eppure sembrava ormai certo.

Grazie al meticoloso lavoro di Lalla e Monica avevamo ottenuto dalla stampa newyorkese un'attenzione al di sopra delle più rosee aspettative; atterrati nella Grande Mela di sabato, nei pochi giorni che ci separavano dalla fatidica inaugurazione saremmo stati impegnati in una fitta serie di incontri con giornalisti locali e nazionali, persino con la TV giapponese.

I giapponesi: fu quello il primo approccio con la loro cultura. I giapponesi sono ossessionati dalla precisione, si stressano all'inverosimile e fanno tutto con attenzione maniacale. Quell'atteggiamento mi aveva incuriosito. Guido, invece, li guardava rapito.

Il lunedì incontriamo una ragazzotta che lavora per il *New York Sun*, avrà venticinque anni al massimo e un'aria piuttosto svogliata, ma per noi quello è certamente uno degli incontri più importanti tra i numerosi che abbiamo organizzato.

Le offriamo una coppetta di crema di Grom con panna, e ci sediamo ai tavolini in fondo al locale per una chiacchierata. Sarà mezzogiorno. Lei ha l'aria di chi è lì per dovere, più che per piacere: ci ascolta distratta, non sembra che i temi riguardanti gelato, materie prime e agricoltura la appassionino. Ce la mettiamo tutta, ma neanche Guido con il suo atteggiamento da attore consumato riesce a fare breccia.

Poi, ingenuamente, faccio un nome: Jeff Gordinier. "E chi sarebbe Jeff Gordinier?" chiede lei in slang americano strettissimo. Guido mi guarda, sopracciglia alzate, e accenna un lievissimo movimento della testa, come a dire "... non dirlo Fede... non dirlo..." In un certo senso non so come tacere o, meglio, come rimediare: continuo il racconto con la stessa ingenuità e le spiego che il direttore della famosa rivista fashion *Details* era venuto da noi in negozio in compagnia del responsabile dell'inserto *food* del *New York Times*, suo amico carissimo, e delle rispettive famiglie. Avevano assaggiato il gelato, esattamente come lei, ma si erano dimostrati ben più entusiasti. Eravamo in debito con Jeff: durante un viaggio in Italia aveva assaggiato il nostro gelato e ne aveva parlato con l'amico del *Times* che, incuriosito, aveva subito mandato il corrispondente per l'Italia, Ian Fisher, a farci visita in laboratorio.

Forse Ian avrebbe scritto un articolo su di noi. Forse.

Guido aveva le mani nei capelli: aveva paura che, se la ragazza avesse scritto un pezzo su di noi, anche piccolo, la notizia della nostra apertura non sarebbe più stata una novità e quindi il *Times* non ne avrebbe parlato.

Lei, invece, saltò in piedi come colpita da una scossa elettrica. Sembrava indiavolata. Chiamò immediatamente il primo fotografo disponibile in redazione, ordinandogli di venire subito al negozio.

Nel frattempo squillò anche il mio, di cellulare. Dovevo ritirare il materiale necessario all'apertura: coni, coppette, tovagliolini e tutto l'occorrente per accogliere al meglio gli americani il giorno dell'inaugurazione, sabato. Il tutto si trovava in un magazzino del New Jersey. Salii su un camion di dimensioni mastodontiche e, con in testa il pensiero di "Sono Caronte guido il bisonte...", una barzelletta *trash* che racconta sempre Guido (e che purtroppo non posso riportare qui), mi allontanai verso il tunnel che collega Manhattan al piccolo stato a nord-est di New York.

Non faccio in tempo a tornare, verso sera, che vedo Guido ridere sornione: il fotografo era venuto un paio d'ore prima; il mio socio si era fatto fotografare, belloccio come sempre, a fianco della vetrina del negozio.

Con il *Sun* meglio di così non poteva andare: il giorno dopo, seduti in uno Starbucks a fare colazione, Guido e io scopriamo che siamo in seconda pagina, e ne occupiamo quasi un terzo. Immaginiamo che quella ragazza si fosse presentata in redazione e, tutta trafelata, avesse spiegato che il *Times* stesse preparando un articolo su di noi, da pubblicare sull'inserto *food* che esce il mercoledì. La redazione, avvertendo la possibilità di fare un piccolo scoop, ci aveva dato più spazio di quanto avremmo mai creduto.

Tutto bello, ma l'articolo del *New York Times* – mi disse Guido – ce lo eravamo giocato.

Non andò così.

Quella notte a New York non riuscivo a dormire.

Il fuso orario, le emozioni, i giornalisti. La speranza dell'articolo sul *New York Times*.

Temevo fosse ormai impossibile, ma ci speravo ancora: il feeling che avevamo avuto con il direttore della sezione *food* del *Times* era stato notevole, e i bambini della sua splendida famiglia avevano letteralmente fatto indigestione di gelato. Il suo amico, che dopo pochi minuti chiamavamo confidenzialmente solo Jeff, aveva fatto i versi più curiosi, nel classico atteggiamento entusiasta che hanno gli americani quando assaggiano qualcosa di mai provato prima. Era tutto un "Oh my God!", "That's fabulous!", "You're really great guys!"

Una cosa mi era dispiaciuta, e mi aveva un po' imbarazzato: Jeff ci aveva ripreso per il fatto che in negozio non facevamo la raccolta differenziata. Ma a quello avremmo pensato un altro giorno.

In albergo (l'Alex, impossibile dimenticarlo: era ben al di sopra dei nostri mezzi, ma la direttrice era un'amica di Lalla e ci aveva riservato una tariffa molto bassa) ogni mattina ci facevano trovare il *New York Times* davanti alla porta.

Quella notte, occhi a palla, fissavo il soffitto immaginando la nostra inaugurazione, ricordando gli incontri di quei giorni e pensando a quelli successivi.

Verso le cinque del mattino sento un rumore leggero dietro la porta d'ingresso della stanza.

È arrivato. Mi aspetta. È lui. Striscio come un felino fuori dal letto e mi ritrovo subito elefante quando urto con la gamba la scrivania, facendo quasi cadere un grosso vaso di fiori.

Reprimo un urlo di dolore. Fede rantola qualcosa, ma non si sveglia. Mi avvicino all'ingresso, apro lentamente la porta, afferro il giornale e, nel buio della stanza, entro in bagno. Accendo la luce.

Non so perché, ma i quotidiani americani hanno, tutti i giorni, quattro-cinque inserti. Qual è quello del *food*? Lo trovo subito: riconosco due facce da schiaffi in copertina.

Questa volta reprimo un urlo di gioia: Fede e io siamo lì, belli

belli, in prima pagina con i nostri camici da gelatai e due carapine in mano. Sorriso hollywoodiano e faccia di tolla.

Il *New York Times* ci aveva appena dedicato una pagina intera. Titolo: *Due gelatai di Torino, sperando che New York si sciolga per loro.*

Sono orgoglioso: per me, per Fede, per la nostra città. Un po', nel mio piccolo, per l'Italia.

Non mi trattengo, esco dal bagno e inizio a ballare a perdifiato sul letto di Fede. Il suo spavento si tramuta rapidamente in stupore.

Siamo pazzi di gioia.

"Tips" era la nuova parola da studiare.

Il giorno dell'inaugurazione era stato il più bello della mia vita di imprenditore: il mio nome sulla vetrina – sembrava un film – e tutte quelle persone entusiaste, Chiara di fianco a me, i miei genitori venuti dall'Italia. Indimenticabile.

C'era un'altra cosa che però mi aveva stupito, indimenticabile anch'essa. Un'abitudine che avevano i clienti americani, e che non avevo mai visto in Italia.

Le mance, *tips* in inglese.

Le mance non erano per me né per Guido, naturalmente, ma per i ragazzi che lavoravano negozio: sapevano che la loro gentilezza sarebbe stata premiata dai clienti, che depositavano qualche dollaro nella *boule* di vetro posizionata di fianco alla cassa.

Rispetto a quanto accade in Italia, il comportamento degli americani era totalmente diverso. Per certi versi, ingegnoso: un'attività come la nostra non genera un grosso volume di denaro grazie alle mance, ma avevo scoperto che nei ristoranti americani i clienti lasciavano di prassi il 15-20 per cento del valore del conto come

The New York Times
May 2, 2007

Due gelatai di Torino, sperando che New York si sciolga per loro

di Ian Fisher

SOLO QUALCHE anno fa, Guido Martinetti, un giovane produttore di vino locale, faceva notare al suo amico Federico Grom che la realtà italiana presentava una strana carenza nel mercato. Il gelato italiano era molto buono, aveva osservato, ma pochissime erano le produzioni che seguivano il classico approccio italiano ai cibi e ai vini: l'utilizzo esclusivo di prodotti freschi di stagione, ingredienti di altissima qualità e cura artigianale.

"Dopo averne parlato con Federico me ne sono quasi dimenticato," ha dichiarato Martinetti, 32 anni, "ma una settimana più tardi è venuto da me con un business plan quinquennale."

Ecco come è nato il gelato Grom, che in soli quattro anni, un tempo insolito per una realtà come quella italiana, tanto legata alle tradizioni, ha ampiamente superato il business plan e si è conquistato la fama di essere uno dei migliori. "Straordinariamente buono", lo ha definito uno dei maggiori esperti di gastronomia della zona.

Sabato Grom apre il suo primo punto vendita negli Stati Uniti, all'incrocio tra Broadway e la 76ma strada di Manhattan, e lo fa ponendosi alcune domande con una certa apprensione: gli americani, i cui gusti tendono spesso all'intensità, se non all'ostentazione, sono pronti per un gelato prodotto quasi con la stessa cura dei raffinati vini per i quali il Piemonte è famoso?

E, più concretamente, sono disposti a pagarne il prezzo, che parte da 4,75 dollari per un cono piccolo?

"Voi avete questa cultura — grande, grande in ogni cosa," ha dichiarato Martinetti. "In Italia la vediamo abbastanza diversamente".

"Però credo che quando assaggerete questo gelato, lo troverete più genuino," ha aggiunto. "Più naturale. Sono un ottimista."

Parlava con indosso un camice bianco da laboratorio e una reticella per i capelli, nel laboratorio Grom situato nei pressi dell'aeroporto di Torino, minuscolo ma abbastanza grande per servire gli attuali nove punti vendita in Italia e altri cinque, compreso quello di New York, in procinto di aprire.

L'intera modalità operativa dell'azienda era davanti a noi. Cinque dipendenti stavano affettando le fragole primaverili per il sorbetto, prodotto esclusivamente con acqua minerale San Bernardo del Piemonte. Martinetti era circondato da confezioni di cioccolato ecuadoregno e venezuelano di alta qualità, di pasta di nocciole piemontesi e di vaniglia del Madagascar.

In una grande vasca di acciaio i dipendenti avevano appena versato diverse casse di sherry spagnolo da 30 dollari a bottiglia per un gusto, Malaga, fatto anche con latte, uova biologiche e zucchero (l'uvetta viene aggiunta successivamente). Martinetti ha immerso un comune bicchiere di plastica nella vasca e vi ha infilato il naso come se fosse un bicchiere del Barolo prodotto dalla sua famiglia.

Ha annusato e poi assaggiato. È forse un termine pretenzioso da utilizzare per un gelato, ma forse la definizione più adeguata – oltre a "delizioso" – sarebbe "equilibrato", con ciascuno degli ingredienti che si armonizza delicatamente con gli altri, invece di sovrastarli.

"È proprio quello che cerco in un vino come in un gelato," ha dichiarato Martinetti, rinunciando a qualsiasi accenno di snobismo quando ha fatto notare che anche il sapore dolce della Coca Cola non avrebbe così successo se non fosse bilanciato dall'acido citrico.

"Non voglio affermare che sia il gelato migliore in assoluto," ha aggiunto, anche se è chiaro che è questo a cui punta. "Ma è una cosa seria. È prodotto in modo molto serio."

Questa serietà si riflette nel prezzo, che è notevolmente più elevato di quello dei suoi concorrenti. Il Laboratorio del Gelato, nel Lower East Side, che produce anche gelato artigianale di alta qualità, fa pagare 3,25 dollari per la porzione piccola di due gusti, 4,50 dollari per quella media e 5,75 dollari per quella grande. La porzione media di Grom costerà 5,75 dollari, la grande 6,75 dollari. La porzione "grandissima" di Grom – un concetto non proprio

The New York Times

May 2, 2007

italiano, nonostante anch'essa sia in vendita da queste parti – costerà 9 dollari.

"Si tratta di un approccio diverso," ha dichiarato Grom, 34 anni, che lavorava come dirigente d'azienda prima di dedicarsi a tempo pieno all'azienda che porta il suo nome, da due anni a questa parte. "Ci auguriamo che i clienti accettino questa idea e la comprendano. Sicuramente non puntiamo sulla quantità. Noi vendiamo qualità."

"Siamo convinti che New York sia pronta per questo".

Sicuramente a New York non manca né l'ice-cream americano né il gelato italiano di alta qualità – che contiene meno grassi di origine animale e viene montato con meno aria rispetto alla sua versione americana.

Jon Snyder, il guru newyorkese del gelato, proprietario del Laboratorio nonché colui che ha creato e commercializzato la catene di gelaterie Ciao Bella, ha dichiarato che anche se il prezzo di Grom è più alto, i newyorkesi sono disposti a pagarlo se la qualità del prodotto lo giustifica.

"A New York e in determinate città, puoi chiedere praticamente qualsiasi prezzo tu desideri," ha dichiarato, anche se ha aggiunto che i suoi prezzi riflettono il fatto che la sua clientela al dettaglio non è propriamente benestante. "Se proponi un prodotto di qualità, la gente viene e acquista."

Anche se gli capita spesso di venire in Italia, ha dichiarato di non aver ancora provato Grom da queste parti ed è "impaziente" di visitare la gelateria di New York e vedere come se la cava.

"Sono spesso deluso dai prodotti degli altri," ha dichiarato. "È bello vedere qualcuno che apre un nuovo negozio ed esserne colpito."

In Italia – paese di patrimoni ereditati, attività strettamente familiari e imprese spesso vanificate dalla burocrazia – Martinetti e Grom spiccano decisamente, a prescindere dall'eventuale successo del loro gelato a New York.

Anziché dipendere dai propri genitori, i due hanno chiesto dei prestiti per avviare Grom per conto proprio. La loro espansione in Italia – con negozi affollati da lunghe file in svariate città, tra cui Torino, Milano e Firenze – è inusuale per un'attività aperta da così poco tempo (e il fatto che abbiano trovato più attraente aprire un esercizio a New York piuttosto che a Roma, dove non hanno nessun punto vendita, la dice lunga sulle difficoltà che si riscontrano in Italia per aprire un'attività. Affermano di non avere i "partner adatti" nemmeno per tentare più a Sud – Napoli, per esempio, o la Sicilia).

Inoltre, hanno ideato una nuova modalità attraverso cui rifornire di gelato i loro punti vendita – un modello che rende meno difficile aprire a New York, o da qualsiasi altra parte, di quanto avrebbe potuto essere.

Di solito, le gelaterie italiane stipulano contratti per la fornitura degli ingredienti, poi li uniscono e montano il gelato in loco, secondo le proprie ricette. Martinetti e Grom hanno sviluppato un modello diverso quasi per caso: il gelataio del loro primo negozio, qui a Torino, è rimasto coinvolto in un incidente con lo scooter, e Grom e Martinetti, mentre erano ancora impegnati con i rispettivi precedenti lavori, sono stati costretti a fare il gelato da soli di notte. E non hanno dormito molto.

Avendo già in programma di aprire altri negozi, si sono resi conto che il loro margine di reazione agli imprevisti era molto ridotto. Un altro incidente o una malattia di un singolo gelataio avrebbero potuto provocare la chiusura di un negozio. Hanno quindi deciso di centralizzare.

Adesso la miscela liquida di tutti i loro gusti – venti al mese, variando man mano che la frutta di stagione cambia – è prodotta interamente presso questa piccola fabbrica, viene inserita in sacchetti a temperatura controllata e spedita a ogni negozio. Qui viene mantecata, aggiungendo gli ingredienti finali come uvetta o scaglie di cioccolato.

Questo consente loro di esercitare un controllo completo sulla qualità del gelato – un concetto che Martinetti approccia con una tale ortodossia che persino suo padre, un maniacale produttore di vino di alta qualità, definisce suo figlio "un talebano". Per essere sicuri di avere a disposizione la frutta migliore, hanno acquistato una vigna nei pressi di Torino e stanno sradicando le viti per piantare al loro posto la propria frutta: fragole, meloni, albicocche, pesche, lamponi e fichi.

Per tutti coloro che si chiedono le origini del nome Grom, non si tratta né di un'idea di marketing né di un simpatico acronimo che inizia con "gelato" e termina con "mangiare." Si tratta semplicemente del cognome del signor Grom e riflette la tradizione dei produttori di vino di mettere sull'etichetta il nome della famiglia.

Poco prima dell'apertura della loro prima gelateria nel 2003, Martinetti ha sorpreso Grom, insistendo perché l'attività prendesse il suo nome. Grom afferma di essere stato terrorizzato da ciò, ma Martinetti ha razionalmente pensato che il proprio nome era già sull'etichetta dei vini di famiglia.

"Quando produci cibo di elevata qualità, devi metterci sopra il tuo nome," ha dichiarato Martinetti.

mancia. E avevo scoperto che lo stipendio della maggior parte dei camerieri era molto basso, decisamente inferiore a quello italiano, ma raggiungeva cifre notevoli grazie a quel meccanismo.

I più bravi arrivavano ad accumulare fino a cinquemila dollari. Al mese.

Semplicemente geniale: i camerieri erano fortemente incentivati a essere accoglienti e professionali, i loro stipendi costituivano per l'azienda un costo più accettabile, e la maggior parte del denaro guadagnato era disponibile subito e in contanti.

Gli americani sono dei maghi della praticità, non c'è dubbio.

Per noi in realtà quel sistema era penalizzante: l'acquisto di una coppetta ha un costo di gran lunga inferiore rispetto a una cena al ristorante, e le mance per i nostri conisti sarebbero state ben più basse rispetto a quelle dei camerieri che lavorano nei locali alla moda. Questo voleva dire che a New York sarebbe stato più difficile, per noi, assumere i talenti migliori: avrebbero guadagnato quasi tre volte di più lavorando in un ristorante.

Quel sistema così semplice per stimolare i dipendenti a dare il meglio era davvero efficiente: solo grandi motivazioni avrebbero portato grandi sorrisi. Era una bella lezione.

Una lezione che intendevo portare in Italia.

Volevo rivoluzionare il sistema di bonus dei nostri collaboratori.

Gianni Rodari

Bisogna solo imparare a guardare e ascoltare, diceva un grande poeta: Gianni Rodari.

Figlio di un fornaio, Rodari come De André aveva capito che i fiori sono all'origine della vita, e che le cose di ogni giorno meritano di essere guardate attentamente: con il cuore.

A noi non rimane altro che ammirare il suo talento.

Ci vuole un fiore

Le cose di ogni giorno raccontano segreti
a chi le sa guardare ed ascoltare...

Per fare un tavolo ci vuole il legno
per fare il legno ci vuole l'albero
per fare l'albero ci vuole il seme
per fare il seme ci vuole il frutto
per fare il frutto ci vuole un fiore
ci vuole un fiore, ci vuole un fiore,
per fare un tavolo ci vuole un fio-o-re.

Per fare un fiore ci vuole un ramo
per fare il ramo ci vuole l'albero
per fare l'albero ci vuole il bosco
per fare il bosco ci vuole il monte
per fare il monte ci vuol la terra
per far la terra ci vuole un fiore
per fare tutto ci vuole un fio-o-re

Per fare un tavolo ci vuole il legno
per fare il legno ci vuole l'albero
per fare l'albero ci vuole il seme
per fare il seme ci vuole il frutto
per fare il frutto ci vuole il fiore
ci vuole il fiore, ci vuole il fiore,
per fare tutto ci vuole un fio-o-re.

musiche di SERGIO ENDRIGO,
LUIS ENRIQUE BACALOV
testo di GIANNI RODARI

DEDICATO A TUTTE LE ORCHESTRE DEL MONDO

E A COLORO CHE DESIDERANO SUONARE INSIEME

MUSICA

Piango • L'orchestra
L'Italia come Disneyland • Il siluro • I bonus
Shintaro San • Un buchino, in effetti, ci sarebbe...
Piccola rivincita • Meloni divini

Il 2007 è stata un'annata incredibile.

Mura Mura, New York, i tanti ragazzi che concorrono al sogno di Grom.

Eppure, sto piangendo.

Non è un pianto di gioia, né di dolore fisico. È un pianto di sconforto.

Siamo in ufficio, seduti in sala riunioni, e per la prima volta analizziamo il bilancio che, in linea con l'andamento stagionale della nostra attività, abbiamo chiuso pochi mesi prima, il 30 di settembre.

Emanuele, il nostro giovane commercialista, è sorpreso dalla crescita aziendale.

Grom sta diventando quella che molti definiscono "una bella storia". I numeri sono gratificanti: gli investimenti hanno portato ad assumere molte persone in più – siamo ormai un centinaio – a cui offrire nuove responsabilità e retribuzioni migliori. Abbiamo quasi raddoppiato il fatturato. Siamo pronti, quinto anno di fila, a reinvestire tutti i guadagni: nuovi negozi, assunzioni e così via.

Un circolo virtuoso.

Eppure, quando arriviamo a leggere l'utile, i miei occhi si fanno prima sorridenti, poi lucidi.

Ema ci legge l'utile lordo; è molto buono: 251 mila euro. È una cifra che non avrei mai sognato di raggiungere pochi anni prima. Ho trentatré anni, quattro anni fa ho aperto una gelateria in venticinque metri quadrati: quel numero mi sembra incredibile.

Poi Ema ci legge l'utile netto, ciò che rimane dopo aver pagato le tasse (IRES e IRAP); è di 102 mila euro. Paghiamo 149 mila euro di tasse, il 59,4%.

"Cacchio, Ema, ma noi reinvestiamo tutto, creiamo occupazione!" dico concitato, quasi alzando la voce, al mio commercialista. Fede, gomiti sul tavolo e mani nei capelli, mi guarda, anch'egli sconsolato.

Mi alzo e proseguo infervorato: "Ci indebitiamo per fare nuovi investimenti. Potremmo metterci i soldi in tasca, invece ogni anno prendiamo nuovi rischi, assumiamo pure un casino di gente!" Sembra quasi che lo stia pregando di dirmi che quel numero non è vero.

59,4%, non può essere vero.

È vero.

Scopro, mi dice Emanuele, che la musica è quella: più assumiamo, più ci indebitiamo, più l'IRAP è alta. Più creiamo occupazione, più rischiamo, più elevate sono le tasse che paghiamo.

Mi sento usato dal mio paese.

Piango.

L'immagine che avevo in testa era quella di una grande orchestra.

Il direttore, i musicisti, una musica condivisa: ognuno impegnato nel proprio ruolo, concorrendo all'armonia comune.

Il coro mi seduce, non una voce sola.

CHARLES BAUDELAIRE,
I fiori del male

Alla fine del 2007 lavoravano per noi ormai un centinaio di persone, e la responsabilità per due ragazzi poco più che trentenni si faceva importante. Entrava in gioco un aspetto determinante, che fa la differenza nelle organizzazioni complesse: la motivazione delle persone; era nostro compito immaginare quale fosse il modo migliore perché ognuno desse il meglio di sé. Naturalmente un aspetto è la retribuzione: deve saper valorizzare il talento, dote di cui eravamo, siamo, saremo affamati. Le doti più importanti sono qualità semplici, in realtà: educazione, onestà, rispetto per gli altri; caratteristiche che non possono mai mancare.

Sullo stesso piano della retribuzione economica metto poi ciò che a me piace chiamare la "retribuzione emotiva": è la possibilità di assumere nuove e più importanti responsabilità e costruire la propria carriera sapendo che il merito viene premiato.

Purtroppo, il diritto del lavoro in Italia non consente sempre di premiare il merito, come vorremmo invece accadesse nelle nostre gelaterie. Se ritengo un responsabile meno capace del suo vice non posso promuovere il secondo e retrocedere il primo: è "demansionamento".

La conseguenza è che chi raggiunge posizioni di responsabilità si sente sempre "al sicuro" e, talvolta, non dà il meglio di sé. Colui che deve subire l'incapacità del superiore è frustrato, demotivato, e si disamora del proprio lavoro. Smette di sognare.

Promuovere la persona che non lo merita o, peggio, sbagliare un'assunzione, è un errore imperdonabile; demotiva gli altri e compromette l'armonia della squadra

Il fatto che in Italia non fosse possibile pensare a un sistema come le mance, perfetto per premiare la professionalità dei dipendenti, suscitava in noi molte domande: come avremmo fatto a motivare le persone migliori? Questo atteggiamento sarebbe stato compreso?

Era fondamentale che lo fosse: sarebbe diventato uno stimolo per tutti. Fu così che Guido e io analizzammo a tavolino la situazione e ci inventammo alcune piccole soluzioni.

Dovevamo ripetere l'esperienza vissuta con il laboratorio di Mappano: decostruire il processo e ricostruirlo con la mente libera. Dovevamo pensare al nostro modello e migliorarlo.

Era il momento di pensare a come premiare le persone più in gamba.

Era il momento di pensare a come attrarre e trattenere talenti.

Questa volta il dolore lo sento in un'altra parte del corpo.

Ben assestato in un luogo preciso.

Fede in questi anni è diventato davvero competente: siamo all'inizio del quinto anno di attività e ormai conosce bene il mercato degli esercizi commerciali e le dinamiche che lo muovono.

Ha costruito un'ottima rete di relazioni con i broker – i professionisti che trattano i negozi – e ci sa fare anche nelle pubbliche relazioni.

Ogni tanto lo seguo in giro per l'Italia. Mi mostra piazze, vie, statue. Mi segnala le posizioni dei negozi di marchi più o meno famosi. Conosce il prezzo di affitti e buone uscite, e tra un negozio e l'altro ci fermiamo ad ammirare una fontana, una chiesa, e i magnifici monumenti presenti ovunque nel nostro paese.

"L'Italia è splendida, dovremmo vivere di turismo," mi dice sempre. "I turisti vengono qui, sorridono, e noi gli offriamo la

Disneyland che i nostri antenati ci hanno costruito nei secoli: il nostro patrimonio artistico." Penso che non si sbagli. "Poi quando sono stanchi si siedono a un tavolo e gli proponiamo la nostra fantastica cucina locale... e pure un po' di gelato!" Mi è diventato un esperto di gastronomia. Siamo a posto. Ma, ancora, non sbaglia.

Fede mi insegna persino qualche detto locale, tipo: *So na botega de canton fa schei anca on cojon!* (in un negozio d'angolo fa soldi anche un... *cojon*!). Che abbia imparato un detto veneto mi stupisce, non mi sorprenderei glielo avesse insegnato Luciano – il nostro affiliato di Padova – ma la cosa non mi interessa più di tanto: ciò che mi interessa è che Fede mi fa sempre ridere.

Un bel giorno arriva un bellissimo *canton*, in una città importante: sembra un'occasione da non perdere; si affaccia da un lato su un'importante via commerciale e dall'altro su una famosa piazza.

La richiesta di buona uscita è elevata e il broker è perentorio: l'attuale affittuario chiede duecentotrentamila euro, non di meno. Io guardo Fede, il Negoziatore. Il posto gli piace, sembra pronto a uno dei suoi fantastici show.

A me non resterà che comperare pop corn e patatine, sedermi comodo al suo fianco durante la trattativa e, silenzioso, godermi lo spettacolo.

Arriva il giorno dello spettacolo.

Il Negoziatore è elegante, vestito blu, cravatta con delicato motivo a fiorellini, e mi prende in giro per polo slabbrata e scarpe precolombiane (*pensare che pochi anni fa era il contrario, ero io a prendere in giro lui: si vede che il Negoziatore ha imparato a vestirsi a forza di frequentare i negozi dei centri cittadini. Gastronomo ed elegantone. Ottimo.*)

Sono le cinque di un piovigginoso, freddo pomeriggio di metà febbraio, e noi ci presentiamo nell'ufficio di colui che cede l'attività, proprio sopra il negozio.

Fede è in forma, e con la controparte sembra la sfida tra Borg e Connors: palle pesanti, da fondocampo. Colpi puliti, molti d'anticipo, ma nessuno viene a rete. In buona sostanza, nessuno vince: dopo tre ore, serrate, sospendono la sfida per oscurità.

È un pareggio: il negozio con duecentomila euro è nostro; è la cifra che, in fondo, desiderava ottenere il venditore. Fede è un po' seccato, sperava di raggiungere un accordo più vantaggioso, ma io sono soddisfatto: è una somma importante, il broker ci aveva avvertito che la cifra era poco trattabile. Ma il locale è fantastico e ci consentirà di migliorare la nostra presenza in quella città. La via pedonale, poi, ha tanti negozi di giocattoli: mi immagino già i bambini con il naso sporco di gelato e una coppetta Pantone 287, in mano.

Poi, preciso e doloroso, arriva il siluro.

Quel giorno lo ricordo bene: venerdì 15 febbraio 2008, metà pomeriggio.

Uffici di Mappano. Fede è alla scrivania, davanti a me.

È al telefono, la conversazione è cordiale, poi, di colpo, il mio socio si zittisce. Apre la bocca, senza accorgersene, allibito da ciò che sta ascoltando. Dopo un paio di minuti di silenzio e sguardi sbigottiti, dice al suo interlocutore poche, semplici, parole: "Non ce la facciamo. Abbandoni."

Mette giù la cornetta, incrocia le gambe, e si distende sulla sedia.

"Quattrocentomila Guido. Sono diventati quattrocentomila euro. Non staremmo in piedi."

Non capisco.

Fede mi spiega che al telefono era il broker, stavano parlando del negozio all'angolo, quello per il quale sembrava ci fossimo accordati per la buona uscita. Con la consueta lucidità, racconta quanto ha appena sentito: all'ultimo minuto, sembra, si era presentato un imprenditore – un noto operatore del settore *food* sul mercato da molti anni – e aveva offerto all'attuale affittuario duecentomila euro. Quanto noi, ma in nero.

Il vecchio inquilino aveva rivelato al broker che avrebbe preferito cedere l'attività a noi, con regolare contratto, piuttosto che avere del denaro in nero, in contanti, difficile da gestire. Per pareggiare quell'offerta, però, avremmo dovuto raddoppiarla, perché dopo aver pagato le imposte rimanesse in tasca al venditore la stessa cifra.

Avremmo dovuto investire quattrocentomila euro: impossibile. Nessuna banca ci avrebbe finanziato quella cifra, né l'attività sarebbe stata in piedi pagando l'ammortamento che avrebbe comportato quell'esborso.

Un balordo, così, ci aveva soffiato il negozio grazie ad anni e anni di incassi in nero.

Non potevamo competere.

Questa volta non piango: sono impegnato a pensare in quale farmacia, a Mappano, posso trovare un bel flacone di vaselina.

Perso il negozio, pazienza.

Capiterà di peggio, a Roma, la primavera successiva. Ma non lo so ancora.

Nel frattempo l'estate è alle porte e a me interessano i bonus e la valorizzazione delle persone. Desidero che l'azienda cresca, ma per poterlo fare in modo sostenibile dobbiamo circondarci di persone straordinarie. Coinvolgo Guido nelle riflessioni sul sistema di remunerazione che intendo adottare, e stabiliamo che sta diventando sempre più importante incentivare le persone che ci affiancano.

Due sono i modi per motivare i collaboratori.

Il primo riguarda l'aspetto emotivo, l'altro, più semplicemente, è legato alla retribuzione: è fondamentale premiare le persone per la qualità del loro lavoro.

Ecco che cosa abbiamo cercato di fare.

Bonus

Aspetti emotivi. *Reinvestire tutti gli utili* generati dall'attività. È importantissimo.

Guido e io abbiamo uno stipendio, come tutti, ma non distribuiamo utili a fine anno; vengono destinati alla crescita dell'azienda: le risorse sono dedicate prevalentemente ad aprire nuovi negozi e a migliorare le tecnologie di produzione.

Per i ragazzi sono tutti stimoli fondamentali: significano nuove opportunità di carriera e nuove responsabilità. Possono diventare professionisti più capaci e preparati.

La *crescita professionale dall'interno*, dal basso verso l'alto.

Pochi inserimenti dall'esterno per gli incarichi importanti.

Abbiamo capito chiaramente come, nel nostro settore (specialmente nella parte commerciale, cioè nei negozi), non ci sia nulla che non si possa imparare. Si tratta solo di saperlo insegnare al meglio. È per questo motivo che abbiamo deciso di mettere nelle posizioni di responsabilità ragazzi che, partiti come semplici conisti, avessero dimostrato negli anni – talvolta in pochi mesi – affidabilità e capacità personali.

Valorizzare i giovani: un giovane che sogna di migliorare se stesso è energia pura.

La responsabile commerciale, Mariele, ha ventotto anni; dalla primavera 2012 gestisce circa seicento persone. Patrizia, la responsabile della formazione, ha trentasei anni.
Siamo orgogliosi di loro. Il lavoro più importante, però, lo fanno i genitori: un ragazzo educato e per bene, che ha voglia di impegnarsi e crescere, che costituisce un buon esempio per gli altri è, prima di tutto, il risultato di un bravo padre e una brava madre.

Aspetti retributivi. Abbiamo immaginato tre livelli di bonus: a breve, a medio e a lungo termine.
Nel *breve termine* organizziamo piccole gare periodiche, che coinvolgono tutta la rete dei negozi e premiano le rispettive squadre di lavoro. Ad esempio: la gelateria che vende più frappé nel mese di maggio o quella che vende più sorbetti a ottobre.
La valutazione avviene in senso proporzionale, vale a dire in termini percentuali rispetto alle potenzialità di ogni punto vendita. Questo per mettere sullo stesso piano negozi più o meno grandi offrendo a tutti la possibilità di vincere.
Generalmente si tratta di piccoli premi, ad esempio uno Swatch, che diventano un simbolo da mostrare con orgoglio, ricordando lo spirito di squadra che ha contribuito a ottenere la vittoria.
Abbiamo istituito i bonus *a medio termine*: annuali, legati ai risultati. Non solo alle vendite del negozio, ma anche ad aspetti altrettanto importanti quali la capacità di fare team, l'attenzione agli orari di lavoro, la gestione puntuale e ordinata del magazzino.
Organizziamo *gare annuali*, come il titolo di "pannoso dell'anno", che premia (week-end per due in una capitale europea) chi ha venduto più panna, o il titolo di "migliore responsabile di negozio" per chi ha gestito meglio la propria gelateria.

Incentivo sviluppo azienda. E poi c'è il bonus di cui siamo più orgogliosi: ISA.
È una nostra piccola invenzione, e ha un bellissimo nome di donna: è la risposta *made in Grom* a un concetto, quello delle stock option, ampiamente diffuso nelle società quotate.

Le stock option sono un premio riservato ai top manager, ai quali viene data la possibilità di acquistare azioni a un prezzo prefissato, stabilito a una data di riferimento. Se la performance dei dirigenti, negli anni successivi, sarà eccellente, il valore dell'azienda – e, quindi, delle sue azioni – salirà: sarà quindi possibile esercitare il diritto di acquistarle al prezzo prestabilito, ottenendo così un beneficio economico per i risultati del proprio lavoro.
ISA (Incentivo sviluppo azienda), invece, potenzialmente riguarda chiunque, a prescindere dal ruolo: dal conista al manager. Si tratta di un impegno che Grom assume nei confronti del beneficiario, scegliendo tra coloro che hanno testimoniato particolare affezione al proprio ruolo e all'azienda.
ISA prevede che Grom accantoni una certa somma per ogni nuovo punto vendita che apre in Italia o all'estero; tale somma potrà essere ritirata dal collaboratore che ha ricevuto il premio a partire dal suo decimo anno di anzianità lavorativa. Se non viene ritirata, ogni cinque anni la somma incrementa il proprio valore.
Se l'azienda cresce, la prospettiva per chi sottoscrive ISA e resta in Grom trent'anni è di andare in pensione con quasi trecentomila euro lordi in più, oltre al normale TFR.

L'impresa è come un'orchestra.
Una grande orchestra con un'unica ambizione: suonare una musica fantastica, la più bella. Per questo è fondamentale individuare e mettere insieme i musicisti migliori, persone motivate, che credono in un progetto comune.
Persone per bene. L'opposto di colui che avremmo incontrato, a Roma, pochi mesi dopo.

Per fortuna, dopo il siluro del negozio d'angolo, arrivò il Giappone.

Adoro quel paese: persone precise, profonde.

Le aperture dei nuovi negozi in Italia stavano proseguendo e ci preparavamo all'estate del 2008 più fiduciosi che mai. Stavamo anche cercando un negozio a Roma, senza però cavare un ragno dal buco.

Nel frattempo, riflettevamo anche sulle opportunità offerte dal mercato internazionale, considerando che gelati di qualità in giro per il mondo praticamente non ce n'erano, a parte pochi, sparuti gelatai in Francia e Spagna.

Dopo l'inaugurazione del negozio di New York ricevevamo molte e-mail con richieste di apertura di nuove gelaterie Grom. Non potevamo soddisfarle tutte, ma ormai eravamo convinti che fosse possibile continuare il processo di internazionalizzazione, pur a piccoli passi. L'agricoltura e i suoi lunghi tempi di programmazione richiedevano scelte ben ponderate.

Incontravamo molte persone che si dimostravano interessate al nostro modo di fare il gelato, ma la maggior parte di quegli incontri era piuttosto deludente: avventurieri che non capivano né la nostra filosofia né il rigore che questa comportava. Così come ci eravamo organizzati a New York, tutte le miscele dovevano partire dall'Italia e, una volta giunte in negozio, non potevano assolutamente essere modificate.

Per mantenere la qualità il rigore è fondamentale. Quelle persone non capivano il nostro atteggiamento: non avrebbero valorizzato il gelato e, soprattutto, non saremmo stati a nostro agio a lavorare con loro.

La nostra attenzione era rivolta ai mercati più evoluti dal punto di vista alimentare, come la Francia (specialmente Parigi, dove ci stavamo impegnando per aprire un negozio entro la fine dell'estate) e il Giappone. Avevamo sentito dire che in questo paese la frutta raggiungeva prezzi stratosferici, e che per diventare "maestri" di sushi – pochi individui al mondo – erano necessari decenni di gavetta.

Fu così che iniziammo a pensare che quello fosse il luogo ideale per un secondo negozio Grom all'estero.

Shintaro arrivò nel nostro ufficio elegantissimo.

Era innamorato della moda e della cultura italiana: ristoranti come Aimo e Nadia a Milano o Don Alfonso, vicino a Sorrento, non avevano segreti per lui. Le cravatte di Marinella? Ne aveva decine.

Si presentò così, con la consueta formalità giapponese fatta di piccoli inchini, tanti biglietti da visita da distribuire generosamente, e la passione sfrenata per l'Italia. Shintaro aveva un sogno: portare il gelato italiano a Tokyo. La sua principale attività era la distribuzione di gas in tutto il paese, ma questa – ci raccontò – era un'attività ormai ben impostata, che dava ottimi redditi ma scarse emozioni.

Voleva sapere tutto di noi: desiderava visitare Mura Mura, comprendere il funzionamento dei negozi, conoscere il direttore del laboratorio e la responsabile dell'amministrazione.

Sembrava meticoloso e determinato: il partner ideale per un progetto all'estero.

Ci invitò a Tokyo: solo lì, diceva, avremmo capito quanto i giapponesi amino l'Italia e i suoi cibi tradizionali; tra questi, il gelato.

Così, un paio di mesi dopo partimmo per il Giappone, dove non eravamo mai stati, per raggiungere Shintaro. Volevamo capire se fosse lui la persona giusta con cui condividere il progetto di Grom, e se quel paese avrebbe apprezzato la qualità del nostro prodotto.

Non immaginavo però quello che accadde pochi giorni dopo, nel Nord del paese.

Assaggiai un frutto divinamente buono.

Non sono vendicativo.

Quella, però, fu una vera goduria.

Avevo appena prenotato i voli: ci aspettava un interessantissimo viaggio a Tokyo e la visita a Hokkaido, l'isola più a nord del Giappone, zona di eccellenza per la produzione di meloni che venivano venduti al mercato a più di cinquanta euro. L'uno.

Quel lunedì mattina, verso le dieci, ricevetti una telefonata: una donna, architetto.

Chiamava a nome di una ditta marchigiana specializzata in banconi per gelaterie. Un fiume in piena: "Complimenti, Dottor Grom," la voce affettata mi dava la sensazione che persino la D fosse maiuscola, "perché è un vero piacere conoscerla, anche solo telefonicamente," voce sui cinquant'anni, toni tra il viscido e l'untuoso, "spero che presto avremo occasione di incontrarci di persona..." Mi stavo per addormentare per tanti salamelecchi.

Lei proseguì: "Sono l'architetto Giovanna Abc della ditta Xyz..."

Il nome di lei non mi diceva nulla. Quello dell'azienda, invece, lo ricordavo, ben stampato nel cervello.

"Siete davvero in gamba, lei e il Dottor Martinetti, siamo impressionati dal vostro successo! È un po' di tempo che vi seguiamo con grande interesse: sa, non capita spesso che in Italia due ragazzi... in un settore come il nostro, poi...", se non avesse pronunciato l'indimenticabile nome della sua azienda sarei stramazzato sulla poltrona per un sonno ristoratore.

Mentre parlava, la immaginavo. La sentivo avvolta nella nube di uno di quei profumi di cui certe donne amano innaffiarsi. La vedevo strizzata in un tailleur di quelli che non lasciano nulla all'immaginazione, "Dietro da liceo, davanti da museo," avrebbe detto Guido.

"Non esageri," replicai "cerchiamo solo di fare bene il nostro lavoro."

"Troppo modesto, Dottore, troppo modesto. Se lo lasci dire: in questo paese pochi hanno fatto per il gelato quello che avete fatto voi..."

"Grazie, ma, mi creda, c'è solo un po' di fortuna e tanto lavoro, nulla di strabilian..."

"E no!" Mi fermò subito. "Quello che giusto è giusto: diamo a Cesare..." e via con un paio di detti popolari.

"Sa, Dottore, il mio titolare e io vorremmo incontrarvi per discutere la forma di collaborazione più idonea tra le nostre aziende. Siamo entrambi leader di settore, lei mi capisce..."

"Ma veramente non cred..."

"La prego... Il dottor Xyz è interessatissimo a conoscervi. Sa, non possediamo più le tecnologie per realizzare quei meravigliosi banconi a pozzetti che ho visto nelle vostre gelaterie, e ci terremmo tanto a lavorare con voi. Siete i migliori!" Sto per troncare la conversazione, poi penso che nella vita bisogna pur togliersi qualche piccola soddisfazione.

"Guardi, architetto... ehm, architetto...?"

"Mi chiami pure Giovanna. E mi dia del tu!"

Darle del tu non mi sarebbe mai riuscito: "Vede, Giovanna, il mio socio e io siamo molto impegnati in questo periodo..."

"Capisco, certo, ma non vorrà dire di no a una donna..."

"Vede, stiamo partendo per il Giappone e staremo fuori almeno un paio di settimane."

"Mi rendo conto," disse con il tono di chi non è abituato ai rifiuti, "peccato, il dottor Xyz ci teneva così tanto! Non mi faccia fare brutta figura..."

"Be', se le cose stanno così..."

"Proprio così, mi creda..." insistette, rianimata, "farei di tutto per non fare brutta figura con il mio titolare. Capisce, vero?" Capivo.

"Mi faccia vedere se riesco a trovare un buco in agen..."

"Ecco, sì, controlli l'agenda... magari soltanto un buchino..."

"Un buchino... uhm, vediamo, un buchino..." ripetei, mentre mostravo un sorrisetto malizioso a Guido, che osservava dalla sua scrivania stupito. Lasciai qualche secondo di sospensione, fingendo di consultare l'agenda, e strizzai l'occhio al mio socio.

Proseguii: "Un buchino, in effetti... ci sarebbe..." dissi, stiracchiando lentamente la frase.

"Sarebbe meraviglioso, Dottor Grom!" replicò istantaneamente, in un falsetto degno del miglior Michael Jackson.

"Senta,"

"Sì...?"

"Facciamo così," dissi lasciando cadere le parole dalla vetta più alta possibile.

"Mercoledì mattina."

"Vuol dire questo mercoledì? Dopodomani?"

"Esattamente: dopodomani, alle otto. Qui da noi, a Mappano. Pensa di farcela?"

"Sì, certo! Sarà una levataccia, ma mi creda: a costo di partire da qui alle quattro del mattino ci saremo! Mercoledì, alle otto, da voi a Mappano: perfetto!"

"Benissimo. A mercoledì, allora."

"... E mi saluti il Dottor Martinetti!"

"Presenterò." Dissi, abbassando il ricevitore.

Il mercoledì arrivò presto.

E, presto, arrivarono anche le otto.

E, con le otto, il profumo e il tailleur, un gessato modello Sopranos, e una cravatta, color blu elettrico, con un nodo così grande che il tizio doveva aver passato un giorno intero ad avviluppare i due lembi in quel pallottolone.

"Mi tolga una curiosità," dissi andandogli incontro e stringendogli la mano, "di che colore diventa questa cravatta, quando si scaricano le pile?"

"Vedi, cara," disse rivolto al profumo e al tailleur, "è il senso dell'umorismo che distingue i grandi leader dalla gente comune!" E, poi, rivolto a me: "È un vero piacere conoscerla, Dottor Grom!" Esordì cordialissimo, con D maiuscola, denti scintillanti e abbronzatura caraibica.

"Veramente," dissi, battendogli due pacche sulla spalla, con l'aria di un alto prelato che si rivolge a un giovane seminarista, "non è la prima volta che ci vediamo."

Rimase sorpreso. Guardò me e poi il profumo e il tailleur, con un'espressione che significava: "Mi sono perso qualcosa?" Poi si girò di nuovo verso di me.

"Veramente... non mi pare di..." disse allargando le mani, mentre occhi e sorriso diventavano quelli di don Abbondio davanti al cardinale Borromeo.

"Longarone." Dissi, "Mostra internazionale del gelato artigianale. Novembre 2002."

"Proprio non ricordo, mi spiace..." si schermì, gettando a profumo e tailleur un'occhiataccia che significava: "Perché non mi hai avvertito?" Lei scosse il capo, allargò le mani e sollevò le sopracciglia: "Non capisco cosa stia succedendo..." Intendeva.

"Ricorda il mio socio?" chiesi presentando Guido, che fino a quel momento era rimasto alla sua scrivania, immerso nei cristalli liquidi del PC.

"Guido Martinetti, piacere," disse Guido. Gli occhi dell'architetto lo squadrarono, languidi, da capo a piedi: il nostro Jude Law fa sempre la sua figura. Non lo invidiavo, in quel caso.

"Lei non ricorda," disse Guido, che già pregustava la scenetta "ma noi ci ricordiamo perfettamente di lei!"

"Mah, io proprio non..." sussultarono il gessato e la cravatta.

"Sei anni fa ci siamo rivolti a lei per il preventivo di un bancone a pozzetti e non solo ci ha trattato a pesci in faccia, ma si è addirittura rifiutato di farci un'offerta."

"Rifiutato? Io? Impossibile! Io non ho mai..."

"Com'è che ci ha risposto, Fede, ti ricordi?"

"Parola per parola!" Non riuscii a trattenere un mezzo sorriso di soddisfazione.

"Non perdiamo tempo," recitai "vedete, se sono arrivato dove sono arrivato è perché mi sono dato una regola che ho sempre rispettato: lavorare con clienti che mi diano la certezza di pagare puntualmente, e voi ragazzi... fallirete così in fretta che non fareste nemmeno in tempo a pagarmi la fattura!"

"Come vede," riprese Guido, "non solo ci ha trattato a pesci in faccia, ma ci ha anche preso per pezzenti. Ci dica: è questo che distingue i grandi leader dalle persone comuni?"

"Dunque mi avete fatto venire qui solo per ricordarmi..." osservò, disarmato, mentre la faina lasciava il posto a un galletto spennacchiato che avvertiva profumo di brodo.

"Per ringraziarla invece," lo interruppi.

"Davvero, non capisco..." la mano sinistra si intrufolò ravanando tra collo e camicia.

"Abbiamo imparato a non sottovalutare i giovani. Specialmente quando hanno buone idee e volontà da vendere."

"Vi dispiace se mi siedo...?" tossirono il gessato e la cravatta, che, nel frattempo, scivolava verso un blu sempre meno acceso.

"Veramente sì," dissi, senza falsa cortesia. "Stiamo partendo e non abbiamo molto tempo. Grazie per essere venuti fin qui." Aggiunsi, lapidario, accompagnandoli alla porta.

"Se non volete umiliarmi, allora cosa..."

"Per carità... Umiliarla? Noi vogliamo aiutarla..."

"In che senso, scusi?"

"Nel senso che magari questo incontro le eviterà di commettere simili errori in futuro."

"Errori..." Ancora non capiva. A quel punto, persino le pile della cravatta avevano dato forfait.

"La prossima volta che due ragazzi si rivolgeranno a lei per un consiglio, li guardi in faccia e li ascolti, magari solo cinque minuti. Cinque minuti non si negano a nessuno, perché nessuno sa dove si nascondono le buone idee."

"Mi creda," intervenne Guido, "non c'è peccato più grande che distruggere un sogno. Solo i grandi sogni fanno fare grandi passi avanti." Il mio socio gongolava per la bella predica.

"E adesso," dissi, accompagnando galletto & gallina verso la porta, "scusateci, ma anche noi rispettiamo da sempre una piccola regola: dalle nostre parti niente coloranti, niente emulsionanti, niente additivi. Tanti saluti. L'aereo ci aspetta."

Il Milano-Tokyo fu un volo particolarmente piacevole.

Ancora più piacevole, però, fu ricevere una grande lezione di agricoltura da un signore giapponese, pochi giorni dopo.

Un signore che aveva ottant'anni e coltivava meloni, poi rivenduti nei migliori negozi di frutta del centro di Tokyo.

All'equivalente di cinquanta euro l'uno.

Normalmente sono dieci, qualche volta, dodici.

Da lui erano quattro.

Quel signore minuto, anziano, che si muoveva serafico con una bicicletta tra le serre della campagna di Hokkaido, lasciava un carico di soli quattro meloni per pianta. Non avevo mai visto una cosa del genere, ma la logica era chiarissima: la stessa logica che applicavamo alle piante di Mura Mura; l'energia disponibile per ogni frutto, generata dall'apparato fogliare della pianta, sarebbe stata più del doppio.

Solo che, per i meloni, non lo avevo mai visto fare da nessuno.

Shintaro ci aveva portato sin lì dopo aver impiegato qualche giorno a spiegarci che tipo di città fosse Tokyo e che popolo fossero i giapponesi. Avevamo camminato per chilometri – Shintaro non cammina, marcia veloce come un atleta di mezzofondo – e avevamo visto di tutto: i grattacieli del quartiere di Ginza, i viali alberati di Omotesando, e il più popoloso incrocio del mondo, quello al centro di Shibuya. Avevamo ascoltato i suoni dello *hyoshigi*: il semplicissimo strumento musicale, costituito da due pezzi di legno legati tra loro, che dà l'avvio alle performance teatrali.

Ci aveva portato nei ristoranti tradizionali: volevamo assorbire tutto di quella cultura, ma non avremmo mai immaginato che *sushi* e *sashimi* fossero, sostanzialmente, piatti poco rappresentativi della cucina giapponese. I cibi più diffusi non erano a base di pesce crudo, ma pietanze più impegnative, come il maiale fritto e impanato nel sesamo, il *tonkatsu* – semplicemente divino – oppure lo *shabu shabu*: sottili fettine di carne, perfettamente marezzate dal grasso, lessate nel brodo.

I giapponesi, poi, erano pazzi per la moda e la cultura italiana: in realtà non sarebbe stato necessario andare fino a Tokyo per scoprirlo, ma notare quanto fossero apprezzati i brand italiani ci aveva motivato ancora di più.

Venne finalmente il giorno del viaggio a Hokkaido: partimmo con un volo interno dall'aeroporto di Haneda in tarda mattinata e nel primo pomeriggio, dopo un breve trasferimento in auto, giungemmo alla piccola azienda agricola. Il nostro ospite, un anziano giapponese, aveva un'ottantina d'anni, mani dalla pelle ruvida sui palmi e quasi trasparente sul dorso.

La superficie del terreno era davvero minima, meno di un ettaro. C'erano quattro piccole serre, ottenute con sottili barre in ferro che formavano archi alti un paio di metri, larghi circa sei. La copertura era un telo di plastica trasparente che proteggeva dalla pioggia – frequente, nella zona – e manteneva elevate le temperature all'interno.

Sotto quegli archi, il regno profumato del signor Akihiko: un centinaio di meloni, perfettamente accuditi, che poggiavano su piccoli supporti quadrati in polistirolo, quindici centimetri per lato, dotati di quattro semisfere che formavano un incavo al centro. Erano veri e propri cuscini su cui giacevano i meloni, utili a non farli toccare terra. Incredibile.

Lì, ci diceva Akihiko, i meloni stavano bene. Lo credo.

Ogni volta che Shintaro traduceva, le mie sopracciglia si inarcavano più: ero sbalordito. Quel signore dedicava ai suoi meloni le stesse cure che avevo visto riservare anni prima, a Margaux, alle vigne di uno dei vini più prestigiosi del mondo. Era orgoglioso e ostinatamente perfezionista con le sue coltivazioni: un lavoro che, certamente, lo impegnava per centinaia di ore all'anno, chino a pochi centimetri da terra.

Akihiko prese un melone tra i tanti, e con un coltellino lo recise di netto per staccarlo dalla pianta. Andammo a gustarlo sotto un piccolo capanno degli attrezzi. Sembrava un rito: mancava solo lo *hyoshigi* ad annunciarlo.

Iniziammo ad assaggiare. L'agricoltore giapponese ci osservava, mani giunte dietro la schiena, impettito nonostante gli ottanta e rotti anni, sicuro di sé. Lì, sotto quel capanno, scoprimmo che la natura non aveva limiti nel regalare all'uomo sapori soavi.

Grazie Akihiko. Salutammo con un inchino, sentito, il nostro maestro giapponese.

Shintaro, mentre tornavamo all'aeroporto, sorrideva: sapeva di averci mostrato fino a che punto può arrivare l'orgoglio giapponese. Un orgoglio che quasi non conosce la fatica, per quel popolo irrilevante rispetto alla gioia del traguardo.

Shinta, confidenzialmente ormai ci aveva dato il permesso di chiamarlo così, ci aveva convinto: sarebbe stato il nostro partner in Giappone.

Il giorno dopo partimmo per l'Italia, pieni di ricordi: tanti maestri giapponesi, ognuno con qualcosa da insegnarci sulla vita e le sue piccole gioie.

Io tornavo con il ricordo delle mani e dello sguardo di Akihiko. Lui, quei meloni, li mangiava con gli occhi. Occhi puliti, di bambino. Akihiko, quel giorno, ci aveva donato una bella lezione di vita.

Non immaginavamo che, due anni dopo e a pochi chilometri di distanza, la lezione di vita più importante ce l'avrebbe regalata un altro bambino.

Con ottant'anni, circa, in meno.

Haka

Uno degli esempi più belli di musica condivisa lo offrono i maori, il popolo polinesiano che vive a nord della Nuova Zelanda.

L'*Haka* è la danza tribale che gli All Blacks, la nazionale neozelandese di rugby, ballano prima di ogni partita, e che rappresenta l'unione e il senso di appartenenza a un unico gruppo. Da ormai più di un secolo il leader della squadra guida i suoi compagni alla sfida contro gli avversari recitando poche significative parole accompagnate da una danza che coinvolge tutto il corpo.

Ma attenzione: non è un rito di guerra. Testimonia come un gruppo di persone, unito e guidato da un leader saggio, possa raggiungere tutti gli obiettivi che desidera profondamente. Anche il sole, scalino dopo scalino.

Ka mate

Ringa pakia!
Uma tiraha!
Turi whatia!
Hope whai ake!
Waewae takahia kia kino nei hoki!
A kia kino nei hoki!
Ka mate, ka mate!
Ka ora, ka ora!
Ka mate, ka mate
Ka ora ka ora!

Tēnei te tangata pūhuru huru
Nāna nei i tiki mai whakawhiti te rā
A upane! ka upane!
Upane kaupane
whiti te rā,!
Hī!

Batti le mani contro le cosce! / Sbuffa col petto. / Piega le ginocchia! / Lascia che i fianchi li seguano! / Pesta i piedi più forte che puoi! / Più forte che puoi! / È la morte, è la morte! / È la vita, è la vita! / È la morte, è la morte! / È la vita, è la vita! / Questo è l'uomo dai lunghi capelli / che ha convinto il sole a splendere di nuovo. / Un passo in su! / Un passo in su! / Un passo in su, un altro passo in su / Il sole che splende! / Alzati!

DEDICATO A CHI CI CREDE

E AL NOSTRO PAESE

INSIEME

L'Italia peggiore
Grom Loves World • Responsabile di emozioni
Un contratto per molti • L'Italia migliore
Tre lezioni in Venezuela • Occhi azzurri, volto affilato
Una vecchia tradizione
Il nuovo consiglio di amministrazione
Un giovane di talento

Incredibile: eravamo riusciti, ormai, ad aprire a Tokyo.

Ma non a Roma.

Io ce la stavo mettendo tutta e quella, ne ero convinto, era la volta buona.

Via dei Giubbonari, poco distante da Campo de' Fiori: grande passaggio pedonale e buona predisposizione ad accogliere attività *food* di alta qualità. La famosa eno-gastronomia Roscioli a due passi.

Ormai ci eravamo vicini: sembrava davvero che nell'estate 2009 il gelato di Grom sarebbe sbarcato anche a Roma. Il negozio che avevo individuato aveva due ampie vetrine, la buona uscita era significativa ma abbordabile, e lo stesso valeva per l'affitto: settemila euro al mese, con tutto quel traffico di persone, sembrava un investimento ragionevole.

Il locale, purtroppo, aveva un solo difetto: era un negozio di abbigliamento, e come tale non aveva l'obbligo di avere il bagno, utenza necessaria, invece, per una gelateria. Uno dei tanti gentili impiegati del comune che avevamo incontrato mi aveva dato la mazzata: siamo in pieno centro storico e in quel contesto sarebbe stato impensabile ottenere prima di un anno l'autorizzazione per avviare i lavori di allacciamento alla rete fognaria.

Un anno, avevo sentito bene.

Impossibile per noi investire tutto quel denaro e poi attendere dodici mesi prima di iniziare l'attività: significava buttare via quasi centomila euro tra affitto e ammortamento della buona uscita.

Poi arrivò lui, il vigile.

Sono di fronte alla vetrina del negozio e discuto animatamente con Tommaso, il nostro architetto. Siamo appena tornati dall'ufficio del comune. Ci sarà pure un modo, insisto, per risolvere il problema. Mi dispiacerebbe perdere un negozio così bello.

"Proviamo a chiedere all'ASL!" dico a Tommaso, con ancora un minimo di speranza.

Lui smorza ogni mia velleità con il consueto atteggiamento serafico, ma tutt'altro che consolatorio: "Non si può fare." Punto.

Insisto: voglio andare all'ASL di riferimento a chiedere ulteriori informazioni. Tommaso non ha finito di scuotere la testa, sconsolato dalla mia insistenza, che l'Italia peggiore si materializza davanti a noi.

Barba rasata, capello corto perfettamente in ordine, la divisa d'ordinanza che cade piuttosto bene sulla corporatura media. Solo la sigaretta tenuta tra pollice e indice, in modo sbruffone, stona con un insieme formale. Tutto preso a discutere ad alta voce dell'ultima prestazione della nazionale e dei gol di Totti è lì, all'angolo, a non più di tre metri di distanza da noi.

Mollo Tommy e lo raggiungo.

"Buongiorno, mi sa indicare l'ASL più vicina per cortesia?" Ho il tono sbrigativo di chi non ha tempo da perdere. Si volta, come scocciato dalla mia domanda: "A via Plinio ce ne sta una." E riprende senza batter ciglio le sue discussioni calcistiche.

Torno da Tommaso e faccio per prendere lo zaino, che avevo lasciato ai suoi piedi. Come rialzo la testa, mi trovo di fronte un nuovo amico. Lui, il vigile. "Ragazzi, a che ve serve l'ASL? " Gentile e disponibile, sorprendentemente informale.

"Vede..." e gli racconto – chissà che non possa darmi informazioni utili alla causa – la nostra avventura: gli dico che sono un gelataio, che mi chiamo Federico Grom e che abbiamo negozi in tante città in Italia e all'estero. Proseguo raccontandogli la volontà di aprire anche a Roma e le difficoltà incontrate. Gli mostro le vetrine alle nostre spalle e gli parlo del problema di allacciamento alla rete fognaria. E delle relative, insostenibili, spese per tenere il negozio chiuso per un anno.

Non finisco il racconto che, gettata la sigaretta a terra, il mio comprensivo ascoltatore mi batte due rincuoranti pacche sulle spalle. "C'è una soluzione a tutto, caro il mio Tron. Ce sta sempre una soluzione..." Sorriso malizioso, per nulla preoccupato di aver davanti, oltre a me, l'architetto dell'azienda. "Quanto te costa tenere chiusa la serranda un anno, Tron? Centomila mi hai detto?" Si guarda ai lati e muove un passo verso di noi, facendosi più vicino. "Noi con quarantamila risolviamo tutto."

Sono sbalordito. Ero diventato in pochi secondi il protagonista di un film degli anni ottanta, ma in compenso sembra ci sia una speranza: "Cioè?" Ho l'aria stupita, ma sono rianimato.

"Lei mi dà quarantamila euro, così, sull'unghia," bisbiglia guardingo, mentre batte il dorso della mano destra sul palmo della sinistra "e in venti giorni al massimo ha il suo allacciamento. Bello funzionante." E giù con una seconda pacca sulla spalla, fastidiosissima.

Il bello, però, doveva ancora venire.

"Guardi, la ringrazio molto," Tommy e io, stupiti di tanta franchezza, sembriamo due bambini alla prima comunione, "ma noi non facciamo nero e non saprei proprio come pagarla. Quindi grazie, grazie davvero, ma devo proprio rifiut..." La terza pacca sulla spalla arriva inesorabile – ancora un po' gli schiaffeggio la mano – e con quella un nuovo bisbiglio: "Non si preoccupi caro Tron, non si preoccupi. C'è sempre una soluzione..."

Sono a dir poco incuriosito da questa nuova soluzione, e lo ascolto in religioso silenzio.

"Lei fa i lavori del bagno insieme con la società che dico io. Quanto ci costeranno? Dieci, quindicimila?" Io e Tommy siamo attoniti. "... Noi aggiungiamo a quei diecimila i miei quarantamila e ci facciamo una bella fattura. Fa cinquantamila, fatturati. Tutto risolto. *Ualà!*" Francesismo d'occasione, schiocco di dita e quarta pacca sulla spalla.

Sposto la mano, arenata sulla mia giacca, raccolgo lo zaino e rifiuto garbatamente la proposta del mio nuovo amico. Voglio andarmene.

"Mi spiace," sono schifato, "ma queste vaccate non le faccio."

Tommy e io salutiamo e ci allontaniamo pesti.

Il negozio, a Roma, lo apriremo un'altra volta.

Non ci avevo messo molto a convincere Federico.

Il modo in cui Jeff Gordinier ci aveva ripreso, a New York, aveva suscitato in noi più di una riflessione.

Jeff era stupito che un'azienda giovane, attenta alla scelta di materie prime e persone, che investe in un'attività agricola, non avesse ancora la dovuta attenzione verso la responsabilità ambientale. "Ma perché non utilizzate cucchiaini in legno, perché non fate la raccolta differenziata, perché non..." ci aveva redarguito quel giorno a New York. E via ancora con una serie di riflessioni puntuali su ambiente, politiche verdi, riforestazione, responsabilità generazionale.

In particolare, la sua analisi in merito alla responsabilità generazionale ci aveva molto colpito: Fede e io abbiamo sempre desiderato una famiglia, e il modo in cui il giornalista americano giocava con i suoi figli, così attento e premuroso, era incantevole.

> Non ereditiamo la terra dai nostri avi:
> ce la facciamo prestare dai nostri figli.
>
> ANTOINE DE SAINT-EXUPÉRY

Nel mondo, però, non esistevano ancora materiali di consumo biodegradabili (la parola corretta è in realtà "compostabili", lo avrei scoperto dopo) per il gelato. Ma Jeff aveva sfondato una porta aperta: Fede e io quel giorno ci eravamo quasi vergognati davanti alla sua piccola ramanzina.

Era giunto il momento di innovare.

Tornato dalla magica settimana newyorkese, avevo iniziato a cercare informazioni su materiali che potessero sostituire la plastica (di cui ormai consumavamo un buon quantitativo), e su altri temi, come la carta riciclata, i regolamenti sulla biodegradabilità e sulla raccolta differenziata.

Finalmente quell'estate eravamo pronti con tutto il materiale: cucchiaini piccoli (per il gelato) e grandi (per granite, frappè e cioccolata calda), coppette, sacchetti e sacchettini, cartone. Persino la carta dei rotoloni, dei biglietti da visita e delle brochure.

Il Natale precedente, durante la festa con i nostri dipendenti, avevamo votato il logo e il nome che avrebbero rappresentato il nuovo progetto: *Grom Loves World*.

Il colore del logo, invece, lo aveva scelto Guido: verde Delleani, Pantone 369. Perché quella tonalità? Non ne ho idea.

Novara. Tutto era partito da lì.

Avevo infatti scoperto che proprio in Piemonte era stato inventato uno dei due materiali compostabili al mondo – l'altro lo avevano inventato in Nebraska – che era in grado di sostituire la plastica per uso alimentare. L'idea di fare i cucchiaini in legno non piaceva a Guido: mi spiegò che il legno lascia un retrogusto amaro, leggermente tannico sul palato; cercavamo così un materiale che avesse un impatto aromatico neutro.

Avevo poi imparato che il concetto di "biodegradabile", in realtà, aveva un significato relativo: tutto è biodegradabile, dipende dall'orizzonte temporale necessario perché un oggetto degradi, diventando materia organica; alcune plastiche, ad esempio, impiegano migliaia di anni. Dire "utilizziamo materiale biodegradabile" non significa nulla: anzi, avevo iniziato a pensare che chi lo diceva non facesse altro che prendere in giro i consumatori.

"Compostabilità", invece, era il processo – regolato dalla norma europea EN 13432 – al quale intendevo fare riferimento: si tratta del processo di degradazione che trasforma gli oggetti in materia organica con condizioni di umidità e temperatura ben determinate e, soprattutto, in tempi ragionevoli: poche settimane.

Dovevamo quindi cercare qualcosa di compostabile che sostituisse la plastica. Esisteva? Fortunatamente sì.

Ciò che stavamo cercando si chiamava "Mater-Bi".

Catia Bastioli, una straordinaria scienziata con più di novecento brevetti depositati, aveva inventato il Mater-Bi pochi anni prima, nel 1993; grazie a quel materiale Catia era stata premiata nel 2007 come Inventore Europeo dell'anno, e noi avremmo potuto sostituire i cucchiaini in plastica, i sacchetti (sia per la spazzatura che per il gelato d'asporto) e il rivestimento interno delle coppette, normalmente realizzato con un sottile film plastico altamente inquinante.

Il Mater-Bi, mi avevano spiegato alla Novamont (l'azienda che lo produce, della quale Catia è amministratore delegato), è una bioplastica ottenuta partendo da oli vegetali e amido di mais: fonti agricole rinnovabili.

Sembrava quindi perfetto anche per essere utilizzato come film di pacciamatura[18] per coltivare fragole e meloni a Mura Mura: persino Vittorio, il nostro direttore, sarebbe stato contento.

Studiammo forma e dimensione dei cucchiaini con un giovane ma già famoso designer, Giulio Iacchetti: i cucchiaini di Grom, dopo alcuni mesi, erano pronti per essere utilizzati nei negozi. Guido e io ne eravamo orgogliosi: non c'erano in Italia cucchiaini per gelato con quelle caratteristiche. Per poterli fare avevamo dovuto progettare con il fornitore addirittura lo stampo; il loro spessore era inferiore al millimetro, solo così potevano essere definiti "compostabili".

Non esisteva nulla di simile al mondo: avremmo avuto i nostri cucchiaini compostabili, unici e inconfondibili.

Contattammo la sede italiana del più autorevole ente interna-

[18] *Pacciamatura*: tecnica agricola che prevede la copertura del terreno coltivato con materiale apposito. La pacciamatura consente di mantenere l'umidità, di innalzare la temperatura del suolo e di proteggerlo dalla crescita di piante infestanti.

zionale di certificazione della carta: il Forest Stewardship Council (FSC)[19] avrebbe potuto garantire che la carta utilizzata nei nostri negozi provenisse solo da foreste gestite responsabilmente, rispettando rigorosi standard sociali – la vita delle popolazioni locali – e ambientali.

Incontrammo così Mauro Masiero, giovane professore universitario e responsabile FSC per l'Italia; Mauro mi aveva indicato i fornitori di carta certificata per i materiali di consumo nei negozi e il modo in cui avremmo potuto esporre il marchio FSC, oltre alle parole più adatte per spiegare ai nostri clienti il significato dell'ente da lui presieduto.

Avevamo raggiunto l'obiettivo: tutti i materiali di consumo potevano essere destinati direttamente alla raccolta dell'organico e venire in seguito compostati. Potevamo avviare anche la raccolta differenziata, con lo scopo di separare la carta – tovagliolini e coppette – da cucchiaini e coni rotti, entrambi di materiale organico.

Il progetto Grom Loves World era nato: Jeff sarebbe stato contento di vedere come le sue parole avessero avuto un seguito. In realtà non abbiamo alcun merito particolare: avevamo semplicemente deciso di comportarci in modo attento nei confronti dell'ambiente e dei nostri figli, come lui ci aveva suggerito.

A quel punto, pensavo, dovevamo avere lo stesso atteggiamento di responsabilità nei confronti delle persone che lavoravano con

[19] Il Forest Stewardship Council (FSC) è una organizzazione non governativa internazionale impegnata a certificare l'origine dei prodotti contenenti legno, come carta, mobili o altro. Il marchio FSC indica prodotti realizzati con legno proveniente da foreste controllate e la cui gestione è monitorata in base a criteri ambientali, sociali ed economici. Il gruppo FSC Italia, che persegue i medesimi obiettivi dell'associazione, è nato nel 2001.

noi: il contratto di lavoro a cui, per tipologia di attività, dovevamo aderire era totalmente inadeguato.

Il nostro contratto di riferimento – Turismo e pubblici esercizi – metteva infatti sullo stesso piano alberghi, stabilimenti balneari e parchi a tema; l'attività di gelateria è molto frammentata sul territorio italiano, e nessuna impresa aveva mai avuto la forza di trattare con i rappresentanti dei lavoratori un contratto aziendale dalle caratteristiche più adeguate al settore.

I nostri collaboratori, così, erano fortemente penalizzati.

Fu per questo che Francesca e io incontrammo delle persone sorprendenti. I sindacalisti.

L'avevo conosciuta in un caffè storico di Torino, Platti, pochi mesi prima.

Volevo coinvolgere Francesco – mio grande amico dai tempi dell'università – nel progetto di Cascina Bruciata, l'azienda che ancora seguivo nel settore del vino per l'affetto che mi lega a Carlo Balbo, il proprietario, e alla sua famiglia. Avevo bisogno di Francesca per stilare il contratto di assunzione; c'era però un piccolo problema: la sua prestazione doveva essere gratuita.

In azienda i soldi non erano pochi. Erano ancora meno.

Francesca all'epoca aveva un rapporto di consulenza con Grom: il suo studio seguiva le buste paga dei nostri collaboratori. Era capace, sensibile, e molto meticolosa. Persino Shintaro l'avrebbe assunta. Tutto detto.

In quell'occasione, da Platti, Francesca aveva dimostrato quanto valeva: moltissimo.

"Gratuita? La consulenza per il contratto del primo dipendente di Carlo? Ovvio."

Quell'"ovvio" non sarebbe stato così scontato per i molti consulenti del lavoro che conoscevo. Per lei lo era. Fu in quel momento che iniziai a pensare a un nuovo obiettivo: Francesca doveva diventare la responsabile delle risorse umane in Grom. Fede e io riteniamo che sia un ruolo manageriale particolarmente delicato: si occupa delle emozioni e dei sogni delle persone che credono nel nostro progetto. Non avremmo potuto sbagliare persona.

Eravamo perfettamente d'accordo: quella ragazza sottile, affilata nel corpo e nei pensieri, sarebbe stata la scelta giusta. Così Fede e io, a fine 2009, iniziammo un balletto di seduzione degno di un documentario del National Geographic: giravamo intorno a Francesca come due maldestri pennuti, mostrando colori sgargianti e suoni celestiali. Più o meno celestiali, a dire il vero.

Balla e canta, canta e balla, alla fine accettò: diventò la nuova responsabile del personale. Eravamo veramente soddisfatti. Lei non perse tempo: "Il contratto nazionale è inadeguato," fu l'esordio "dobbiamo lavorarci sopra. Integrarlo. Subito: se continuiamo così, sviliamo il lavoro dei ragazzi."

Il Contratto collettivo nazionale di lavoro (CCNL) di riferimento, secondo Francesca, era decisamente penalizzante per la nostra realtà. Cerchiamo però prima di capire cos'è, un contratto collettivo di lavoro.

CCNL

Il Contratto collettivo nazionale di lavoro. È sottoscritto dalle organizzazioni sindacali che rappresentano i lavoratori e i datori di lavoro. Regola le norme individuali e gli obblighi tra le parti. Le parti sindacali, dei lavoratori e dei datori di lavoro, si incontrano periodicamente per verificare e aggiornare – nel testo del contratto collettivo – le esigenze del loro mercato di riferimento in relazione anche alle novità legislative.

Il contratto detta i minimi economici e normativi che regolano le retribuzioni; quello che riguarda i rapporti di lavoro all'interno delle gelaterie è denominato *Turismo e pubblici esercizi*.

Coinvolge un grande numero di lavoratori che operano in attività molto diverse tra loro: per questo motivo non può soddisfare in modo efficace le esigenze di tutti coloro che appartengono alla categoria.

Orario, apprendistato, formazione. Il contratto stabilisce le regole sull'orario di lavoro e quelle sulla disciplina dell'apprendistato e della formazione. Nel settore della gelateria ci sono molte peculiarità da considerare: ad esempio le condizioni meteo – possono incidere sull'incasso fino al 40% – comportano la necessità, per il bene di tutti, di rendere più "elastiche" le ore di lavoro dei ragazzi.

La rigidità delle regole, con i relativi campi di applicazione, non consente quindi efficienza ma genera malcontenti, spreco di risorse e forzature nella gestione dei rapporti di lavoro.

Quindi, nei rapporti tra le persone.

Abbiamo avuto una fortuna sfacciata.

Per redigere il nostro contratto aziendale e renderlo adeguato, infatti, dovevamo incontrare il sindacato di riferimento, la FILCAMS-CGIL. Fede era piuttosto preoccupato: sapeva bene come le relazioni tra imprenditori e sindacato non fossero sempre state rosee, nella storia del nostro paese. Anzi, quasi mai: ci sono stati momenti in cui il rapporto tra le parti aveva portato ad agitazioni e confronti serrati. Talvolta addirittura al disprezzo reciproco.

La maggior parte delle volte il primo contatto tra sindacato e impresa avviene in un momento di difficoltà aziendale, in presenza di problemi da risolvere, lamentele sulle condizioni dei lavoratori, o peggio in previsione di licenziamenti e cassa integrazione. Il sindacato viene interpellato raramente, invece, quando le cose vanno bene e si ha l'opportunità di pensare al benessere delle persone: è comprensibile quanto fare i sindacalisti possa essere frustrante. Non c'è da stupirsi che i rapporti partano male e che spesso non si tratti di dialogo, ma di litigio.

Quando a inizio 2010 Francesca e io incontrammo Massimo, Marinella ed Elisabetta (rispettivamente: il funzionario nazionale, la segretaria regionale e quella della provincia di Torino per la FILCAMS-CGIL, il sindacato più rappresentativo) il feeling fu immediato.

Ci guardammo e prima di iniziare la trattativa ci facemmo una semplice domanda: "Cosa ci sta a cuore?"

Sarebbe stato impossibile dialogare senza prima capire dove entrambi volevamo arrivare. "Ci sta a cuore il benessere delle persone."

La risposta fu unica, inequivocabile. Per noi e per loro.

Quel giorno iniziò un percorso entusiasmante. Francesca e io ci rilassammo subito: stavamo parlando con persone pulite e oneste. Avremmo lavorato insieme.

Nei mesi seguenti ci confrontammo in modo costruttivo su temi delicati come la formazione, vero cavallo di battaglia di Marinella (detta "Moloch" per la grinta che mette in ogni aspetto della vita), sul contratto di apprendistato, sugli orari di lavoro e sulla "banca ore": un modo intelligente per gestire le ore lavorative dei ragazzi e renderle più elastiche in funzione delle condizioni meteo.

Dopo pochi mesi, Massimo ed Elisabetta erano ospiti a Mura

Mura, dove Massimo dimostrava di essere un grande esperto di albicocche, ed Elisabetta appassionata di antiche varietà di frutta. Salutammo i nostri giovani collaboratori, impegnati in una sessione di lavoro seduti sul prato, e andammo a pranzo in trattoria.

Dopo poco, a tavola, brindammo: a un rapporto sano e costruttivo. Massimo per me ormai era diventato confidenzialmente Maffo.

Quel giorno, a Costigliole, stavamo vivendo un piccolo momento di civiltà sociale. Pochi mesi dopo avremmo firmato l'integrazione al contratto collettivo, garantendo nuove e migliori condizioni per i nostri ragazzi.

Che soddisfazione.

L'Italia migliore.

L'uomo era magro come un'acciuga.

E mi stava dando un'altra bella lezione di agricoltura, solo che questa volta non ero su un'isola del Giappone, ma nel Nord-Est del Venezuela.

Un mogano alto almeno trenta metri ombreggiava me e una decina di alberi di cacao nel momento in cui stavo imparando due cose in un colpo solo: come si innesta un albero di cacao Criollo, e le differenze tra questa e una pianta di albicocco.

Vittorio e io eravamo partiti per Caracas insieme a Gianluca Franzoni, fondatore della Domori, azienda che produce cioccolato di alta qualità. Gianluca era considerato uno dei più grandi esperti di cioccolato al mondo e la sua passione gli aveva consentito di creare quel piccolo gioiello di impresa che lavorava solamente "cacao fini": varietà molto aromatiche, lievemente acide e poco tanniche. Da un paio d'anni aveva ceduto l'azienda alla famiglia Illy, i noti produttori di caffè, ma aveva mantenuto un rapporto come consulente.

La Domori era per noi un fornitore importante, perché il cioccolato che comperavamo da loro serviva per fare il gelato, il sorbetto e la cioccolata calda, il nuovo prodotto che avevamo inserito nei negozi, in vendita durante i mesi invernali. Stavo facendo una delle mie ricerche sulle materie prime per evitare l'utilizzo di farine addensanti, che sporcano il gusto dei grandi cioccolati; eravamo così in Venezuela per vedere se il cacao Criollo varietà Ocumare, quella acquistata da Domori, facesse al caso nostro.

Così, la coppia di Mura Mura si era ricostituita: io cercavo di imparare tutti i segreti della degustazione del cioccolato, e Vittorio sperava di intuire la modalità di gestione di una piantagione in Venezuela rispetto a quella di un frutteto in Piemonte.

L'uomo magro era stato chiaro: praticamente, nessuna.

Vittorio mi aveva appena guardato, sbalordito, dopo aver ascoltato quella parola: "moniglia"; la moniglia è un fungo che colpisce le piante di albicocco, specialmente dopo le giornate di pioggia, quando la presenza di umidità favorisce l'insorgere di malattie. Quello stesso fungo era anche il nemico numero uno della pianta del cacao e il più temuto dal tecnico della famiglia Franceschi.

Il Venezuela come l'Astigiano. La natura decide i giochi: è sempre così.

Proprietaria della piantagione era la famiglia Franceschi, che dal 1830 gestiva i cento e rotti ettari dove gli alberi di cacao, che non arrivano ai tre metri d'altezza, crescono all'ombra di alberi alti quasi trenta, come mogani e banani. Gianluca aveva scovato l'Hacienda San José durante una delle sue ricerche in America Centrale, e aveva firmato con i proprietari un lungo contratto che gli avrebbe garantito per molti anni a venire l'acquisto delle migliori fave di cacao.

Il loro tecnico mi aveva insegnato anche un altro aspetto importante, che smentiva clamorosamente una mia idea: i semi di cacao di grande qualità sono molto chiari, non scuri, come immaginavo.

Era la terza lezione.

Lavoravo il cioccolato da quasi otto anni ed ero ancora un bell'ignorante. Imparerò. L'uomo magro aveva tagliato un frutto: si chiama *cabossa* ed è grosso come un melone, ma ha forma ovale. Al suo interno sono contenuti i semi, le "fave di cacao": sono di colore grigio perla e assomigliano a un fagiolo; mescolate con lo zucchero diventeranno, dopo un attento processo di essiccazione, tostatura e macinatura, il cioccolato che tutti conosciamo.

Il tecnico aveva poi inciso una fava: il colore grigio perla era imbrunito immediatamente, come una mela lasciata all'aria per qualche minuto. L'uomo magro ci aveva spiegato che quella reazione è una garanzia di qualità: solo gli ibridi migliori di Criollo – nomi bellissimi come Ocumare, Porcelana, Chuao – hanno la caratteristica di ossidare velocemente: accade a causa dell'assenza di tannini, le sostanze amare e astringenti che hanno la funzione di proteggere dall'ossigeno.

I grandi cioccolati, mi disse, non hanno asperità e regalano la stessa sensazione della pelle di una bella donna: il tocco della seta.

Guardai Vittorio con un sorriso compiaciuto: ne avevamo imparata un'altra. E avevo davanti a me il cacao che cercavo.

Quello che avrei utilizzato per la nostra cioccolata calda.

Era l'unica persona che mi sembrava più rigorosa di Guido. Ci eravamo incontrati in più occasioni, ma la volta in cui l'avevo conosciuto meglio era stato a Parigi, a un pranzo a tre. Guido, lui e io.

Mi avevano colpito gli occhi azzurri, limpidi, sul volto affilato.

Lo sguardo e la serietà ricordavano mio nonno. Nonostante fossero nati a pochi chilometri di distanza, quelli che separano Trieste da Fiume, non credo che anche lui fosse rimasto chiuso per anni dentro un sommergibile o avesse limato sfere per buona parte della vita, ma il senso di affidabilità che mi trasmetteva era lo stesso.

Sembrava, semplicemente, una persona "pulita".

Riccardo Illy era un grande appassionato del nostro gelato ed era ormai un anno – dall'apertura del negozio di Trieste –, che ci dimostrava la sua ammirazione: davvero gratificante. Il signor Illy apparteneva al mio immaginario di studente e non avrei mai pensato di poterlo conoscere un giorno.

La sua famiglia deteneva alcune partecipazioni in imprese che erano per noi fornitori importanti, come Agrimontana (da cui acquistavamo i canditi di agrumi e i marron glacé), ed era proprietaria della Domori, da cui comperavamo due varietà di cioccolato: l'Ocumare e il Teyuna.

All'inizio del 2011 avevamo ormai più di cinquanta negozi in Italia – eravamo persino riusciti ad aprire a Roma –, ma Guido e io intuivamo quanto fosse importante il processo di internazionalizzazione: il potenziale del mercato era enorme, ma le risorse finanziarie richieste per la crescita erano altrettanto significative. L'occasione di portare all'estero un prodotto italiano per eccellenza, come il gelato, era troppo ghiotta per non essere colta; nel nostro piccolo, siamo sempre stati convinti che Grom potesse essere una bandiera dell'Italia che lavora con serietà e passione.

Negli anni precedenti avevamo investito molto: avevamo costituito una società negli Stati Uniti, dove al primo negozio sulla Broadway ne avevamo aggiunti altri due a New York e, da un paio di mesi, uno a Malibu. Lo sviluppo in Giappone, grazie all'abilità di Shintaro, era proseguito in modo organico, e contava in totale quattro negozi, di cui tre a Tokyo e uno a Osaka. C'era poi il negozio di Parigi, che si stava facendo apprezzare ogni anno di più dai sofisticati gusti dei francesi.

Avevamo però paura di commettere errori, e non potevamo permetterceli.

Il grosso rischio era fare accordi con società che, condotte da persone senza il nostro stesso amore per il gelato, avrebbero svilito il brand Grom. Difficile poi immaginare quali mercati sarebbero stati più interessanti, fermo restando che la crescita doveva essere lenta, organica, e sostenuta dall'agricoltura di Mura Mura, che ormai contava quasi quindici ettari curati con passione da Vittorio.

C'era proprio bisogno di una persona di esperienza.

Vittorio aveva il pallino del pane.

E dei pali di castagno.

Non accettava compromessi, né sull'uno né sugli altri: era probabilmente il maniacale perfezionismo di suo nonno che lo aveva condizionato. Con me sfondava una porta aperta.

Vittorio aveva imparato proprio dal nonno una vecchia operazione contadina, la "pelatura" dei pali di castagno: si tratta della rimozione della corteccia, un trattamento utile a migliorare la resistenza agli agenti atmosferici. Una volta pelati, i pali servono per fare da sostegno ai fili che, correndo da un capo all'altro del filare, servono per posizionare correttamente i tralci di vite durante la crescita vegetativa. È il cosiddetto metodo di allevamento "a spalliera", con potatura Guyot,[20] caratteristico della viticoltura piemontese e delle vigne più nobili.

Fu per quel motivo che, all'inizio del 2011, ci trovavamo a

[20] *Potatura Guyot*: metodo di potatura invernale, normalmente applicata nei vigneti di elevata qualità. Consiste nel lasciare sulla pianta un tralcio vecchio di un anno (capo a frutto) che porta 7-10 gemme, e uno sperone di 2 o 3 gemme tra le quali, durante la successiva potatura invernale, verrà scelto il capo a frutto dell'anno seguente.

Bagnasco, un piccolo paese a cavallo tra Liguria e Piemonte. Zona ricca di boschi di castagno: il palo di legno, piantato accanto all'albero, è il tutore ideale per fare in modo che le piante di frutta crescano dritte; Vittorio e io non volevamo sentir parlare di ferro zincato o di cemento.

Visitammo diverse aziende che commercializzavano pali di castagno e, dopo una piccola trattativa, concludemmo l'accordo per quanto ci interessava, comprensivo anche di uno splendido tronco di quercia (che abbiamo messo all'ingresso dell'azienda) e di due grossi castagni che erano stati recuperati nel greto di un torrente.

Privati dei rami, sarebbero diventati ottime panche per far sedere i ragazzi durante le lezioni a Mura Mura.

Quel giorno a Parigi aveva saputo toccare i tasti giusti.

Riccardo Illy ci aveva raccontato della sua esperienza, di come negli anni settanta – quando la Illy Caffè era ancora una società di piccole dimensioni – avesse accettato la partecipazione di un'importante istituzione finanziaria locale, la Banca Friulia S.p.A., che aveva acquistato il 35% della società di famiglia per sostenerne la crescita.

La banca aveva ottenuto per il finanziamento un'opzione "put": la famiglia Illy avrebbe dovuto ricomperare la quota entro cinque anni, remunerando il capitale investito dalla banca. Così fu, e al termine dell'accordo i genitori ricomprarono le azioni.

Riccardo ci aveva spiegato che quell'operazione era stata determinante per sostenere la crescita dell'azienda di famiglia e l'apertura verso i mercati esteri. La Illy Caffè era così riuscita a diventare il simbolo della qualità italiana in più di centoquaranta paesi nel mondo e aveva raggiunto un giro d'affari di circa trecento milioni di euro. Numeri impressionanti.

Illy era stato chiaro anche sul motivo che lo muoveva a un interesse per Grom.

Schietto e diretto: "Oggi Grom," aveva affermato, "è un cliente fondamentale per Domori, importante per Agrimontana."

Proseguì alternando lo sguardo tra me e Guido: "Soprattutto, la mia famiglia e io siamo golosi del vostro gelato e sarebbe una grande soddisfazione, per noi, far parte della vostra avventura." Touché.

Guido e io ci guardammo, increduli: uno dei più importanti imprenditori italiani era affascinato dalla nostra storia di gelatai. Avremmo potuto imparare molto da lui. Non avremmo mai immaginato che i sogni del 2003, quelli dell'apertura della prima gelateria, ci avrebbero portati tanto lontano.

Quel giorno Riccardo Illy ci convinse: alcuni mesi dopo avremmo ceduto al Gruppo Illy il 5 per cento di Grom, con diritto di riacquisto da parte nostra entro cinque anni. La stessa operazione fatta tre decenni prima dalla famiglia Illy, ma con la cessione di una quota inferiore. Riccardo Illy inoltre entrava a far parte del consiglio di amministrazione, era da parte nostra una richiesta tassativa: ci avrebbe fatto crescere e migliorare moltissimo, sia come manager che come imprenditori. Avremmo beneficiato della sua esperienza e fatto conoscere il marchio Grom a livello internazionale.

La valutazione dell'azienda – cinquanta milioni – fu gratificante.

Anzi, impressionante.

Ma molto meno impressionante di quanto vedemmo quattro mesi dopo, in Giappone.

A Fukushima.

Sulla strada del ritorno Vittorio era stato perentorio: dovevamo comperare il pane a Nucetto.

Solo lui poteva sapere (quanto godo di questa sapienza!) che in quel paesino sperduto, a due chilometri da Bagnasco, c'era un bravissimo panettiere che utilizzava solo farine di alta qualità e lievito madre.

Immaginavo che l'uomo che sfornava ogni mattina il pane per gli abitanti di Nucetto fosse un signore ormai vecchiotto. Lo immaginavo in canottiera, con i capelli bianchi infarinati, ingobbito dai sacchi spostati nel tempo.

Quel panettiere, invece, aveva ventisette anni.

Stefano si era presentato così: accento piemontese clamoroso (la *e* era così aperta che sembrava ne pronunciasse due alla volta), sorriso da competizione, passione straordinaria. Appena entrato in negozio mi aveva riconosciuto per la mia recente partecipazione alla trasmissione *La prova del cuoco*, su Rai Uno.

Mi aveva chiesto immediatamente: "Posso farti i complim*ee*nti? Ammiro molto ciò che fai e mi piacer*ee*bbe div*ee*ntare altrettanto bravo." Sembrava sincero ed entusiasta.

Fu così che Stefano, Vittorio e io parlammo per un paio d'ore di lievitazione, farine macinate a pietra, agricoltura biodinamica: eravamo sintonizzati sulla stessa lunghezza d'onda, era evidente. Quando uscii dalla panetteria, Vittorio al fianco, salii subito in auto. In testa mille nuove idee. Ero euforico.

"Dobbiamo conquistarlo!" Esclamai immediatamente. Vittorio pensò che fossi impazzito. Volevo invece imparare a fare il pane e, soprattutto, avevo avuto un'illuminazione: era venuto il momento per Grom di produrre i coni e i biscotti che utilizzavamo in alcuni gusti.

Qualità superiore, farine di mais e di riso macinate a pietra, niente grassi vegetali e porcherie varie. Prodotti sani, adatti anche per i clienti celiaci, sempre più numerosi: la celiachia è un'intolleranza al glutine, proteina presente in molti tipi di farine, tra cui la comunissima farina di frumento. È una tortura per tanti, e per molti bambini.

Gli intolleranti al glutine devono rinunciare a diversi cibi, a partire dalla pasta, e sborsano un sacco di quattrini per comperare gli alimenti adatti a loro.

Avrei subito contattato l'AIC, l'Associazione italiana celiachia.

Qualche anno prima, infatti, consapevole della "pulizia" che adottavamo nello scegliere gli ingredienti adatti per il gelato e, ancor di più, per la totale assenza di additivi (l'unico era la farina di carrube) avevamo fatto un accordo con l'associazione.

Anche in quel caso, dopo qualche momento di confronto piuttosto acceso, il dialogo era diventato soddisfacente e costruttivo: in ogni gelateria Grom, ormai dal 2009, servivamo tutti i gusti di gelato (ad eccezione della crema di Grom, che ha biscotti di frumento al suo interno) ai clienti celiaci. Serviva una procedura interna molto accurata, perché basta la minima contaminazione per arrecare danno ai clienti intolleranti, ma i risultati erano gratificanti. Le tante e-mail di mamme che ci ringraziavano per aver reso felici i loro bambini erano sempre toccanti.

L'idea era semplice e doveva diventare operativa, secondo i miei piani, entro l'estate 2012: volevo iniziare con una piccola produzione interna di biscotti, sostituendo la farina di frumento con quella di riso e integrando il tutto con quella di mais. Desideravo poi avviare la produzione di specialità come i "brutti ma buoni" (i famosi biscotti piemontesi, fatti con zucchero, albume e farina di nocciola) e le meringhe, la cui ricetta non prevede l'utilizzo di farina. Queste due leccornie sarebbero state utili anche per fare alcuni "Gusti del mese", e per essere vendute come prodotti accessori del gelato, di gran lunga superiori alle cialdine normalmente presenti nelle altre gelaterie.

Nel 2013 avrei voluto iniziare la produzione interna dei coni, abolendo i grassi vegetali presenti in tutti i coni in commercio, e utilizzando tuorlo da uova di galline allevate a terra.

Ancora una volta l'insegnamento del nonno di Fede si era rivelato utile: chi avrebbe mai pensato che a Nucetto avremmo incontrato la persona che, a ventotto anni, avrebbe realizzato i prodotti da forno che avremmo offerto ai nostri clienti? Fortuna certo, ma anche occhi aperti, pronti a cogliere l'opportunità di lavorare con talenti come Stefano.

Fabrizio, il nostro responsabile di produzione, aveva fatto una bella esperienza nel mondo dei prodotti da forno qualche anno prima. Sarebbe stato un maestro ideale, soprattutto nell'aiutare Stefano con i nuovi impianti, ben più complessi di quelli della sua piccola panetteria.

La nuova idea ci avrebbe impegnato a partire dall'estate 2012. Il pane, i biscotti, i coni: avrei fatto tante nuove esperienze interessanti. Ero contento di poter imparare tante cose nuove. A tratti, felice.

Ma nulla in confronto a quanto avrei provato tre mesi dopo, in Giappone. A Fukushima.

Scent of a Woman

Sapersi circondare di persone giuste fa la differenza.

Stare lontano da quelle sbagliate fa la differenza.

È quanto abbiamo cercato di fare sempre, rifuggendo vigili truffaldini e circondandoci di persone di qualità che aggiungono valore alla vita.

È quello che successe a Charlie quando incontrò il tenente colonnello Frank Slade: *Scent of a Woman* è il film di Martin Brest che racconta il rapporto, lungo solo un week-end, tra il giovane studente Charles Simms e l'ufficiale non vedente Frank Slade: il giovane salva la vita al vecchio militare, che stava per suicidarsi, e viene ricambiato poco tempo dopo, quando Slade si lancia in un'appassionata arringa in sua difesa per evitargli l'espulsione dal college. Le ultime parole dell'arringa di Frank Slade sono uno dei più bei momenti della storia del cinema, e ci ricordano una verità semplice: circondiamoci di persone valide. Il futuro è prezioso.

> Io non ho ancora finito.
>
> Entrando qua dentro ho sentito queste parole: "la culla della leadership". Be' quando il supporto si rompe, cade a pezzi la culla e qua è già caduta! È già caduta! Fabbricanti di uomini, creatori di leader state attenti al genere di leader che producete qua.
>
> Io non so se il silenzio di Charlie in questa sede sia giusto o sbagliato. Non sono giudice né giurato ma vi dico una cosa. Quest'uomo non venderà mai nessuno per comprarsi un futuro!
>
> E questa, amici miei, si chiama onestà. Si chiama coraggio. E cioè quelle cose di cui un leader dovrebbe essere fatto. Io mi sono trovato spesso a un bivio, nella mia vita. Io ho sempre saputo qual era la direzione giusta. Senza incertezze sapevo qual era. Ma non l'ho mai presa. Mai. E sapete perché? Era troppo duro imboccarla. Questo succede a Charlie. È giunto a un bivio. E ha scelto una strada. Ed è quella giusta. È una strada fatta di principi, che formano il carattere. Lasciatelo continuare nel suo viaggio.
>
> Voi adesso avete il futuro di questo ragazzo nelle vostre mani! È un futuro prezioso. Potete credermi. Non lo distruggete. Proteggetelo. Abbracciatelo. È una cosa di cui un giorno andrete fieri. Molto fieri.
>
> Vi è piaciuta la sparata?

OMAGGIO A CARLO COLLODI

E A TUTTI I BURATTINI CHE DESIDERANO
DIVENTARE RAGAZZINI PER BENE

FELICITÀ

Tristezza
Muovere le mani è un miracolo
Due beoti • La vita ha un buon sapore
Felicità

Prefettura di Fukushima, Giappone.
Tendopoli di Rikuzen Takada

È tutto devastato.

Il luogo che accoglie i due sprovveduti gelatai è una scuola, la cui palestra è utilizzata come dormitorio dagli abitanti del piccolo paesino Rikuzen Takada. L'area è quella di Fukushima, la località devastata nel marzo 2011 da un terremoto e dal successivo tsunami, che ha provocato decine di migliaia di vittime.

Il viaggio in furgone per arrivare lì è stato particolarmente silenzioso, specialmente nell'ultimo tratto di strada; quello che osserviamo dal finestrino è desolante, e ci ammutolisce. L'ambiente è attonito, come il volto delle persone, che si muovono lentamente.

Ciò che impressiona maggiormente sono le cataste di automobili ammucchiate sul ciglio della strada e in mezzo ai campi: formano piccole montagnole di rottami, costituite ognuna da una trentina di veicoli accatastati, e riescono quasi ad annullare la bellezza della natura circostante.

La nostra meta si trova a poche centinaia di metri dal centro del paese: la scuola è una delle poche strutture che si sono salvate, perché si trova in cima a una collinetta alta poche decine di metri.

Alberi di conifere costituiscono una piccola boscaglia ai lati della collina; sono alti e sottili, e impettiti guardano verso il cielo, ricordando il fiero atteggiamento dei militari che, sparsi ovunque, si adoperano per rendere meno faticosa la quotidianità di chi abita il campo di soccorso. Dietro di loro si sviluppa la cosiddetta "zona rossa", l'area invalicabile delimitata a pochi chilometri di distanza dalla centrale nucleare dalla quale si sono sprigionate le radiazioni letali.

Non riusciamo a contare quante roulotte e camper e tende di fortuna occupino il piazzale antistante la scuola. Sono davvero molti, e almeno hanno il pregio di donare un po' di colore all'atmosfera surreale di una giornata che di colore ne ha ben poco. Il cielo è plumbeo e una sottile pioggia – tipica dell'estate giapponese – non sembra sufficiente a lavare la tristezza che avvolge la collina.

Sono molte le famiglie che vivono su quel piazzale. Non hanno più nulla, eccetto il proprio orgoglio.

Le ammiriamo e ci sentiamo piccoli e inadeguati.

Tutto sembra incredibilmente lontano dall'ultimo ricordo di Giappone che portiamo con noi: la magnifica fioritura dei ciliegi, qui tanto amata, metafora della bellezza della vita e della sua fuggevolezza.

Arriviamo al campo con un furgone, carico di bancone portatile in legno stile Grom e di molti chilogrammi di gelato, tutto quello che ci stava sopra. Noi, Shintaro e un paio di collaboratori atterriamo nel parcheggio della scuola come marziani; siamo la curiosità del giorno e l'attrazione principale degli studenti, che nel frattempo si stanno dedicando all'ora di ricreazione. Corrono e giocano come matti, come se un'inconsapevole saggezza consentisse di tollerare la violenza crudele che, chissà perché, si è accanita proprio su di loro.

Gli schiamazzi, le risa, gli scherzi che si fanno a vicenda ci ricollocano nel mondo della bellezza.

Scarichiamo il bancone in noce – l'eleganza del legno, del tutto fuori luogo, aumenta il nostro senso di manifesta inadeguatezza – su uno dei lati della scuola, a fianco dell'ingresso che porta in palestra.

Scopriamo che la palestra non è più tale: è diventata il dormitorio di molte altre persone, di ogni età, che probabilmente hanno perso anche l'intimità che almeno il camper o la roulotte potevano offrire. Ogni famiglia difende quell'intimità con fogli di cartone alti circa un metro, forse meno. È un cartone grigio, uggioso: se fosse piegato a parallelepipedo, costituirebbe un pacco talmente mesto che chiunque si rifiuterebbe di aprirlo; recinta il perimetro dello spazio concesso a ciascuno, grande più o meno quanto un ring da pugilato.

Pensiamo che, davvero, una sorta di ring di cartone sia il modo più beffardo per alloggiare queste persone che sono state letteralmente prese a pugni dalla vita con ferocia inaudita. Ci sentiamo sempre più inadeguati: anche solo a capire che senso abbia tutta la furia che, talvolta, la natura impiega per affliggere l'uomo.

Forse è per darci un'ennesima lezione, forse è necessario che ci urli nelle orecchie perché proprio non vogliamo sentire, non vogliamo renderci conto di quanto siamo fortunati.

Guardiamo persino le nostre mani con occhi nuovi. Riflettiamo sulle infinite possibilità che il nostro corpo ci consente: il solo meccanismo che permette di articolare il movimento delle dita come più ci piace sembra un miracolo che sfugge, sprecato, perso nella superficialità del consueto. Ci ripromettiamo di osservare le mani, ogni tanto, di guardare le dita che, a un solo flusso di pensiero, possiamo muovere a piacimento.

Il bancone è sistemato che non è ancora mezzogiorno. Un paio d'ore dopo ogni bambino del paese sarà in fila, davanti a due fortunati gelatai che non devono lasciarsi fuggire dalla mente quell'esperienza, mai. Siamo nervosi, tesi, abbiamo paura di non essere all'altezza di quello che, pensiamo, possa essere per loro il momento più bello da mesi.

"Non c'è peggior delusione che deludere il cuore di un bambino", è un'antifona silenziosa che ci rimbomba dentro ogni istante: non aspiriamo certo a diventare beati per così poco, ma lasciar sciogliere il gelato o commettere qualche altro errore sarebbe una figuraccia che non ci perdoneremmo mai.

Finalmente, verso le due, poco dopo il pranzo che gli studenti hanno consumato nella mensa della scuola, si parte con il servizio del gelato. Non abbiamo l'ansia da prestazione: ce la stiamo letteralmente facendo addosso.

Abbiamo però la sensazione che l'aria, da qualche minuto, sia cambiata: il fiato rimasto ai bambini dopo l'ora di ricreazione è servito loro per cercare di raggiungere per primi il fronte del bancone dove avviene il servizio. Si è rapidamente formata una fila ordinata e composta, in tipico stile giapponese; noi siamo, invece, dietro al banco, carichi come fucili a pallettoni, pronti a sparare tutte le cartucce che abbiamo.

Il gelato è di marmo. Ambivamo a diventare beati, siamo stati dei beoti.

Per paura di farlo sciogliere abbiamo tenuto la temperatura del bancone troppo bassa; la fatica per servirlo è pazzesca, ma l'entusiasmo moltiplica le forze. Come due carpentieri, con la cazzuola in mano al posto delle consuete palette, scaviamo in quel gelato di cemento con tutte le nostre forze, e riusciamo a servire coni e coppette dall'aspetto dignitoso. Shintaro ci guarda bonario a pochi metri di distanza sorridendo dei nostri sforzi e del sudore che ci imperla la fronte. Un interprete al nostro fianco è il tramite tra i piccoli desideri golosi dei bambini e una pallina di cioccolato, di crema di Grom o di un ciuffo di panna.

Intanto smette di piovigginare, i bambini chiudono gli ombrelli e l'azzurro del cielo si mostra timidamente sopra le nostre teste e regala un po' di colore.

Vediamo i bambini che, ottenuta la loro porzione, scorrazzano nei dintorni con le bocche sporche di crema o di cioccolato: in Giappone mangiare il gelato sul cono è piuttosto raro, perché è ritenuto poco educato leccarlo, ma loro non ne sono consapevoli o, forse, se ne fregano altamente.

Ci sentiamo bene, come mai. Leggeri.

Arriviamo così al tramonto a servire le ultime porzioni, stanchi a causa del lavoro svolto per la neonata impresa "Gelati di cemento s.a.s.", di Guido il Falco e Federico la Volpe.

Terminato il gelato, riportiamo al furgone bancone e carapine, molto più leggeri rispetto a qualche ora prima. Con Shintaro e i suoi collaboratori facciamo un ultimo sforzo per caricarlo nell'ampio vano posteriore.

Ridiamo tra di noi, l'atmosfera è serena per la soddisfazione di un lavoro ben fatto; riviviamo i momenti della giornata, e Shintaro addirittura snoda la cravatta e si rilassa, segno che considera la missione davvero compiuta.

All'improvviso qualcosa rompe l'armonia.

Un bambino, seduto in un angolo, piange in silenzio mentre guarda a terra. Avrà tre, quattro anni, ed è raggomitolato su se stesso, con la testa tra le ginocchia come se cercasse di proteggere il suo dolore. Già a quell'età il senso dell'onore deve essersi radicato nella sua anima. Ci chiediamo se il pianto sia dovuto al fatto che non ha ricevuto il gelato oppure a qualche motivo più grave. Ci avviciniamo istintivamente.

Non appena gli siamo accanto diciamo, quasi in coro: "Konnichiwa!": ciao, è l'unica parola di giapponese che conosciamo, e per giunta la nostra pronuncia è raccapricciante. Il bambino ovviamente non ci degna di uno sguardo, tantomeno di una risposta. Continua a guardare a terra.

"Dai," insistiamo stupidamente in italiano nel tentativo di consolarlo "non piangere... le lacrime sono preziose, sai? Non bisogna mica sprecarle così."

Il bambino è incuriosito da quelle strane parole, per lui suoni misteriosi, e alza gli occhi per osservarci stranito; forse è attratto dalla barba di Guido: la barba è una peluria che i giapponesi non annoverano nel proprio DNA. I suoi occhi a mandorla sono perfetti, sembrano cesellati da una mano che sa fare bene il suo mestiere. Nel frattempo, le lacrime continuano a rigargli il viso e gocciolano ai suoi piedi.

Ho un'illuminazione banale, ma guardo Guido come se avessi scoperto una raffinata teoria psicoanalitica in grado di cancellare la tristezza dal mondo: "Forse ho capito cosa ci vuole per asciugare quelle lacrime! Voi due restate qui, vado e torno!"

Mi allontano e corro al furgone, dove spero di recuperare qualche avanzo di gelato.

Intanto, il frugoletto continua a guardarmi la barba: questa, almeno, lo distrae un po'. Forse pensa che capre ed esseri umani abbiano qualcos'altro in comune oltre alle corna, o forse si chiede se quel biondino con gli occhi azzurri corrisponda a uno stereotipo più nobile del simpatico mammifero dai peli sotto al mento.

Nel frattempo penso con quali stupidaggini intrattenerlo, mentre intuisco che Federico sta per rivolgere al bancone del gelato la preghiera di custodire un avanzo di crema o di cioccolato.

"Sai..." riprendo a parlargli in italiano, so che è inutile, ma sono troppo intenerito per stare zitto, "sai che io conosco un posto dove lacrime grandi come le tue cadono dal cielo e fanno crescere grappoli d'uva bellissimi?"

Il bambino inizia ad abbozzare un sorriso, forse deridendo la mia goffaggine o il mio linguaggio incomprensibile.

"Giuro!" esclamo portando il palmo della mano al cuore e alzando il braccio sinistro come un militare (*sarà un gesto internazionale? boh, io ci provo*) "È un posto magico dove qualche anno fa sono diventato grande, proprio come lo diventerai tu un domani." (*Non ci guadagnerai un granché, penso, ma rimuovo subito il pensiero inopportuno.*)

Al bambino ciondola la testa, come se le mie parole avessero l'effetto di una ninna nanna, o forse è sconsolato dal mio discorso incomprensibile. Non smette però di fissare il marciapiede. Sono quasi affranto dalla mia incapacità di rasserenarlo.

Nei suoi occhi – non saprei proprio perché, forse ha intravisto Federico sopraggiungere con qualcosa di interessante tra le mani – vedo brillare una piccola luce. Le lacrime, più rade, iniziano a fermarsi sul bordo inferiore delle palpebre.

La fortuna è dalla mia parte: scopro un velo di crema di Grom sul fondo di una carapina che, in quel momento, trovo particolarmente simpatica, sistemo il gelato alla meglio su uno dei pochi coni avanzati. Raccatto anche un po' di panna montata e mi catapulto a passo di bersagliere verso i due, orgoglioso del gelato che ho tra le mani come fosse un gioiello della regina d'Inghilterra.

Spero che nel frattempo la situazione non sia precipitata.

Ritorno anch'io a far parte del buffo siparietto in lingua italiana allestito dal mio biondo amico-gelataio-capretta; col solito entusiasmo mi lancio nell'ultimo sproloquio: "Sembra che la faccenda sia più seria del previsto! Qui, ci vuole l'arma segreta... Eccola!" esclamo trionfante mentre porgo il cono al bambino.

"Sai," arranco ancora una volta illuso di essere compreso "questo gelato si chiama come me, ma è molto, molto più buono di me!"

"Coraggio," dico, "assaggia: è crema di Grom con panna montata: sono i miei gusti preferiti e sono fatti con le uova migliori, il cioccolato migliore, la panna migl..." Fermo il mio entusiasmo perché intuisco che tutto ciò che dico è totalmente inutile.

Il bambino osserva il cono. Guarda poi me e Federico.

"Posso?" sembrano chiedere i suoi occhi. Poi, vinto dalla curiosità, avvicina la mano verso il cono e lo impugna delicatamente. Noi ci sentiamo come Tardelli dopo il gol alla Germania ai Mondiali dell'82, ed esclamiamo praticamente all'unisono: "Certo, è per te!!!" (*Questa pagina non ha lo spazio sufficiente per contenere tutti i punti esclamativi che ci vorrebbero.*)

Appena assaggia il gelato il bambino ci fa un sorriso, alzando le sopracciglia stupito dalla nuova esperienza. Sta mangiando, probabilmente, un cibo mai provato prima, e non posso fare a meno di notare che l'ultimo rimasuglio di lacrima lascia la palpebra.

Siamo orgogliosi come non mai di essere due gelatai.

Il bimbo annuisce ancora, gli occhi sgombri dal pianto, le guance asciutte. Avvicina ancora la bocca al gelato e si tuffa sulla crema per un nuovo assaggio.

La vita, forse, ha un buon sapore.

Poco dopo alza nuovamente lo sguardo e, smettendo per un attimo di leccare, ci sorride sereno.

Felice del suo piccolo gelato.

Ci guardiamo, in silenzio.

Un bambino giapponese ci ha appena insegnato come vivere la vita. Ci ha mostrato, inconsapevole, cos'è la felicità. In quel momento la tocchiamo in tre, ognuno a modo suo, e riusciamo a viverla per qualche attimo prezioso. Facciamo un respiro profondo, e molta attenzione. Vogliamo godere quell'istante: sarà breve, come la vita, come la fioritura dei ciliegi.

È una sensazione. Forse, solo un'idea.

Come la neve: la tocchi ed è già sciolta.

Sono un clown
e faccio collezioni di attimi.

HEINRICH BÖLL
Opinioni di un clown

I giusti

Un uomo che coltiva il suo giardino, come voleva Voltaire.
Chi è contento che sulla terra esista la musica.
Chi scopre con piacere una etimologia.
Due impiegati che in un caffè del Sud giocano in silenzio
agli scacchi.
Il ceramista che intuisce un colore e una forma.
Il tipografo che compone bene questa pagina che forse
non gli piace.
Una donna e un uomo che leggono le terzine finali
di un certo canto.
Chi accarezza un animale addormentato.
Chi giustifica o vuole giustificare un male che gli hanno fatto.
Chi è contento che sulla terra ci sia Stevenson.
Chi preferisce che abbiano ragione gli altri.
Tali persone, che si ignorano, stanno salvando il mondo.

JORGE LUIS BORGES

I LIBRI

Dante Alighieri, ***La divina commedia***, letture e commento di Vittorio Sermonti, Mondadori, Milano, 1996.

Roland Barthes, ***Frammenti di un discorso amoroso***, Torino, Einaudi, 2005.

Charles Baudelaire, ***I fiori del male***, Torino, Einaudi, 2006.

Harold Bloom, ***Il canone occidentale: i libri e la scuola delle ere***, Milano, Bompiani, 1996.

Heinrich Böll, ***Opinioni di un clown***, Milano, Mondadori, 2001.

Jorge Luis Borges, ***La cifra***, a cura di Domenico Porzio, Milano, Mondadori, 1982.

Miguel de Cervantes, ***Don Chisciotte della Mancia***, Torino, Einaudi, 2005.

Carlo Collodi, ***Pinocchio***, Torino, Einaudi, 2006.

Sergej Esenin, ***Poesie e poemetti***, a cura di Eridano Bazzarelli, Milano, BUR, 2000.

Lidia Ferrari, ***Tango, un dialogo fra due sensibilità***, in G. Lala, *Tangologia*, Lecce, Sigillo, 2007.

Gabriel García Márquez, ***Nessuno scrive al colonnello***, Milano, Mondadori, 2001.

Ernest Hemingway, ***Il vecchio e il mare***, Milano, Mondadori, 2000.

Henry James, ***The Letters: 1895-1916***, Cambridge (MA), Harvard University Press, 1984.

Konstantinos Kavafis, ***Poesie***, a cura di Filippo Maria Pontani, Milano, Mondadori, 1999.

Maurice Maeterlinck, ***La vita delle api***, Milano, Rizzoli, 2003.

Robert T. Marshall, H. Douglas Goff, Richard W. Hartel, *Ice Cream*, New York, Kluwer Academic-Plenum Publishers, 2003.

Eugenio Montale, *Ossi di seppia*, Milano, Mondadori, 2003.

Cesare Pavese, *Feria d'agosto*, Torino, Einaudi, 2007.

Kevin Roberts, *Effetto Lovemarks. Vincere nella rivoluzione dei consumi*, Milano, FrancoAngeli, 2007.

Antoine de Saint-Exupéry, *Il Piccolo Principe*, Milano, Bompiani, 2000.

William Shakespeare, *Amleto*, Milano, Feltrinelli, 2002.

Edward Steinberg, *Sorì San Lorenzo. Angelo Gaja e la nascita di un grande vino*, Bra (CN), Slow Food, 1996.

Robert Louis Stevenson, *Elogio dell'ozio*, Milano, La Vita Felice, 2008.

H. D. Thoreau, *Walden, ovvero la vita nei boschi*, Milano, Rizzoli, 1988.

Lev Tolstoj, *Guerra e pace*, Torino, Einaudi, 2005.

Vini d'Italia 2012, Roma, Gambero Rosso Editore, 2012.

I FILM

007. Dalla Russia con amore (GB-USA, 1963), regia di Terence Young.

Frankenstein Junior (USA, 1974), regia di Gene Wilder.

La spada nella roccia (USA, 1963), film d'animazione, regia di Wolfgang Reitherman.

Scent of a Woman (USA, 1992), regia di Martin Brest.

Pulp Fiction (USA, 1994), regia di Quentin Tarantino.

Ratatouille (USA, 2007), film d'animazione, regia di Brad Bird e Ian Pinkava.

Wall Street (USA, 1987), regia di Oliver Stone.

LE PERSONE
in ordine di apparizione

AMICIZIA

Jude Law (1972), attore inglese.
Angelo Gaja (1940), produttore di vino piemontese.
Carlin Petrini (1949), enogastronomo, giornalista e fondatore di Slow Food.
Konstantinos Kavafis (1863-1933), poeta greco.
Filippo Maria Pontani (1913-1983), filologo classico e neogrecista italiano.

SOGNO

Paul Pontallier (1956), enologo e *managing director* di Château Margaux.
Dino Zoff (1942), portiere di calcio italiano, capitano della Nazionale nel 1982 quando l'Italia vinse la Coppa del mondo.
Stefan Edberg (1966), tennista svedese.
Wayne Gretsky (1961), giocatore di hockey canadese, a oggi è l'atleta più premiato tra tutti i professionisti sportivi americani.
Gianluca Franzoni (1966), esperto di cioccolato e fondatore di Domori.
Lev Tolstoj (1828-1910), scrittore russo.
Gabriel García Márquez (1927), scrittore colombiano, premio Nobel per la Letteratura nel 1982

Miguel de Cervantes (1547-1616), scrittore spagnolo.

Steve Jobs (1955-2011), cofondatore di Apple, la mente dietro a iMac, iPod, iPhone e iPad.

Harold Bloom (1930), critico letterario statunitense, professore emerito di discipline classiche presso la Yale University.

PASSIONE

Henry David Thoreau (1817-1862), scrittore e filosofo statunitense.

Gene Wilder (Jerome Silberman) (1933), attore, sceneggiatore, regista e scrittore statunitense.

Rudolf Nureyev (1938-1993), ballerino e coreografo russo.

Bob Crewe (1931), cantautore e produttore discografico statunitense.

Bob Gaudio (1942), cantautore e produttore discografico statunitense.

Gloria Gaynor (Gloria Fowles) (1949), cantante statunitense.

Mina (Mina Anna Mazzini) (1940), cantante italiana.

DETERMINAZIONE

Henry Ford (1843-1947), imprenditore statunitense, fondatore della Ford Motor Company.

Bertrand Russell (1872-1970), filosofo e matematico gallese.

Lord Brummel (George Bryan Brummel) (1778-1840), detto Beau, dandy inglese.

Keith Haring (1958-1990), artista neo-pop statunitense, celebre per i grandi dipinti murali.

Diego Gardin (1947), responsabile commerciale area Nord dell'azienda Carpigiani.

Sean Connery (1930), attore scozzese, prima incarnazione cinematografica di James Bond.

Pietro Paleocapa (1788-1869), ingegnere idraulico italiano, presidente della Commissione per la realizzazione del Canale di Suez.

Pietro Tagliapietra (1929-2006), imprenditore torinese nel settore delle calzature, inventore del marchio Duomo.

Mario Merz (1925-2003), pittore e scultore, esponente italiano del movimento dell'Arte Povera.

George Bernard Shaw (1856-1950), scrittore e drammaturgo irlandese, a oggi l'unico al mondo ad aver vinto un premio Nobel e il premio Oscar.

Mahatma Gandhi (Mohandas Karamchand Gandhi) (1869-1948), leader politico indiano e guida spirituale.

Rabindranath Tagore (Rabíndranáth Thákhur) (1861-1941), poeta, scrittore e filosofo indiano.

Roland Barthes (1915-1980), critico letterario e semiologo francese.

STUDIO

Sergej Esenin (1895-1925), poeta russo.

Ernest Shackleton (1874-1922), esploratore artico di origine irlandese, nominato cavaliere del Regno da re Edoardo VII.

Gianpaolo Valli (1956), docente alla Gelato University Carpigiani e libero consulente di gelateria artigianale italiana.

Michael Jordan (1963), giocatore di basket statunitense, nel ruolo di guardia dei Chicago Bulls ha vinto sei titoli NBA.

Benedetto da Norcia (480-547), monaco fondatore dell'ordine benedettino, proclamato patrono d'Europa dal papa Paolo VI.

Robert Louis Stevenson (1850-1894), scrittore scozzese.

Harvey Keitel (1939), attore statunitense.

FORTUNA

Paul Bocuse (1926), chef francese pluripremiato dalla *Guida Michelin*.

John Wayne (1907-1979), attore statunitense.

Marco Pantani (1970-2004), ciclista italiano soprannominato "Il Pirata", nel 1998 ha vinto il Giro d'Italia e il Tour de France.

Jack Vettriano (1951), pittore scozzese.

Archimede Pitagorico (1952), pollo antropormofo residente a Paperopoli, disegnato da Carl Barks per i fumetti e i cartoni animati Disney.

Oscar Pistorious (1986), atleta disabile sudafricano.
Alexander Fleming (1881-1955), biologo britannico, scopritore della penicillina.

EQUILIBRIO

Fabio Caressa (1967), telecronista e giornalista sportivo italiano.
Herbert Norman Schwarzkopf Jr (1934), generale dell'esercito degli Stati Uniti, durante la Guerra del Golfo ha diretto l'operazione Desert Storm, con la quale i militari americani sono penetrati in Iraq.
Lidia Ferrari (1959), ballerina, maestra di tango, psicanalista e scrittrice argentina.

CURIOSITÀ

Howard Schultz (1953), presidente e amministratore delegato della catena di ristorazione Starbucks, nel 2011 è stato eletto dalla rivista *Fortune* "Businessperson dell'anno".
Alain Coumont (1961), chef belga, fondatore della catena di panetterie Le pain quotidien.
Fred De Luca (1948), imprenditore statunitense, cofondatore della catena di ristorazione Subway.
Peter Buck (1952), fisico e ristoratore, cofondatore della catena di ristorazione Subway.
Jerry Baldwin, insegnante e imprenditore statunitense, cofondatore della catena di ristorazione Starbucks e poi di un'azienda vinicola.
Zev Siegel (1955), insegnante e imprenditore statunitense, cofondatore della catena di ristorazione Starbucks.
Gordon Bowker, imprenditore statunitense, cofondatore della catena di ristorazione Starbucks
Dorothy Parker (1893-1967), scrittrice e poetessa statunitense.
Ferran Adrià (1962), chef spagnolo, incluso dalla rivista *Time* tra i 100 uomini più influenti al mondo.

François Truffaut (1932-1984), regista, sceneggiatore e critico cinematografico parigino.

Jonathan Ive (1967), responsabile design Apple.

Kevin Roberts (1949), amministratore delegato dell'agenzia di pubblicità Saatchi & Saatchi.

Charles e Maurice Saatchi (1943 e 1946), fratelli britannici, fondatori dell'agenzia pubblicitaria Saatchi & Saatchi.

Alessandro Imoda (1966), imprenditore italiano proprietario della Mycrom, azienda produttrice di quadri artistici stampati su tessuto.

Muhammad Alì (Cassius Marcellus Clay Jr) (1942), pugile statunitense.

Dante Alighieri (1265-1321), il Sommo Poeta.

RISPETTO

Michael Douglas (1944), attore statunitense.

Carlo Balbo (1956), produttore di vino e proprietario dell'azienda vitivinicola Cascina Bruciata.

Jorge Luis Borges (1899-1986), scrittore, poeta e filosofo argentino.

Neil Armstrong (1930), astronauta statunitense, è stato il primo uomo a camminare sulla superficie lunare.

Renato Bianco (1954), mediatore immobiliare a Costigliole.

Federico Fellini (1920-1993), regista e sceneggiatore italiano.

Giuseppe Garibaldi (1807-1882), patriota e condottiero italiano, detto l'"Eroe dei due mondi".

Cesare Pavese (1908-1950), scrittore, poeta e traduttore italiano.

Roger Federer (1981), tennista svizzero, detiene il record assoluto di tornei del Grande Slam vinti.

Garri Kasparov (1963), Gran Maestro degli scacchi russo, è stato campione del mondo per 15 anni consecutivi.

Ludwig van Beethoven (1770-1827), compositore e pianista tedesco

Michelangelo Buonarroti (1475-1564), scultore, pittore, architetto e poeta del Rinascimento italiano.

Jacques Brel (1929-1978), cantautore, regista e attore belga.

Antoine de Saint-Exupéry (1900-1944), scrittore e aviatore francese.
Henry James (1843-1916), scrittore e critico letterario statunitense.
Fabrizio De André (1940-1999), cantautore italiano.
Enzo Jannacci (1935), cantautore italiano.

FIORI

Eugenio Montale (1896-1981), poeta italiano, premio Nobel per la Letteratura nel 1975.
William Shakespeare (1564-1616), drammaturgo e poeta inglese.
Nicolò De Rienzo (1973), scrittore torinese.
Wolfgang Amadeus Mozart (1756-1791), compositore, pianista e organista austriaco.
Ernest Hemingway (1899-1961), scrittore e giornalista statunitense, premio Nobel per la Letteratura nel 1954.
Guido Gobino (1958), cioccolatiere torinese.
Roberto Bolle (1975), ballerino italiano, étoile della Scala e primo ballerino dell'American Ballet Theatre.
Rudolf Steiner (1861-1925), filosofo e pedagogista austriaco, inventore dell'agricoltura biodinamica.
Johann Wolfgang Goethe (1861-1925), scrittore, poeta e drammaturgo tedesco.
Jeff Gordinier (1969), critico gastronomico del *New York Times*, in passato direttore della rivista *Details*.
Ian Fisher (1965), caporedattore del *New York Times*, ex corrispondente per l'Italia.
Gianni Rodari (1920-1980), scrittore e pedagogista italiano.

MUSICA

Charles Baudelaire (1821-1867), poeta, scrittore e critico letterario francese.

Shintaro Akatsu (1968), imprenditore giapponese.
All Blacks (1892), squadra nazionale neozelandese di rugby.
Michael Jackson (1958-2009), cantante, ballerino, coreografo, Re del Pop.

INSIEME

Björn Borg (1956), tennista svedese, ha vinto il torneo di Wimbledon per cinque anni consecutivi.
Jimmy Connors (1952), tennista statunitense, detiene il record del tennis maschile per numero di titoli vinti in singolare (109).
Catia Bastioli (1957), scienziata italiana inventrice del Mater-Bi e amministratore delegato di Novamont.
Giulio Iacchetti (1966), industrial designer italiano.
Mauro Masiero (1978), ricercatore italiano.
Famiglia Franceschi, proprietari della piantagione di cacao Hacienda San José
Riccardo Illy (1955), imprenditore italiano, vicepresidente della Illy Caffè.
Martin Brest (1951), regista e sceneggiatore statunitense.

FELICITÀ

Carlo Collodi (Carlo Lorenzini) (1826-1890), scrittore e giornalista italiano.
Heinrich Böll (1917-1985), scrittore tedesco.

Ai nostri genitori e alle persone che lavorano con noi.
Senza voi, il nulla.

CREDITI

p. 18 Konstantinos Kavafis, *Itaca*, in Id., *Poesie*, a cura di Filippo Maria Pontani, Milano, Mondadori, 1999.

p. 28 Carlo Petrini, "Il gelato è un alimento, ma attenti ai falsi gusti", in *La Stampa*, inserto *Tuttolibri*, 17 agosto 2002.

p. 38 da Harold Bloom, *Il canone occidentale: i libri e la scuola delle ere*, Milano, Bompiani, 1996. © 1994 by Harold Bloom Published in arrangement with Harcourt Brace & Co. © 1996-2012 RCS Libri S.p.A., Milano.

p. 62 *Can't take my eyes off of you*
Testo e musica: B. Crewe e B. Gaudio
© 1967 EMI Music Publishing Italia srl / EMI Virgin music Publishing Italy srl.

p. 106 *La spada nella roccia* (USA, 1963), film d'animazione, regia di Wolfgang Reitherman.

p. 114 Carlo Petrini, "Il vero gelato con latte di vacca d'alpeggio", in *La Stampa*, inserto *Tuttolibri*, 6 luglio 2003.

p. 147 Lidia Ferrari, *Tango, un dialogo fra due sensibilità*, in G. Lala, *Tangologia*, Lecce, Sigillo, 2007.

p. 194 *Via del campo*
Musiche di Vincenzo Jannacci
Testo di Fabrizio De André
Copyright © 1991
Universal Music Publishing Ricordi srl
Impala Ed. srl
Nuvole Ed. Musicali sas
Tutti i diritti riservati
Riproduzione per gentile concessione di Universal Music Publishing Ricordi srl.

p. 213 Ian Fisher, "2 Turin Gelato Men, Hoping New York Will Melt", in *The New York Times*, May 2, 2007.

p. 216 *Ci vuole un fiore*
Musiche di Sergio Endrigo e Luis Enrique Bacalov
Testo di Giovanni Rodari
Copyright © 1974
Edizioni Universal Music Publishing Ricordi srl / Concertone
Tutti i diritti riservati
Riproduzione per gentile concessione di Universal Music Publishing Ricordi srl.

p. 264 *Scent of a Woman – Profumo di donna*
© 1992 City Light Films / Universal Pictures

p. 276 Jorge Luis Borges, *I giusti*, in Id., *La cifra*, a cura di Domenico Porzio, Milano, Mondadori, 1982. © 1995, Maria Kodama.

INDICE

Bompiani ha raccolto l'invito della campagna
"Scrittori per le foreste" promossa da Greenpeace.
Questo libro è stampato su carta certificata FSC,
che unisce fibre riciclate post-consumo a fibre vergini
provenienti da buona gestione forestale e da fonti controllate.
Per maggiori informazioni: http://www.greenpeace.it/scrittori/

Finito di stampare
nel mese di maggio 2012 presso il
Rotolito Lombarda S.p.A. – Seggiano di Pioltello (Mi)

Printed in Italy

DO 0093217987
GROM. STORIA
DI UN'AMICIZI
A QUALCHE GE
GROM FEDERICO
MARTINETTI GU
BOMPIANI
RCS LIBRI